장애영 사모의 주교양 양육법

엄마의 기준이
아이의 수준을 만든다

장애영 사모의 주교양 양육법
엄마의 기준이 아이의 수준을 만든다

지은이 l 장애영
펴낸날 l 2008. 1. 5
7쇄발행 l 2008. 3. 19
등록번호 l 제 3-203호
등록된 곳 l 서울시 용산구 서빙고동 95번지
발행처 l 사단법인 두란노서원
영업부 l 2078-3333 FAX 080-749-3705
출판부 l 2078-3477

▮책값은 뒤표지에 있습니다.
ISBN 978 - 89 - 531 - 0923 - 0 03230

▮독자의 의견을 기다립니다.
tpress@duranno.com   http://www.Duranno.com

두란노서원은 바울 사도가 3차 전도여행 때 에베소에서 성령 받은 제자들을 따로 세워 하나님의 말씀으로 양육하던 장소입니다. 사도행전19장 8-20절의 정신에 따라 첫째 목회자를 돕는 사역과 평신도를 훈련시키는 사역, 둘째 세계선교(TIM)와 문서선교(단행본·잡지) 사역, 셋째 예수문화 및 경배와 찬양 사역, 그리고 가정·상담 사역 등을 감당하고 있습니다. 1980년 12월 22일에 창립된 두란노서원은 주님 오실 때까지 이 사역들을 계속 할 것입니다.

장애영 사모의 주교양 양육법

엄마의 기준이
아이의 수준을 만든다

장애영 지음

두란노

차례

프롤로그 하나님의 기준이 우리를 만들었다
이야기 하나, 2006년 제48회 사법시험 최연소 합격 … 008
이야기 둘, 2001년 연세대 사회 계열 최연소 합격 … 011
이야기 셋, 2007년 사법연수원 38기 연수 중 … 013

PART 1. 세상 이론보다 탁월한 성경적 자녀양육법, 주교양 양육법
1. 부모가 먼저 하나님께 순종하라 … 021
2. 주의 교양과 훈계로 양육하라 … 039
3. 말씀과 기도를 훈련시키라 … 059
4. 자녀를 노엽게 하지 말라 … 073
5. 험담과 거짓을 버리라 … 083
6. 어려서 좋은 길을 가르치라 … 093
7. 부모 사명을 선언하라 … 105

PART 2. 엄마가 꼭 알아야 할 연령대별, 주교양 양육 노하우
1. 아기가 자라며 강하여지고: 태아~3세 … 141
2. 지혜가 충만하며 하나님의 은혜가 그의 위에 있더라: 4~6세 … 177
3. 내 아버지 집에 있어야 될 줄을: 초등학교 … 187
4. 순종하여 받드시더라: 중·고등학교, 대학교 … 221
5. 하나님과 사람에게 더욱 사랑스러워 가시더라: 청년기 … 231

PART 3. 경제 부담 없고 우리 형편에 꼭 맞는 주교양 양육법의 7가지 지침

1. 자녀가 유치원생이면 초등학생 부모가 되도록 준비하라: 부모도 성장하라 ··· 257
2. 날마다 아침밥을 꼭 먹여라: 밥 세끼가 공부의 보약이다 ··· 263
3. 공부 분위기를 만들어라: 거실의 텔레비전을 치우고 컴퓨터를 공동으로 사용하라 ··· 277
4. 더불어 사는 아이로 키워라: 혼자 튀지 않고 화합하는 인물로 키워라 ··· 285
5. 험담과 부부 싸움을 하지 마라: 부부 사랑이 최고의 양육 방법이다 ··· 289
6. 아빠의 자리를 남겨 두어라: 존경받는 아빠는 하나님의 선물이다 ··· 297
7. 사랑으로 위기를 극복하라: 가족의 유대는 서로에게 큰 힘이 된다 ··· 311

PART 4. 승호의 공부법

1. 같은 책을 3번 이상 독파하라: 집중력과 반복이 관건이다 ··· 325
2. 비교하지 말라: 컴퓨터게임이 아니라 비교의식이 공부를 방해한다 ··· 329
3. 자신과의 약속을 반드시 지켜라: 공부를 다른 말로 하면 인내다 ··· 333
4. 휴식은 확실하게, 공부는 꼼꼼하게 하라: 생활 습관과 시간 관리가 결과를 만든다 ··· 339
5. 하나님이 함께 공부하신다는 걸 명심하라: 공부는 외롭고 힘든 싸움이 아니다 ··· 343
6. 공부하기 전에 성경 말씀을 읽고 기도하라: 목적이 어려움을 이기도록 돕는다 ··· 347
7. 합격을 계획하라: 자신에게 맞는 공부 계획과 스트레스 해소법을 익혀야 한다 ··· 353

에필로그 나는 하나님의 기준을 권한다

프롤로그

하나님의 기준이 우리를 만들었다

인생은 짧고, 자녀양육서는 너무 많다

하나님은 우리 인생 가운데 두 번의 배움의 기회를 주시는 것 같다. 한 번은 자녀로서 부모로부터 배우는 시간이고, 다른 한 번은 부모가 되어서 하나님의 마음을 배워 가는 시간이다.

나는 1985년에 승호를 낳고 왕초보 그리스도인으로서 엄마가 되었다. 매주일 예배만 겨우 나가는 걸음마 단계였던 나는 그리스도인으로서도, 엄마로서도 어떻게 해야 할 바를 모르는 상태였다. 내 한 몸 그리스도인으로 사는 법을 익히기도 벅찬데, 나만 바라보고 있는 아이까지 딸리니 짙은 안개 속에 서 있는 느낌이었다.

엄마가 되기 위한 준비로 육아에 관련된 책들을 읽기 시작했다. 20여 년 전에는 요즘처럼 자녀양육에 관한 책이 다양하지 않았다. 그때는 스포크 박사의 육아서가 전 세계의 젊은 엄마들이 즐겨 보는 필독서였다. 그러나 스포크 박사의 책을 보면서, 한국의 전통적인 육아 방식과는 다른 서양식 육아 방식이 과연 내 아이에게도 옳은 것인지 의문이 생겼다. 국내 유아교육 전문가들의 책도, 학자에 따라 주장하는 바가 다른 것을 보면서 확신이 서지 않았다. 섣불리 알게 된 파편 같은 지식들은 오히려 더 큰 혼란의 원인이 되었다. 아이는 이미 자라 가고 있는데, 엄마는 갈 바를 알지 못하고 있으니 정말 큰일이었다.

나는 서서히 내 속에 있는 혼란의 원인을 깨닫게 되었다. 단편적인 육아 지식 때문이 아니라, 나 자신이 그리스도인 엄마로서 어떻게 살아야 하는지 삶의 기준이 없는 것이 문제였다. 정체성과 가치관의 혼란 속에서 나는 그리스도인 엄마와 세상 엄마가 무엇이 달라야 하는지에 대해 구체적으로 고민하기 시작했다.

그러던 중, 하나님은 나의 갈급함을 아시고 성경을 유일한 자녀양육서로 택할 수 있는 은혜를 주셨다. 그때부터 성경은 내 삶의 기준이 되었고 나의 선생님이 되었다. 성경 속에서 자녀양육법을 배우면서부터, 혼란이 없어지고 마음이 놓였다. 여러 가지 육아서들이 시대나 문화에 따라 서로 다른 주장을 할 때도, 성경은 항상 같은 말씀을 하며 신뢰를 주었다. 이스라엘 민족과 예수님을 통해 하나님의 약속이 검증된 성경. 그 성경을 자녀와 함께 배우고 따르면서 우리 가정에는 지금까지 많은 기적들이 일어났다.

이 책은 지난 21년 동안 성경을 삶의 기준으로 배우고 가르쳐 온 '주교양 양육법'에 관한 기록이다. '하나님의 기준'인 성경 말씀으로 자녀를 키우며 배우게 된 자녀양육의 원리들이다. 내가 실패와 좌절과 여러 가지 시행착오를 거치면서 가장 탁월한 자녀양육 기준이 성경 말씀임을 배워 온 기록이다. 인생에 관해 선명한 기준이 없을 때는 갈등과 혼란 속에 살았지만, '하나님의 기준'을 따르기 시작하면서 길이 보이기 시작했다. 구원의 길이 보이고, 하나님의 사랑이 보이고, 하나님의 손길이 보였다. 내 인생이 무엇 때문에 이 땅에서 시작되었고, 내 자녀의 인생이 어떻게 인도되어야 하는지 서서히 보이기 시작했다.

이야기 하나, 2006년 제48회 사법시험 최연소 합격

2006년 11월 마지막 날, 법무부에서 전화가 왔다.
"최승호 씨 댁이죠? 최승호 씨가 이번 사법시험에서 최연소 합격자가 되셨습니다. 축하합니다."

그 한 통의 전화는 우리 가족에게, 그리고 남편이 개척해서 목회하는 하나교회 안에 성령님의 인도와 격려하심을 풍성히 알려 주는 증거가 되었다.

"사시 최연소 합격보다 개척교회 목사 아들이 더 자랑스러운 최승호 씨!"

개척교회 목사의 아들이 제48회 사법시험에서 21세로 최연소 합격하고 인터뷰한 기사는 그 자체가 하나님께 영광이었다. 그 기사는 많은 사람들에게 감동을 주었고, 특히 개척교회 목회자들에게 큰 힘이 되었다고 한다. 정말 많은 분들이 자신의 일처럼 기뻐하고 축하해 주셨다.

이 일을 계기로 〈새롭게 하소서〉에 출연하던 날, 사회를 보던 오미희 씨는 눈물을 글썽이며 이렇게 말했다. "하나님은 개척교회 목사 아들로서 사법시험에 최연소 합격하기를 바라신 거였군요."

여러 목사님들이 내 아들의 기사와 방송을 설교에 인용하셨다는 말을 전해 들었다. 그중에서도, 우리들교회 김양재 목사님의 설교는 그 누구보다 승호를 향하신 하나님의 뜻을 잘 설명해 주었다. 한 번도 만난 적이 없는 김 목사님의 설교를 인터넷으로 들으며 나는 울고 또 울었다. "주가 쓰시겠다 하라!"는 제목의 설교는 사법시험 준비 과정에서 합격에 이르기까지 승호가 겪었던 어려움과 하나님의 은혜를 동시에 떠올리게 했다.

2004년 2월에 19세의 나이로 1차 사법시험에 합격한 승호는 나름대로 합격을 자신하며 2005년 6월에 2차 시험을 치렀다. 하지만 합격하지 못했고 정신적 공황상태에 빠지는 어려움을 겪었다. 대학 입시뿐 아니라 사법시험을 준비하면서도 비교적 탄탄대로를 걷는 것 같았던 승호의 인생에 찾아든 커다란 시험이었던 것이다. 그렇게까지 절망하며 울부짖는 승호를 본 것은 처음이었다. 하나님에 대한 믿음까지 흔들릴 정도로 극심한 절망과 고통에 빠진 아들을 위해 우리 부부가 할 수 있는 건 함께 울며 기도하는 일뿐이었다. 견디다 못해 우리는 서울에서 시댁이 있는 온양까지 걸어서 가 보기로 했다.

2005년 6월 27일 월요일, 새벽기도를 마치고 우리 가족은 온양을 향해 걷기 시작했다. 쏟아지는 장대비를 맞으며 울면서 걸었다. 아무 말 없이 몇 시간이고 빗속을 걷다 보면 세 식구의 부르튼 발만 여섯 개의 선명한 자국을 남길 뿐이었다.

가족이 함께 걷는 동안 하나님은 새 힘을 부어 주며 우리를 치유해 주셨고, 우리 가족 안에 있던 교만은 하나님 안에서 녹아내리기 시작했다. 하루에 10시간가량 걷고 또 걷다 보니 구름기둥과 불기둥으로 보호하며 동행하시는 하나님을 느낄 수 있었다. 빗속을 걷는 동안 우리 세 식구는 하나님께 겸손을 배우며 다시 태어나고 있었다.

'승호야, 네가 힘들 때도 넌 혼자가 아니란다. 네가 가장 절망할 때도 아빠 엄마

는 너와 함께한단다. 하나님은 이 부모보다 더더욱 언제나 너와 함께 계신단다.'

그당시 내 남편은 마음속으로 이런 말을 했다고 한다. 신기한 것은 그로부터 1년 후, 입 밖에 내지 않았던 아빠의 말을 들은 것처럼 승호는 사법시험에 합격 후 한 방송 인터뷰에서 이렇게 고백하는 게 아닌가.

"제가 혼자라고 생각하며 며칠을 걷다 보니, 아빠 엄마의 발도 앞뒤에서 함께 걷고 있는 게 보이는 거예요. 이 고통을 혼자가 아니라 가족이 함께 겪는 것을 알고 나니 다시 공부할 힘이 났어요."

하나님은 3박 4일의 도보여행을 계기로 승호에게 다시 사법시험 공부에 도전할 힘을 주셨다. 시험에 합격하기 위해 하나님을 찾는 게 아니라, 시험에 떨어져도 하나님 한 분만을 기뻐하는 믿음이 자라기 시작했다. 그리고 2006년 2월에 1차 시험을, 같은 해 6월 2차 시험을 동시에 합격하는 은혜를 경험했다.

섬세하게 인도해 주신 하나님의 드라마였다. 지금도 그 일만 생각하면 감사와 기쁨의 눈물이 그치지 않는다. 이 모든 일은, 개척교회 목사의 아들을 사용해서 영광을 받고 싶으셨던 하나님이 미리부터 준비하신 일이었다. "전파되는 것은 그리스도니 나는 이것으로 인해 기뻐하고 또 기뻐할 것입니다"(빌립보서 1:18).

이야기 둘, 2001년 연세대 사회 계열 최연소 합격

사법시험 최연소 합격 이전에 내 아들 최승호는 만 15세에 01학번으로 연세대 사회 계열에 최연소로 입학했다. 승호는 2000년 2월에 중학교 2학년을 자퇴한 후 같은 해 4월에 중졸, 8월에 고졸 검정고시를 통과했다. 그리고 11월에 대학수학능력평가를 거쳐 단 1년 만에 대학생이 됐다. 당시 친구들은 고등학교 1학년에 입학할 나이였다.

19년 동안 성실하게 직장을 다니던 아빠가 도중에 목사님이 되면서부터, 승호는 마음속에 새로운 소원을 갖게 되었다. 검정고시를 해 보고 싶은 마음이 든 것이다. 중학교를 잘 다니던 아들이 학교를 그만두겠다고 했을 때 나는 결사적으로 반대했다. 그러나 남편은 달랐다. 아들의 마음에 소원을 갖게 하신 분이 하나님이시니, 아들의 뜻을 믿고 도와주자고 했다.

아이들은 부모가 자신을 믿어 줄 때 더 많은 능력을 발휘한다는 것을 실감했다. 하나님의 인도하심만 믿고 아무런 계획 없이 시작한 일을, 하나님은 단 1년 만에 모두 통과하도록 인도하셨다.

2001년 3월 2일, 아들의 입학식 때 연세대 교정의 언더우드 동상 아래서 기념사진을 찍으며 우리 세 식구는 손을 맞잡고 이렇게 기도를 드렸다.

하나님, 감사합니다.

하나님의 이름으로 하나님의 뜻 가운데 120년 전에,
언더우드 선교사의 헌신과 사랑으로 이 땅에 세워진 연세대에서
제 아들이 공부하게 해 주심을 감사드립니다.
이제 많은 배움의 시간 동안 믿음이 자라게 해 주시고,
하나님의 이름과 하나님이 세우신 학교의 이름을 높여 드리고,
하나님을 기쁘시게 해 드리도록
제 아들을 사용하여 주시옵소서.
예수님의 이름으로 기도드립니다. 아멘.

그날 기도 드릴 때, 아직 녹지 않은 눈꽃 위에 반짝이던 햇살 하나가 기억난다.
"그만 울고 힘내라. 힘내! 네가 나의 나라와 의를 구할 때, 나는 네 삶에 필요한 모든 것을 더해 준다고 약속했잖니?"
하나님이 등을 토닥이며 말씀해 주시는 것만 같았다.
"그래요, 하나님! 정말 죄송해요. 저는 왜 늘 이렇게 나중에야 하나님의 뜻을 겨우 알고, 순종해야 할 순간에는 번번이 지각하는 걸까요? 하나님, 이젠 하나님의 말씀을 더 잘 알아듣도록 노력할게요. 도와주세요!"
중학생이었던 아들이 단 1년 만에 연세대에 합격한 꿈같은 일은, 연약한 믿음의 나를 불쌍히 여기신 하나님이 우리 가족에게 주신 특별 보너스였다. 단 한 번도 계획한 적이 없던 일들이 순식간에 하나님의 손을 거치며 이뤄진 사건이었다. 하

나교회 개척과 거의 동시에 이뤄졌던 이 일로, 나의 근시안은 하늘을 보는 소망의 눈으로 바뀌게 되었다. 사망의 음침한 골짜기를 지날 때 주의 지팡이와 막대기로 안위하시고, 원수의 목전에서 크게 한 밥상을 차려 주시는 하나님의 은혜가 무엇인지 나는 그때 절실히 체험했다.

또한 하나님은 우리 가족이 신앙적으로 준비가 덜 된 것을 아시고, 우리 가족의 이야기를 모든 매스컴으로부터 보호해 주셨다. 연세대 사회계열 최연소 합격 사실을 가장 먼저 알려 준 신문기자에게는 미안한 일이었지만, 인터뷰 요청을 한사코 거절한 덕분에 내 아들은 이목의 집중 없이, 원 없이, 부담 없이 대학 생활을 보냈다. 고등학교 시절을 거치지 못한 외로움과 인간관계에 대한 결핍도 풍성하게 채울 수 있었다. 뒤돌아보면 두고두고 감사한 일이다. 너무 어린 나이에 조명을 받았다면 갈무리가 덜 된 신앙과 인격 탓에 대학 생활에 어려움을 겪으며 열매를 맺지 못할 수도 있었다.

그러나 부모로서는 마냥 즐거워하기만 할 수 없던 시절이기도 했다.

이야기 셋, 2007년 사법연수원 38기 연수 중

요즘 나는 성장한 자녀를 떠나보내는 연습을 열심히 하는 중이다. 아들 말대로, 이제 부지런히 학부형의 마인드를 버려야 한다. 사법연수원생은 학생이 아니라,

전문 법조인으로 훈련받는 성인이다. 이제 사회인의 엄마로서 무엇을 기도하고 어떤 말씀에 순종하고 자녀와 어떻게 적정 거리를 유지해야 하는지 배워야 한다.

매번 겪는 일이지만, 자녀양육은 늘 자녀의 나이와 환경에 따라 새로운 과제가 있다. 그렇기 때문에 하나님께 더 기도하고, 더 순종하고, 더 의지해야 한다. 일찌 감치 성인이 된 자녀의 엄마로서, 자녀를 떠나보내는 그리스도인 부부로서 사는 법을 배우는 것이 지금 나의 과제다. 나 편한 방식이 아니라, 하나님이 원하시는 방법을 배우는 중이다.

자녀의 성장은 부모의 성화 과정에 큰 도움을 준다. 하나님은 속 썩이는 자녀를 통해 어느 누구도 손댈 수 없는 부모의 못난 자아를 다듬으시기 때문이다. 그래서 자녀는 하나님이 모든 부모에게 주신 선생님이기도 하다. 비록 겉사람은 날로 후 패해도 자녀 때문에 속사람이 새로워지니 은혜가 아닐 수 없다.

하나님의 방법과 내 생각이 충돌할 때마다, 내 생각을 내려놓는 일은 번번이 어렵기만 했다. 그러나 어머니의 딸에서 다시금 어머니가 되어 중년을 지나는 나는, 인생의 여정마다 나를 부르시는 하나님의 음성을 어김없이 듣는다.

"애야, 지금까지 내 말에 따라온 대로 또 나를 따르려무나. 내가 네게 크고 비밀한 일들을 보이고 싶구나!"

어린 자녀와 함께 하나님을 배우고 성장해 오면서 깨달은 진리가 있다. 자녀가 고집을 부리면서 그릇된 행동을 할 때 부모가 찢어지는 아픔을 겪듯이, 하나님도 나의 고집과 불순종을 가슴 아프게 지켜보신다는 사실이다. 내가 어찌할 수 없는 자녀 때문에 통곡할 때, 나 때문에 통곡하시는 하나님의 고통을 만나게 된다. 내 자녀의 허물이 나의 허물임을 깨닫기까지, 나는 많은 시간이 걸렸다.

하나님은 언제나 부모를 먼저 고치고 그다음에 자녀를 고치신다. 우리 인생을 수술해서 건강하게 회복시켜 주신다. "하나님의 말씀은 살아 있고 활력이 있어 좌우에 날 선 어떤 검보다도 예리하여 혼과 영과 및 관절과 골수를 찔러 쪼개기까지 하며 또 마음의 생각과 뜻을 판단하나니"(히브리서 4:12).

하나님은 약속을 지키는 분이시다. 하나님 스스로도 그렇게 말씀하셨다. "하나님은 사람이 아니시니 거짓말을 하지 않으시고 인생이 아니시니 후회가 없으시도다 어찌 그 말씀하신 바를 행하지 않으시며 하신 말씀을 실행하지 않으시랴"(민수기 23:19).

자녀 때문에 눈물을 흘리는 일은, 자녀의 나이와 상관없이 중요한 일이다. 바로 지금이 부모가 자신과 자녀를 위해 울 때다. 자신과 자녀의 죄 때문에 울고, 자신과 자녀의 변하지 않는 죄된 성품 때문에 울 때다. "예수께서 돌이켜 그들을 향하여 이르시되 예루살렘의 딸들아 나를 위하여 울지 말고 너희와 너희 자녀를 위하여 울라"(누가복음 23:28).

하나님은 때때로 자녀 때문에 눈물을 흘리게도 하시지만, 하나님의 약속은 기쁨의 열매를 거두는 일이다. "눈물을 흘리며 씨를 뿌리는 자는 기쁨으로 거두리로다"(시편 126:5).

기쁨으로 거둘 날들을 바라보며, 2008년 1월 하나교회 장애영 사모

Part 1

세상 이론보다 탁월한
성경적 자녀양육법,
주교양 양육법

'나는 그리스도인 부모로서 성경의 원리들을 따르고 있는가?'

이 질문은 내가 자녀양육의 크고 작은 어려움을 만날 때마다 스스로에게 던져 온 중요한 질문 중 하나다. 무늬만 그리스도인이던 나는 아들을 키워 오면서 많은 고난과 기쁨을 만났다. 고난은 내 신앙을 점검해 볼 수 있는 좋은 기회였다. 나를 그리스도인 부모로 부르시는 하나님의 초대장이었다.

하나님은 부모들에게 자녀를 노엽게 하지 말고, 주의 교양과 훈계로 양육하라고 명하셨다(에베소서 6:4, 골로새서 3:21). '교양(양육, nurture)'은 '행동과 행위로써 아이를 교육하고, 잘못된 점을 교정시키는 것'이다. '훈계(징계, discipline, admonition)'는 '말로써 자녀의 그릇된 행동과 마음의 동기가 무엇인지 잘 파악해서 충고하고 격려하고 가르치는 것'이다. 이렇게 주의 교양과 훈계로 가르침을 받은 자녀는 늙어도 그 교훈에서 떠나지 않는다는 것이 하나님의 약속이다.

성경을 배우는 목적은 지식적 사실에 대한 배움 자체보다는 삶 속에서의 구체적 실천에 있다. 주교양 양육법은 성경을 기준으로 자녀를 "교훈(교리, doctrin, 가르침, teaching)과 책망(correction)과 바르게 함과 의로 교육(training in righteousness)" 하는 것이다. 자녀가 "하나님의 사람으로 온전하게 되며 모든 선한 일을 행할 능력을 갖추게" 하는 것이다. "모든 성경은 하나님의 감동으로 된 것으로 교훈과 책망과 바르게 함과 의로 교육하기에 유익하니 이는 하나님의 사람으로 온전하게 하며 모든 선한 일을 행할 능력을 갖추게 하려 함이라"(디모데후서 3:16-17).

하나님이 가르쳐 주시는 주교양 양육법은 누구나 믿음만 있으면 따라 할 수 있다. 주교양 양육법을 따르면 자녀양육법과 목적이 선명해진다. 하나님의 방법은 세상 방법처럼 자주 변하거나 혼란스럽지 않다. 하나님이 찾으시는 사람으로 내 자녀를 키우려면, '주의 교양과 훈계'로 양육하면서 부모가 먼저 '성경적 가치관'을 확립하고 '주님의 진리와 은혜' 속에 살아야 한다.

성경에서 말하는 자녀양육에 대한 부모의 태도는 다음과 같다.
첫째, 부모가 먼저 하나님의 말씀에 순종해야 한다.
둘째, 세상적 가치관이 아니라 '주님의 교양과 훈계'로 양육해야 한다.
셋째, 자녀에게 성경 말씀을 부지런히 가르치고, 자녀를 위해 부르짖으며 기도해야 한다.
넷째, 부모의 감정에 따라 자녀를 노엽게 하지 말아야 한다.
다섯째, 거짓과 험담을 버리고 '주님의 진리와 은혜' 속에 살아야 한다.
여섯째, 자녀양육을 어렸을 때부터 해야 한다.
일곱째, 자녀는 하나님이 주신 선물이고, 자녀양육은 부모의 사명이다.

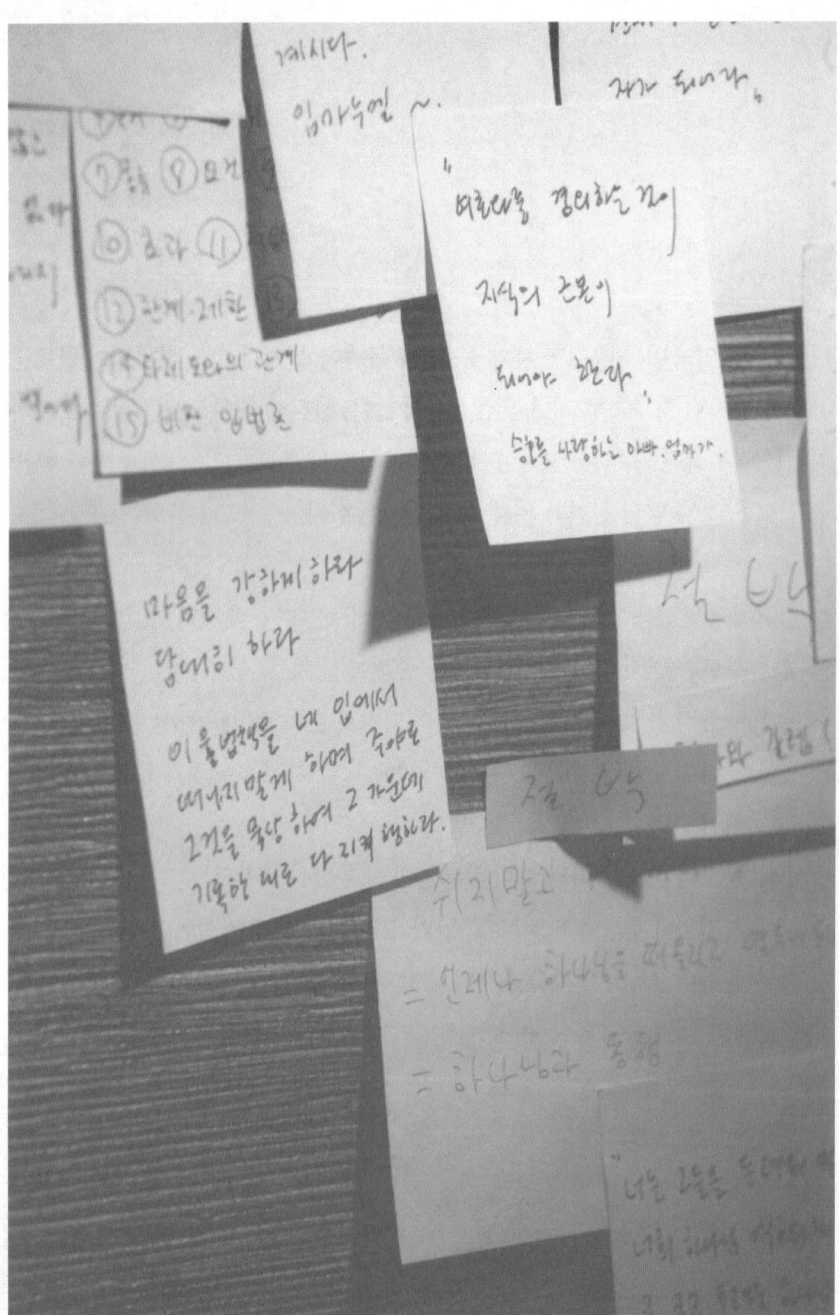

1. 부모가 먼저 하나님께 순종하라

이스라엘아 이제 내가 너희에게 가르치는 규례와 법도를 듣고 준행하라 그리하면 너희가 살 것이요 너희 조상의 하나님 여호와께서 너희에게 주시는 땅에 들어가서 그것을 얻게 되리라 신명기 4:1

너희가 즐겨 순종하면 땅의 아름다운 소산을 먹을 것이요 너희가 거절하여 배반하면 칼에 삼켜지리라 여호와의 입의 말씀이니라 이사야 1:19-20

주는 나의 하나님이시니 나를 가르쳐 주의 뜻을 행하게 하소서 주의 영은 선하시니 나를 공평한 땅에 인도하소서 시편 143:10

자녀양육은 순종 연습이다

하나님은 나를 그리스도인 엄마로 초대하셨다. 결혼한 지 6개월이 지나자 시도 때도 없이 지독한 입덧이 시작됐다. 입덧은 전혀 준비가 없는 나에게 엄마 공부를 하라고 울려 대는 경고음 같았다. 이미 내 몸속에서는 한 생명이 자라고 있었지만, 나는 이 생명을 위해 무엇을 먹이고 무엇을 해 주고 무엇을 가르쳐야 하는지 아는 것이 거의 없었다. 임신의 기쁨도 컸지만, 엄마가 된다는 생각을 하면 두려운 마음이 더욱 컸다.

남편은 목사님의 아들로 자라난 모태 신앙인이었지만, 나는 믿지 않는 가정에서 태어나 이제 막 교회에 다니기 시작한 초보 그리스도인이었다. 믿음의 자녀를 어떻게 키우는 건지 본 적도 배운 적도 없었다. 내 한 몸 추스르기도 힘겨운 왕초보 그리스도인이 다른 생명까지 그리스도인으로 키워야 한다는 책임감은 무거운 짐이 되어 나를 짓눌렀다.

아이가 뱃속에 있는 동안에는 그래도 순조로운 태교를 했다. 주일이면 교회에 가서 예배를 드리고, 매일 잠자리에 들기 전에 잠시 남편과 함께 성경을 읽고 기도하는 것으로 나름대로 그리스도인 엄마가 되는 준비를 했다.

그러나 아이가 미숙아로 태어나면서부터 고난이 찾아왔다. 출산 예정일을 두 달가량 남겨 둔 어느 날, 나는 밤새도록 알 수 없는 복통을 겪다가 새벽녘이 되어서야 겨우 병원을 찾았다. 처음에는 단지 음식을 잘못 먹고 탈이 난 것이라고 생각했지만, 그래도 임신 중이니 겁이 나서 산부인과를 찾은 것이다. 그런데 의사는 전혀 뜻밖의 말을 했다.

"지금 산모도 아기도 모두 위험합니다. 아빠가 없다면, 다른 시댁 식구라도 빨리 오셔야 아기를 받을 수 있습니다."

출산 예정일이 두 달이나 남았는데 아기가 나오고 있다니! 남편은 보름 전에 해외 근무를 위해 출국하고 곁에 없었다. 1980년대는 대우건설이 활발하게 해외 진출을 하던 시절이라 임신한 배불뚝이 아내를 두고 떨어지지 않는 발걸음을 했다.

나는 친정어머니와 단둘이 진통을 겪게 되자 겁에 질려 기도가 저절로 나왔다.

"하나님, 아기만은 이상이 없게 도와주세요. 이제부터 하나님을 잘 믿을게요. 하나님, 도와주세요! 하나님, 살려주세요!"

이미 숨이 몇 번은 멎은 것 같았고, 별이 수없이 눈앞에 오락가락하는 순간에 다행히 시부모님이 병원에 도착하셨다. 그 순간 태어난 내 아들 최승호. 1985년 7

월 2일 나는 승호가 태어난 순간을 잊지 못한다. 빨간 얼굴에 한쪽 눈만 빼꼼히 뜨고 주위를 두리번거렸던 승호는 너무나도 우렁차게 울었고, 그 울음소리에 의사 선생님과 간호사들이 환호했다.

2.2kg으로 태어난 아이는 탈수를 겪고 1.8kg이 되어 인큐베이터로 들어갔다. 머리에 링거를 꽂은 채 이름만 들어도 가슴이 덜컥 하는 뇌성마비를 비롯한 각종 검사를 받는 동안, 나는 계속 기도했다. 하나님은 그렇게 나를 낮추며 순종의 길로 인도하셨다.

그때는 몰랐지만, 이 모든 일은 하나님의 사랑의 부르심이었다. 당시 우리 가족은 뿔뿔이 흩어져 있었다. 해외 근무를 하던 남편은 리비아에, 나는 집에, 아이는 병원에 그렇게 홀로 있었다. 훗날 남편은, 전화 통화도 어렵던 그 시절에 나보다 더 깊은 외로움 속에서 가족을 그리워하며 하나님과 깊은 만남을 체험했다고 고백했다. 그렇지만 당시 남편과 나는 우리 가족을 향하신 하나님의 큰 그림을 모르는 채 고난의 시절을 보낼 수밖에 없었다.

나는 승호와 함께 인큐베이터에 있던 아기들 중 두 명이 먼저 하늘나라로 가는 걸 보았다. 어린 생명에게도 삶과 죽음은 아주 가까이에 있었다. 탄생의 기쁨을 채 누려 보기도 전에 아기의 죽음부터 체험해야 하는 부모의 아픔을 느낄 수 있었다.

승호는 다행히 모든 병명을 가까스로 통과했고 35일 후 2.5kg이 되자 겨우 집에 올 수 있었다. 그러나 미숙아는 병치레가 심한 편이다. 승호의 이상 신호는 매번 편도가 붓고 고열이 나는 것으로 시작되었다. 열에 들떠 축 늘어져 있는 아이를 안고 병원으로 뛰어가다 보면, 하늘이 정말 노랬다. 노란 하늘 아래에서 내 몸이 마치 연체동물처럼 흐느적거리는 것 같았다. 엄마라는 이름이 얼마나 무기력하게 느껴지는 순간인지 모른다.

   엄마가 되는 일은 감미로운 일이 아니었다. 아이를 키우는 일은 행복하기만 하지 않았고, 고통과 두려움이 따라다녔다. 분유 광고에 등장하는 파스텔 톤의 아름다운 장면처럼 마냥 행복한 모습이 아니었다. 때가 되면 저절로 감당할 수 있는 일도 아니었다. 초보 엄마에게는 당혹스런 일들의 연속이었다. 나는 아이의 기막힌 병치레와 자녀양육의 무거운 책임감에서 벗어나고자 여러 육아서들을 독파하기 시작했다. 하지만 학자들마다 주장하는 이론이 서로 달랐다. 오히려 새로운 육아법을 볼 때마다 괴로웠다.

   하나님은 이런 나를 아시고, 내 아들을 창조하신 그분께 먼저 아들을 맡기는 법부터 가르치기 시작하셨다. 대학에서 생물학을 전공하면서 배웠던 진화론과 충돌했지만, 고열에 힘들어하는 아들 앞에서 그런 갈등은 관념의 유희처럼 보였다. 도저히 믿을 수 없던 "태초에 하나님이 천지를 창조"(창세기 1:1)하신 일이 믿어지는 기적이 일어났다. 나도 내 아들도 '메이드 인 갓(Made in God)'이란 사실이 그렇게 위로가 될 수 없었다. '메이드 인 코리아(Made in Korea)'인 전자 제품이나 자동차도 고장 신고를 하면 신속히 고쳐 주는데, 하물며 '메이드 인 갓'이야!! 병원 없이는 살 수 없을 것같은 아이였지만, 이 아이를 하나님이 창조하셨다니 얼마나 크게 위로받았는지 모른다. 내 아들을 만든 하나님이 믿어지고 나니 자녀양육의 길과 진리와 생명까지 보이는 것 같았다. 이제는 만든 분께 물어보면 될 일이었다.

   하나님께 고장 신고를 하다 보니, 먼저 내가 죄인임을 알게 되었다. 나는 정말 죄인이었고 불순종과 교만이 주특기였다. 입원과 퇴원을 거듭하는 너무 조그맣고 아픈 아이 앞에서 엄마로서 한계에 부딪칠 때마다, 하나님은 나의 숨은 죄를 보게 하셨다. 기도 없이는 하루도 버틸 수 없는 상황으로 나를 초대하시며, 아이의 생명을 놓고 하나님께 엎드리는 법부터 배우게 하셨다. 하나님께 순종하는 것이 엄마의 역할이라고 가르쳐 주셨다.

나는 어린 승호의 생명을 위해 주를 향해 손을 들고 울 수밖에 없었다. "네 마음을 주의 얼굴 앞에 물 쏟듯 할지어다 … 네 어린 자녀들의 생명을 위하여 주를 향하여 손을 들지어다"(예레미야애가 2:19). 다섯 살이 될 무렵까지 아팠던 승호 덕분에 기도하는 법을 배우고, 응급실 바닥에 주저앉아 울면서 하나님께 매달리는 법도 배웠다. 만약 입으로만 걱정하고 실제로 기도하지 않는다면, 그래도 아직 버틸 힘이 있거나 믿음이 없다는 증거다.

결국 나는 직장과 아픈 아이 중 선택해야 했다. 온갖 어설픈 지식과 세상 가치관으로 중무장한 채, 대학 졸업 후 몇 년 동안 열정을 쏟아 부었던 직장을 포기하는 것은 정말 어려운 일이었다. 그러나 잡지사 기자 일은 나 말고도 할 사람이 많지만, 아픈 승호 엄마의 자리는 이 세상에서 단 한 사람만이 할 수 있었다. 삶의 의미였던 소중한 일을 그만둘 수 있었던 건 하나님이 내게 허락하신 상황에서 배운 순종의 결단이었다.

젖병 빠는 힘이 너무 약해서 30cc, 40cc의 우유도 잘 먹지 못하던 승호가 드디어 60cc를 먹고 소화하게 된 날, 너무나도 감사하면서 기뻐했다. 오로지 우유의 양이 늘어나는 것만이 아이의 살길이던 시절이었다. 그런데 목사님이셨던 시아버님이 이렇게 충고하셨다.

"정량대로 먹이고, 너무 많이 먹이지 않도록 해라. 과식을 계속하면 비만이 되고 머리도 둔해지니까 욕심 부리지 않아야 한다. 젖먹일 때마다 기도하는 것도 잊지 말아라."

아픈 아이의 엄마로서 시아버님의 말씀에 순종하는 일은 결코 쉽지 않았다. 하지만 나는 그 말씀을 새기며 욕심을 버리고 아이에게 늘 정량대로 먹이는 일을 실천했다. 아이의 질병이 내 고집을 꺾는 일에 사용되면서, 자녀양육의 과정이 순종 연습이라는 진리를 깨닫게 된 것이다. 나는 확고한 원칙에 입각한 성경적 육아법의 탁월함을 인정하게 되었으며, 그 후 주교양 양육법의 지침을 찾아서 이제껏 실천해 왔다. 고난을 겪으며 받게 된 믿음의 축복이었다.

고난이 없이는 부모도 자녀도 하나님이 원하시는 사람이 될 수 없다. 마음이 온통 자기 생각으로 가득 차 하나님의 말씀이 들어설 자리가 없기 때문이다. 믿음의 사람들은 모두 환난 속에서 연단을 받았다. 예수님도 고난을 받으셨다. 예수님의 십자가 고난이 없었다면 부활도 없고 영생도 없었을 것이다. "아버지여 만일 아버지의 뜻이거든 이 잔을 내게서 옮기시옵소서 그러나 내 원대로 마시옵고 아버지의 원대로 되기를 원하나이다" (누가복음 22:42).

그러나 고난은 축복의 기회이기도 하다. 고난으로 훈련받지 않은 실력이나 인격은 온실 속의 풀포기와 같다. 작은 한계를 극복하는 훈련을 거치지 못한 연약한 식물은 강한 햇빛과 강풍을 견뎌 내지 못하고 곧 쓰러지고 말라 버린다. 우리의 자녀들이 살아가야 하는 이 세상은 형통한 날보다 곤고한 날이 더 많은 곳이다.

진정한 자녀양육은 새로운 지식을 가르치기에 앞서, 오히려 좌절을 극복하는 법을 가르치는 일이다. 자녀가 자신의 인생에서 만나게 될 곤고한 날을 지혜롭게 지나가도록 안내하는 것이 주교양 양육이다. 자신에게 닥친 고난을 어떻게 해석하고 삶에 적용하는가에 따라 그 결과가 달라진다. "형통한 날에는 기뻐하고 곤고

한 날에는 되돌아보아라 이 두 가지를 하나님이 병행하게 하사 사람이 그의 장래 일을 능히 헤아려 알지 못하게 하셨느니라"(전도서 7:14).

많은 사람들이 곤고한 날에 환경을 탓하고 타인을 원망하면서 세월을 보낸다. 그런데 하나님의 뜻을 분별하지 못하고 자기의 생각만 고집하면 고난의 블랙홀에 빠진다. 때론 일평생 같은 고난만 겪다가 생을 마감할 수도 있다. 그래서 가장 불쌍한 사람은 고난의 의미도 깨닫지 못하고 반복해서 같은 고난을 겪는 사람이다. 나도 한때 그런 불쌍한 사람이었다. 그러나 하나님은 그분의 뜻을 구하며 엎드려 기도할 때마다 반복해서 틀리는 문제를 계속 훈련시켜 주셨고 성장하게 하셨다. 부모는 하나님이 자녀의 고난을 통해 부모를 양육해 주시는 것을 기억해야 한다.

하나님은 부모를 먼저 다루신다

주교양 양육법의 첫 번째 원칙은, 부모가 먼저 하나님께 순종하고 자녀도 하나님께 순종하는 체질로 키우는 것이다. 부모가 되어 보면, 하나님의 마음을 이해하게 되면서 진짜 사랑하는 방법도 배우게 된다. 그리스도인 부모는 그들의 생각을 하나님께 맞춰 가는 믿음의 여정을 겪으며 하나님의 사람이 되어 간다. 자녀양육을 통해 부모를 성장시키는 프로젝트를 진행하시는 하나님은 자녀가 한 살이 되었을 때 부모도 영적으로는 한 살로 태어나도록 계획하셨다.

나는 승호의 인큐베이터 앞에서, 자주 달려갔던 응급실에서도 절박하게 기도했다. 그러나 아이가 조금만 건강을 되찾으면 또다시 옛 습관으로 되돌아갔다. 그냥 하나님 없이도 잘살 수 있을 것만 같았다. 마치 나는 이런 기도를 하고 사는 사람 같았다.

"하나님. 평소에는 간섭하지 마시고, 제가 원할 때만 저를 도와주셔야 합니다. 하나님은 사랑이시라면서요. 그러니까 저를 사랑하신다면 제가 원하는 대로 해 주셔야지요. 평소에는 제 뜻대로 살겠습니다. 그러니 부디 저를 편히 놔 주시고, 제가 힘들 때만 나타나서 도와주세요."

배은망덕은 그 시절의 나를 두고 하는 말 같았다. 이런 내 마음을 잘 아시는 하나님은 결국 아이를 통해 차츰 나를 양육해 주셨다. "하나님이여 나를 살피사 내 마음을 아시며 나를 시험하사 내 뜻을 아옵소서 내게 무슨 악한 행위가 있나 보시고 나를 영원한 길로 인도하소서"(시편 139:23-24).

아무리 노력하고 정성을 기울여도 승호는 탈이 났다. 나는 무력감과 죄책감을 느꼈고 곧 하나님을 원망했다. 그 시절, 내 전공은 불순종이었고 부전공은 불평이었다. 불순종과 불평을 계속할수록 고난도 반복되었다. 당시 나는 하나님을 자동판매기 수준으로 믿고 있었다. 자동판매기에 동전을 넣고 내가 원하는 음료를 뽑아내듯이, 나는 그렇게밖에 하나님을 만나지 못했다. 원하는 응답을 받지 못하면, 어떻게 나한테 이러실 수 있느냐고, 내가 무슨 잘못을 했기에 나만 이렇게 아픈 아이를 키우게 하시느냐고 하나님을 원망했다. 귀가 닫히고 눈이 멀었던 나는 하나님이 아무리 말씀하셔도 듣지 못했고, 보여 주셔도 보지 못했다. 광야의 이스라엘 백성의 모습이 꼭 내 모습이었다.

승호는 초등학교 입학 전까지 2번의 전신마취와 수술을 했다. 다섯 살 때는 허벅지 뼈가 보이도록 살이 찢겨서 몇십 바늘을 꿰매는 사고를 당했다. 추석 때, 시댁의 온실에서 사촌들과 놀다가 유리창을 뚫고 거꾸로 떨어졌는데, 이때 수직으로 머리를 온실 바닥에 놓인 개밥 그릇에 쑤셔 박기까지 했다. 다행히 개밥 그릇에 가득 담겼던 풍성한 밥알들이 시멘트 바닥과 닿는 충격을 모두 흡수해서 머리가 크게 다치지는 않았다. 그러나 유리창 틀을 깨뜨리며 몸이 통과할 때 깨어진 유리에 몸이 찢기고, 허벅지는 심하게 살이 쩍 갈라져서 뼈까지 보였다. 그날 맨발로 울부짖으며 병원으로 달려갔던 일을 떠올리면, 정지된 채 암흑 속에서 느리게 지나가는 슬픈 화면을 보는 것 같다.

여섯 살 때는 승호를 7시간 동안이나 잃어버리기도 했다. 나보다 조금 앞서 뛰어가던 승호가 사라지자, 사고가 난 줄 알고 울면서 맨홀 구멍마다 열어 보았다. 경찰에 신고를 하고 시간마다 미아를 찾는 방송을 하고 온 동네를 미친 여자처럼 뛰어다녔다. 승호를 부르다가, 승호만한 아이만 보면 모두 내 아이로 보이는 경험도 했다.

자녀를 잃어버린 엄마들은 정말 눈이 뒤집힌다. 앞이 깜깜하다 못해 하얗게 된다. 머릿속에 피가 하나도 없는 것처럼 느껴진다. 당시 승호를 잃어버렸던 충격 때문에 시력이 매우 나빠져서 오른쪽 눈은 코앞에 있는 사람도 분간할 수 없을 정도가 되었다. 지금도 우유팩이나 방송에서 미아를 찾는 것을 보면 가슴이 울컥한다. 그 일은 내가 진심으로 잃은 양 한 마리를 찾아 나서는 예수님의 심정을 이해하는 계기가 되었다. 자녀를 키우며 서툴게 하나님의 생각을 깨달았다. 그러면서 나의 고난을 불쌍히 여기시는 예수 그리스도를 만날 수 있었다. 죄도 없으신 예수님이 나 때문에 고난을 받으셨다는 사실이 그렇게 큰 위로가 될 수 없었다.

자녀를 하나님 앞에 맡기는 법에 익숙해져 갈 무렵, 승호는 아주 건강한 아이로 자라고 있었다. 남편도 해외에서 돌아왔고, 아들도 건강해졌으니 모든 것이 순조롭기만 했다.
　그러나 승호가 초등학교에 입학하던 1992년에, 하나님은 새롭게 통과해야 할 세 번째 고난학교의 문을 열어 놓으신 듯했다. 남편이 '확장성 심근증'이란 심장병 진단을 받은 것이다. 남편이 서른일곱 살밖에 안 됐는데, 짧으면 5년 길면 20년 생존이라는 진단이 나왔다. 뜻밖의 심장병은 남편이 하나님과 더 깊이 교제하는 계기가 되었다. 남편은 놀라울 만큼 평온했으며, 남은 인생을 하나님만을 위해 살고 싶다고 했다.
　반면에 나는 남편의 심장병에 너무 놀라 하나님도 교회도 싫어질 만큼 믿음이 다시 흔들리기 시작했다. '돌연사'라는 말이 너무 무서워서 잠자는 남편이 숨을 쉬는지 확인하느라 깊은 잠을 잘 수도 없었다. 병든 남편이 불쌍했지만, 목사님이 되겠다고 하니 그렇게 미울 수가 없었다. 남편은 하나님이 자기를 부르신다고 했지만, 나는 부름 받은 적이 없다며 막무가내로 말렸다.
　"당신은 목사님이 될 수 있을지 모르지만 나는 결코 사모가 될 성향이 아니에요. 절대로 안 돼요."
　입만 열면 우리는 부부 싸움을 했고 대화를 전혀 할 수 없는 부부가 되었다.
　그리고 5년이 지난 추석에, 내가 흙토란을 까다가 알레르기 쇼크로 응급실에 가는 일이 발생했다. 응급실 침대에 누웠는데, 살려 달라는 기도 대신 회개 기도가 나오기 시작했다. 갑자기 남편이 하나님만을 위해 살고 싶다는 일을 외면하고 방해만 해 온 내 모습이 보였다. 하나님의 섭리로 우리 부부의 깊은 갈등이 풀리는 순간이었다. 그 후, 내가 동의하자마자 남편은 대우건설의 부장직을 그만두고 서울신학대학원에 입학했다. 훗날 들으니 남편은 내가 반대하던 그 5년을 하나님의 부르심(calling)을 확인하는 기간으로 삼았다고 했다.

되돌아보면, 이러한 일들은 모두 온전한 믿음의 어머니가 되어 가는 부모양육의 과정이었다. 자녀를 통한 고난은 나의 무지와 교만을 깨뜨리는 연단의 도구였고, 남편의 심장병은 우리 부부가 하나님과 가까워지는 축복의 통로였다.

부모의 정체성이 자녀의 정체성을 결정한다

나는 여러 가지 고난을 통과하며, 창조주 하나님이 주신 성경을 인생의 매뉴얼로 삼게 되었다. 내 인생의 사건을 성경으로 해석하는 법을 배우면서, 내가 원래 어떤 존재였는지도 점차 알게 되었다. 그리고 하나님의 자녀로 살아가려면 무엇을 배워야 하는지 알게 되었다. '나는 그리스도인 부모이며, 엄마이고, 내 자녀는 하나님의 자녀'임을 알고 나니, 성경이 가르쳐 주는 원리가 이해되기 시작했다.

자녀양육에 관한 말씀을 찾아서 아이와 함께 항상 그대로 따르고자 노력했다. 부모가 먼저 주님의 말씀을 배우고, 어린 자녀에게도 부지런히 가르치라고 하시니 그렇게 하려고 애썼다. 연습 게임이 없는 자녀양육에서 '하나님의 기준'인 성경 말씀을 의지하기 시작했다.

순종과 기도로 하나님 손에 들린 자녀는 하나님의 동역자가 된다. 아브라함도 요셉도 모세도 다윗도, 모두 순종함으로 하나님께 쓰임 받았다. 말씀에 순종하고 기도로 하나님의 뜻을 구하면서 점진적인 변화의 과정을 거친 사람들이다. 모든 것에서 상대적인 가치를 추구하는 21세기에는 이성과 지성과 감성과 영성의 조화를 이루는 하나님의 자녀가 필요하다. 하나님이 베풀어 주신 순종 연습을 통해 다윗은 결국 하나님의 마음에 합한 사람이 되었다. 오늘 우리의 자녀들도 순종하는 연습을 통해서 하나님의 마음에 맞는 사람이 될 수 있을 것이다.

가나안 땅을 조사하기 위해 보내진 열두 정탐꾼 중 여호수아와 갈렙은 현재 상황에서 어떤 시각을 갖고 믿음으로 선택해야 하는지를 잘 보여 주는 사람들이다. 인생의 미래를 바라보는 태도, 현재를 선택하는 지혜, 주어진 사명을 보는 시각에 대한 교훈을 준다. 열두 명의 정탐꾼 중에서 여호수아와 갈렙을 제외한 열 사람은 불행한 사람이었다. 그들의 태도와 지혜와 시각은 불만족스러웠다. "모세에게 보고하여 가로되 당신이 우리를 보낸 땅에 간즉 과연 젖과 꿀이 그 땅에 흐르고 이것은 그 땅의 실과니이다 그러나 그 땅 거민은 강하고 성읍은 견고하고 심히 클 뿐 아니라 … 우리는 능히 올라가서 그 백성을 치지 못하리라 그들은 우리보다 강하니라"(민수기 13:27-31). 그들은 메뚜기 자아상을 가졌던 것이다.

그러나 여호수아와 갈렙은 그들과 다른 대답을 했다. "우리가 두루 다니며 정탐한 땅은 심히 아름다운 땅이라 여호와께서 우리를 기뻐하시면 우리를 그 땅으로 인도하여 들이시고 그 땅을 우리에게 주시리라"(민수기 14:7-8). 열두 명의 정탐꾼 중 오직 여호수아와 갈렙만이 하나님을 붙들었고, 건강한 자존감을 갖고 있었다. 그들은 열등감이 없었다.

이처럼 자녀양육의 관건은 자녀를 열등감이 없고 자존감이 건강한 사람으로 키우는 것이다. 자존감이 낮은 사람은, 개인은 물론이고 공동체까지 파괴하게 된다. 어린 자녀에게는 자존감 형성이 매우 중요하다.

'주교양 양육법'의 시작은 부모로서 자신의 '정체성(identity)'을 깨닫는 일이다. '정체성'이란 '본래의 참모습을 깨닫는 성질, 또는 그러한 성질을 가진 독립적 존재'를 의미한다. '내가 누구인지'를 바로 알기 시작하는 일은 나의 사명과 역할을 정확히 알게 되는 지름길이다.

자녀들은 부모가 말하는 것보다 행동하는 것을 더 중요하게 보고 배운다. 어린 자녀일수록 부모의 영향력은 절대적이다. 모든 부모는 자녀에게 가장 큰 영향력을 미치는 사람이다. 오늘 자녀에게 맺히는 생각의 열매, 행동의 열매, 습관의 열매는 어제 부모가 심은 결과다. 좋은 것을 심으면 좋은 열매를 맺고, 나쁜 것을 심으면 나쁜 열매를 맺는다. 파종과 추수의 법칙이다. "사람이 무엇으로 심든지 그대로 거두리라"(갈라디아서 6:7). 부모의 정체성이, 자녀의 정체성을 결정한다.

부모가 하나님께 거룩한 산 제사를 드려야 한다

우리 자녀들은 성(性) 정체성조차 고민해야 하는 환경에 살고 있다. 벌써 수년 전부터 아이들은 일본에서 들어온 동성애 만화를 보며 성에 관련된 잘못된 가치관을 또래 문화에서 어깨너머로 배우고 있다. 기존 질서나 문화에 대한 반란은 가장 먼저 소설, 영화, 드라마를 통해 사회 전체에 일반화되는 경향이 있다.

하나님을 진짜로 믿으면 죄를 깨닫게 되는데, 그 죄의 결박을 풀어야 하나님이 약속하신 축복이 임한다. 결국 부모가 자신과 자녀의 죄를 볼 줄 알아야 이 땅의 축복과 하늘의 축복이 부모와 그 자녀의 것이 될 수 있다. 우리 부부는 비록 처음에는 아이를 말씀대로 가르치기에만 치중했지만, 차츰 자녀에게 어려움이 생길 때마다 먼저 말씀에 부딪쳐서 자신의 죄를 발견하고 회개하기를 힘쓰고 고쳐 나가야 했다. 그럴 때, 하나님의 은혜로 부모와 자녀가 함께 고통스런 변화의 과정을 거칠 수 있었다. 하나님의 기준은 우리에게 축복이 되어 주었다.

문제는 부모의 믿음이다. 먼저 부모가 마음의 동기를 어디에 두고 자녀를 양육하는지, 하나님 외에 다른 신을 섬기고 있지 않은지 점검해야 한다. 만일 부모가 단지 자녀의 출세와 명예와 부귀영화만을 목적으로 한다면 하나님의 약속을 바랄 수 없을 것이다.

아내의 믿음은 남편과 자녀에게 영향력을 미치게 되지만, 남편 혼자만의 믿음으로는 어린 자녀에게조차 믿음의 영향력을 주기가 매우 어렵다. 자녀가 어릴 때는 특히 엄마의 믿음이 정말 중요하다. 자녀가 어릴수록 제1양육자로서 엄마가 가장 큰 영향력을 미치기 때문이다. 성경에서는 디모데의 믿음을 칭찬하는 대목에서, 그의 외할머니와 어머니의 믿음을 칭찬했다. "이는 네 속에 거짓이 없는 믿음을 생각함이라 이 믿음은 먼저 네 외조모 로이스와 네 어머니 유니게 속에 있더니 네 속에도 있는 줄을 확신하노라"(디모데후서 1:5).

하나님은 예수님을 이 땅에 보내 주실 때도 믿음의 어머니 마리아를 먼저 선택하셨다. 예수님의 아버지가 된 요셉과 어머니 마리아의 믿음의 여정은 오늘날 믿음의 부모들에게도 많은 통찰력을 제공한다. 그들이 믿음으로 예수님의 탄생을 받아들이는 과정은 거룩한 산 제사의 절정이다.

성경 속에는 많은 믿음의 부모들이 있다. 하나님의 사자는 자식이 없던 마노아 부부에게 나타나 말했다. "이제 임신하여 아들을 낳으리니"(사사기 13:4). 이 말을 들

34

은 삼손의 아버지 마노아는 궁금했다. "마노아가 이르되 이제 당신의 말씀대로 되기를 원하나이다 이 아이를 어떻게 기르며 우리가 그에게 어떻게 행하리이까 여호와의 사자가 마노아에게 이르되 내가 여인에게 말한 것들을 그가 다 삼가서 포도나무의 소산을 먹지 말며 포도주와 독주를 마시지 말며 어떤 부정한 것도 먹지 말고 내가 그에게 명령한 것은 다 지킬 것이니라 하니라"(사사기 13:12-14).

이렇게 태어난 아이가 삼손이다. 삼손의 부모는 달랐다. 그들은 아이를 어떻게 키워야 할지 먼저 하나님께 질문했다. 삼손의 부모는 임신하기 전부터 태어날 아이의 양육비를 계산하며 걱정하는 요즘의 부모와 달랐고, 다른 아이들과 끊임없이 비교하며 세상적 양육법에 눈과 귀를 모으는 우리들과 대조적이었다.

마노아처럼 아버지가 자녀양육을 위해 기도하고 하나님께 배우는 장면은 오늘날의 아버지에게도 그대로 적용되어야 한다. 어린 자녀에게는 엄마가 가장 중요하지만, 자녀양육이 어머니 혼자만의 일이 아니라는 것은 성경 곳곳에 아주 잘 나타나 있다. 직장 일이 바쁘고 아무리 많은 돈을 버는 능력이 있는 아버지라도 자녀를 위해 기도하거나 양육하지 않고 아내에게만 아이를 맡기면 직무유기를 하는 것이다. 하나님의 명령을 소홀히 여기고 하나님의 뜻을 어기는 일이다. "옛날을 기억하라 역대의 연대를 생각하라 네 아버지에게 물으라 그가 네게 설명할 것이요 네 어른들에게 물으라 그들이 네게 말하리로다"(신명기 32:7). 하나님은 자녀양육을 부모에게 공동으로 맡기셨다.

결국 부부가 예수님의 보혈 안에서 죄를 해결하고 거룩한 삶을 살도록 서로를 도우며 힘써야 한다. 하나님이 기뻐하시는 자리에 서려고 해야 한다. 성경을 배우면서 회개와 순종을 연습해야 한다. 그럴 때 하나님이 기뻐하시는 거룩한 산 제사를 통해 부모와 그 자녀의 삶에 예수님의 향기가 나타나는 것이다. 자녀양육에서도 하나님이 인도하시는 좁은 길을 찾는 믿음과 지혜가 필요하다.

하나님은 믿음의 가정에서 자라지 않았고 믿음도 매우 연약한 나에게, 믿음이 좋은 시댁과 남편을 만나게 하셨고 좋은 영향을 받게 하셨다. 시댁은 목회자 가정이고, 친정에서는 내가 믿음의 조상이다. 나는 시댁에서 배운 믿음의 습관들을 친정에 접목하고자 노력한다. 다섯 살 난 조카도, 열네 살 난 조카도 고모인 내가 축복기도를 해 주면 순종하며 귀를 기울인다. 하나님 은혜를 사모한다면 믿음의 배경이나 햇수는 전혀 문제되지 않는다. 누구든지 은혜를 간구하고 하나님의 능력을 믿으면 하나님은 언제나 더 큰 축복으로 응답하신다.

복음과 진리를 가족에게 전하는 일은 사실 매우 어렵다. 부담을 주거나 아예 외면할 수 있는 위험이 있다. 이런 경우, 직접적인 가르침이 역효과를 내기도 한다. 믿음의 분량이 적거나 또는 전혀 믿음이 없는 가족에게 끼칠 수 있는 가장 강력한 영향력은 사랑과 오래 참음이다. 먼저 믿은 자가 자신의 삶을 산 제사로 드리는 것이다. 산 제사에는 반드시 자기희생이 따른다. "우리가 선을 행하되 낙심하지 말지니 피곤하지 아니하면 때가 이르매 거두리라"(갈라디아서 6:9).

부모가 먼저 하나님께 순종하고, 아내가 남편에게 순종하는 것이 산 제사다. 엄마가 자기 삶을 하나님이 기뻐하시는 산 제사로 드리면 자녀도 배운다. 아내가 순종하면 남편도 기적처럼 변한다. 주교양 양육법의 첫 번째 원리는 부모가 먼저 하나님 말씀에 순종하면서 자녀도 하나님께 순종하는 체질로 자라게 하는 것이다.

꼭 외워야 할 말씀

자녀양육은 순종 연습이다
사무엘이 이르되 여호와께서 번제와 다른 제사를 그의 목소리를 청종하는 것을 좋아하심 같이 좋아하시겠나이까 순종이 제사보다 낫고 듣는 것이 숫양의 기름보다 나으니 사무엘상 15:22

하나님은 부모를 먼저 다루신다
고난당하기 전에는 내가 그릇 행하였더니 이제는 주의 말씀을 지키나이다 시편 119:67

부모의 정체성이 자녀의 정체성을 결정한다
이제 후로는 네 이름을 아브람이라 하지 아니하고 아브라함이라 하리니 이는 내가 너를 여러 민족의 아버지가 되게 함이니라 창세기 17:5

부모가 하나님께 거룩한 산 제사를 드려야 한다
그러므로 형제들아 내가 하나님의 모든 자비하심으로 너희를 권하노니 너희 몸을 하나님이 기뻐하시는 거룩한 산 제물로 드리라 이는 너희가 드릴 영적 예배니라 로마서 12:1
이같이 너희 빛이 사람 앞에 비치게 하여 그들로 너희 착한 행실을 보고 하늘에 계신 너희 아버지께 영광을 돌리게 하라 마태복음 5:16

묵도 ─────────────── 다같이
찬송 / 404장 ─────────── 다같이
성시교독 / 9번 (시:23) ─────── 다같이
신앙고백 / 사도신경 ────────── 다같이
찬송 / 495장 ─────────── 다같이
기도 ─────────────── 최종명집사
성경봉독 / 창 1장 26~31 ─────── 다같이
말씀 ──── 창조의 절정 ────── 구역장
기도 ─────────────── 〃
예물봉헌 / 70장 ─────────── 다같이
봉헌기도 ────────────── 신윤주
(있을때에는) 광고 ─────────── 구역장
찬송 / 1장 ────────────── 다같이

(다같이 통성으로 내일 수술을 위해서 기도부탁드립니다.)
                              (최승호)

2. 주의 교양과 훈계로 양육하라

내 아들아 네 아비의 훈계를 들으며 네 어미의 법을 떠나지 말라 잠언 1:8

모든 성경은 하나님의 감동으로 된 것으로 교훈과 책망과 바르게 함과 의로 교육하기에 유익하니 디모데후서 3:16

아이의 마음에는 미련한 것이 얽혔으나 징계하는 채찍이 이를 멀리 쫓아내리라 잠언 22:15

오직 주의 교양과 훈계로 양육하라 에베소서 6:4

자녀양육은 하나님의 기준을 배우는 일이다

'하나님의 기준'이 인생에 적용되는 것은 건축물을 지을 때 사용하는 '다림줄'과 같다. 성경에서는 이스라엘의 죄악을 정확히 측량해서 심판하시기 위한 하나님의 공의의 도구로 '다림줄'을 묘사한다. '다림줄(plumb line)'은 납이나 주석으로 만든 무거운 추가 달린 줄인데, 건물을 지을 때 수평과 수직을 측량하는 데 활용된다. 하나님은 이스라엘 민족을 하나님의 자녀로 세워 가실 때, 그들의 죄악을 다림줄로 정확히 재고 하나님의 공의에 따라 심판하셨다. "또 내게 보이신 것이 이러하니라 다림줄을 가지고 쌓은 담 곁에 주께서 손에 다림줄을 잡고 서셨더니 여호와께서 내게 이르시되 아모스야 네가 무엇을 보느냐 내가 대답하되 다림줄이니이다 주께서 이르시되 내가 다림줄을 내 백성 이스라엘 가운데 두고 다시는 용서하지 아니하리니"(아모스 7:7-8).

성경에는 하나님께 불순종해서 망해 가는 민족을 구하기 위해서 금식하며 눈물로 간구한 선지자들의 기록이 나온다. 나라가 가장 어려울 때 이사야, 예레미야, 에스라는 이스라엘 민족이 잃어버린 하나님의 기준을 다시 세우는 일을 했다. 이스라엘의 영적 개혁이 필요할 때, 하나님의 기준을 철저하게 다시 세워 미래의 자손들에게 가르쳤다.

하나님의 기준을 확고히 세운 사람 중에서 에스라 선지자는 이스라엘의 죄를 먼저 보았다. 그는 하나님 앞에 금식하며 회개했다. 하나님의 선한 도우심을 입기 위해, 자신이 먼저 하나님 말씀을 철저하게 연구하고 실천하며 백성들에게 가르칠 것을 결단했다. "에스라가 여호와의 율법을 연구하여 준행하며 율례와 규례를 이스라엘에게 가르치기로 결심하였었더라"(에스라 7:10). 이스라엘의 회복이 오직 말씀의 회복임을 깨닫고 믿었기 때문이다.

하나님은 예루살렘에 돌아와 성전 재건 공사를 시작한 스룹바벨이 다림줄을 들고 있는 걸 보고 기뻐하셨다. "스룹바벨의 손이 이 성전의 기초를 놓았은즉 그의 손이 또한 그 일을 마치리라 하셨나니 만군의 여호와께서 나를 너희에게 보내신 줄을 네가 알리라 하셨느니라 작은 일의 날이라고 멸시하는 자가 누구냐 사람들이 스룹바벨의 손에 다림줄이 있음을 보고 기뻐하리라 이 일곱은 온 세상에 두루 다니는 여호와의 눈이라 하니라"(스가랴 4:9-10).

하나님은 스스로 겸비하고 자원하여 하나님의 기준에 순종하는 사람을 찾아서 일하신다. 다림줄로 정확히 죄를 측량하는 공의의 하나님이시지만, 아무도 하나님의 기준에 완전히 도달할 수 없음을 아시고 예수 그리스도를 구세주로 보내 주신 사랑의 하나님이시다. 가장 탁월한 하나님의 기준인 말씀을 통해서 기준이 바로 서면, 내 자녀의 현재가 변하고 미래가 변한다. 하나님은 우리 손에도 다림줄이 들려 있을 때 정말 기뻐하실 것이다.

모세의 장인 이드로는 모세에게 '하나님의 기준'을 가르치라고 명한다. "그들에게 율례와 법도를 가르쳐서 마땅히 갈 길과 할 일을 그들에게 보이고"(출애굽기 18:20). 하나님의 기준을 알아야 하나님의 뜻대로 순종할 수 있기 때문이다. 하나님의 기준을 손에 든 사람은 하나님의 비밀을 맡은 자다. "주 여호와께서는 자기의 비밀을 그 종 선지자들에게 보이지 아니하시고는 결코 행하심이 없으시리라"(아모스 3:7). "사람이 마땅히 우리를 그리스도의 일꾼이요 하나님의 비밀을 맡은 자로 여길지어다"(고린도전서 4:1).

성경은 '하나님의 기준'을 배우고 지켜 행하는 자녀에게 다음과 같은 약속을 주셨다.

첫째, 마땅히 갈 길과 행할 길을 알고 생명을 얻게 된다. 세상의 다른 교훈에 유혹되지 않고, 분별력과 인생의 참 지혜를 갖게 된다.
"이스라엘아 이제 내가 너희에게 가르치는 규례와 법도를 듣고 준행하라 그리하면 너희가 살 것이요 너희 조상의 하나님 여호와께서 너희에게 주시는 땅에 들어가서 그것을 얻게 되리라"(신명기 4:1).
"아버지가 내게 가르쳐 이르기를 내 말을 네 마음에 두라 내 명령을 지키라 그리하면 살리라"(잠언 4:4).
"예수께서 대답하여 이르시되 너희가 사람의 미혹을 받지 않도록 주의하라"(마태복음 24:4).

"이는 우리가 이제부터 어린 아이가 되지 아니하여 사람의 속임수와 간사한 유혹에 빠져 온갖 교훈의 풍조에 밀려 요동하지 않게 하려 함이라"(에베소서 4:14).

둘째, 자신의 허물을 깨닫고, 예수 그리스도를 믿는 믿음과 은혜 안에서 살게 된다.
"내게 가르쳐서 나의 허물된 것을 깨닫게 하라 내가 잠잠하리라"(욥기 6:24).
"여호와여 주의 도를 내게 가르치소서 내가 주의 진리에 행하오리니 일심으로 주의 이름을 경외하게 하소서"(시편 86:11).
"예수께서 이르시되 내가 곧 길이요 진리요 생명이니 나로 말미암지 않고는 아버지께로 올 자가 없느니라"(요한복음 14:6).
"하나님은 모든 사람이 구원을 받으며 진리를 아는 데에 이르기를 원하시느니라"(디모데전서 2:4).
"우리에게 있는 대제사장은 우리의 연약함을 동정하지 못하실 이가 아니요 모든 일에 우리와 똑같이 시험을 받으신 이로되 죄는 없으시니라 그러므로 우리는 긍휼하심을 받고 때를 따라 돕는 은혜를 얻기 위하여 은혜의 보좌 앞에 담대히 나아갈 것이니라"(히브리서 4:15-16).

셋째, 하나님만 의지하게 된다.
"스룹바벨의 손이 이 성전의 기초를 놓았은즉 그의 손이 또한 그 일을 마치리라 하셨나니 만군의 여호와께서 나를 너희에게 보내신 줄을 네가 알리라 하셨느니라 작은 일의 날이라고 멸시하는 자가 누구냐 사람들이 스룹바벨의 손에 다림줄이 있음을 보고 기뻐하리라 이 일곱은 온 세상에 두루 다니는 여호와의 눈이라 하니라"(스가랴 4:9-10).
"너는 마음을 다하여 여호와를 신뢰하고 네 명철을 의지하지 말라 너는 범사에 그를 인정하라 그리하면 네 길을 지도하시리라"(잠언 3:5-6).

넷째, 하나님과 부모에게 순종하며, 사람의 본분과 사명을 깨닫는 자가 되게 한다.
"주는 나의 하나님이시니 나를 가르쳐 주의 뜻을 행하게 하소서 주의 영은 선하시니 나를 공평한 땅에 인도하소서"(시편 143:10).
"일의 결국을 다 들었으니 하나님을 경외하고 그의 명령들을 지킬지어다 이것이 모든 사람의 본분이니라"(전도서 12:13).
"자녀들아 모든 일에 부모에게 순종하라 이는 주 안에서 기쁘게 하는 것이니라"(골로새서 3:20).
"그 주인이 이르되 잘하였도다 착하고 충성된 종아 네가 적은 일에 충성하였으매 내가 많은 것을 네게 맡기리니 네 주인의 즐거움에 참여할지어다 하고"(마태복음 25:21).

다섯째, 거짓을 버리고 믿음과 행함이 일치하는 온전한 사람이 되게 한다.
"진실한 증인은 사람의 생명을 구원하여도 거짓말을 뱉는 사람은 속이느니라"(잠언 14:25).

"우리가 다 하나님의 아들을 믿는 것과 아는 일에 하나가 되어 온전한 사람을 이루어 그리스도의 장성한 분량이 충만한 데까지 이르리니"(에베소서 4:13).
"영혼 없는 몸이 죽은 것같이 행함이 없는 믿음은 죽은 것이니라"(야고보서 2:26).

여섯째, 항상 감사와 찬양으로 살게 한다.
"여호와를 경외하는 자에게는 부족함이 없도다"(시편 34:9).
"그리스도의 평강이 너희 마음을 주장하게 하라 너희는 평강을 위하여 한 몸으로 부르심을 받았나니 너희는 또한 감사하는 자가 되라 그리스도의 말씀이 너희 속에 풍성히 거하여 모든 지혜로 피차 가르치며 권면하고 시와 찬송과 신령한 노래를 부르며 감사하는 마음으로 하나님을 찬양하고 또 무엇을 하든지 말에나 일에나 다 주 예수의 이름으로 하고 그를 힘입어 하나님 아버지께 감사하라"(골로새서 3:15-17).

일곱째, 말씀을 사모하며 기도하는 사람이 된다.
"에스라가 여호와의 율법을 연구하여 준행하며 율례와 규례를 이스라엘에게 가르치기로 결심하였었더라"(에스라 7:10).
"여호와의 율법은 완전하여 영혼을 소성시키며 여호와의 증거는 확실하여 우둔한 자를 지혜롭게 하며 여호와의 교훈은 정직하여 마음을 기쁘게 하고 여호와의 계명은 순결하여 눈을 밝게 하시도다 여호와를 경외하는 도는 정결하여 영원까지 이르고 여호와의 법도 진실하여 다 의로우니 금 곧 많은 순금보다 더 사모할 것이며 꿀과 송이꿀보다 더 달도다"(시편 19:7-10).

"그러므로 내가 너희에게 말하노니 무엇이든지 기도하고 구하는 것은 받은 줄로 믿으라 그리하면 너희에게 그대로 되리라"(마가복음 11:24).

이와 같이 '하나님의 기준'은 성경에 잘 나타나 있다. 엄마가 손에 '다림줄'을 들고 있을 때 하나님은 기뻐하신다. 엄마가 하나님의 기준을 갖고 자녀를 대하기 시작하면, 하나님은 그 자녀를 책임지기 시작하신다. 하나님의 눈으로 자녀를 바라보면, 자신의 자녀가 하나님의 형상임을 알 수 있다. 하나님의 기준이 엄마의 기준이 되기 시작하면, 하나님은 내 아이의 수준을 만들어 가기 시작하신다.

우리 자녀가 살아가야 할 세상은 그렇게 만만한 곳이 아니다. 엄마의 기준이 흔들리면, 어린 자녀는 생각이 혼미해진다. "그중에 이 세상의 신이 믿지 아니하는 자들의 마음을 혼미하게 하여 그리스도의 영광의 복음의 광채가 비치지 못하게 함이니 그리스도는 하나님의 형상이니라"(고린도후서 4:4). 엄마가 주의 교양과 훈계로 인도하지 않으면, 자녀는 헤매는 인생길을 걷기 쉽다.

이제는 엄마가 주춤거릴 때가 아니다. 엄마가 하나님의 말씀을 기준으로 삼으면, 자녀의 인생에서 하나님의 약속이 그대로 이루어진다. "엘리야가 모든 백성에게 가까이 나아가 이르되 너희가 어느 때까지 둘 사이에서 머뭇머뭇 하려느냐 여호와가 만일 하나님이면 그를 따르고 바알이 만일 하나님이면 그를 따를지니라 하니 백성이 말 한마디도 대답하지 아니하는지라"(열왕기상 18:21).

하나님의 기준이 있으면 흔들리지 않는다

무슨 일이든 원칙이나 목적 없이 일하는 게 가장 고역일 것이다. 자녀양육도 방향을 잃어버리면 어려움을 겪을 수밖에 없다. 미지의 인생길을 가면서 목적과 원칙이 모호하다면 어두운 밤에 안개가 자욱한 길을 가까스로 운전하는 것처럼 진땀나는 일이다.

우리나라의 교육 정책과 주택 정책은 그런 면에서 참 닮은꼴을 하고 있다. 둘 다 일관성 없이 갑자기 바뀌는 것이다. 지도자나 여당이 바뀔 때마다 추구하는 바도 제각각이다. 나는 고등학교를 무시험으로 입학한 '추첨 1세대'로서, 초등학교 때부터 코앞에서 매번 입시 제도가 바뀌는 경험을 했다. 남편은 시험을 치르고 고등학교를 다녔지만, 같은 시기에 중학교 입시를 준비하던 나는 제도가 갑자기 바뀌는 바람에 무시험 추첨으로 중학교와 고등학교를 다니게 되었다.

갑작스런 고교 평준화로 혼돈의 시기를 거치며, 시험을 봐서 수준별로 학생들을 뽑은 학교와 추첨을 통해 각양각색의 학생들이 모인 학교에서의 공부의 질이 얼마나 다른지 경험으로 배웠다. 1974년에 시작된 고교평준화 이후 30여 년이 지난 지금까지, 각 학년마다 자기들이 가장 불운하고 저주받은 세대였다고 아우성치는 가운데 이 땅의 교육제도는 변화에 변화를 거듭하고 있다.

사실 세상 제도는 늘 불완전하다. 모든 사람을 만족시킬 제도는 이 세상에 존재하지 않는다. 그러나 늘 기막힌 환경과 제도 속에서도 언제나 공부하는 아이는 공부하고 노는 아이는 노는 걸 일삼는 게 아이들이다. 소문과 정보에 너무 연연하면 잔꾀를 부리게 되고, 결국 많은 정보 때문에 혼란을 겪으며 실패하게 되는 건 교육에서도 마찬가지다. 제도가 복잡하거나 급변할 때는 오히려 단순하고 기본적 원칙을 지키는 편이 지름길이다. 결국 나는 교육정책이 바뀔 때마다 새로운 정보에 연연하지 않기로 했다. 대신 그때마다 그리스도인 아내와 어머니로서 지켜 나가야 할 생활 속의 원칙들을 성경 말씀 안에서 다시 점검하는 버릇이 생겼다.

좀 미련한 듯해도 그냥 느긋하게 원칙을 지켜 나가다 보면 길이 보인다. 믿음이 연약한 사람도 목적이 분명하면 혼돈 중에도 길을 볼 수 있다. 하나님의 자녀는 하나님이 책임지신다. 혼돈에 빠질 때마다 하나님께 지혜를 구하면, 하나님은 목적을 회복시키며 우리 가족을 인도해 주셨다. "너희 중에 누구든지 지혜가 부족하거든 모든 사람에게 후히 주시고 꾸짖지 아니하시는 하나님께 구하라 그리하면 주시리라"(야고보서 1:5). 하나님은 자녀교육 때문에 혼란에 빠진 엄마가 지혜를 구할 때도 약속대로 꾸짖지 않으시고 넘치도록 부어 주셨다.

승호가 초등학교를 입학하던 1990년대는 이 나라에 '열린 교육'이라는 새로운 용어가 등장하는 중이었다. 열린 교육은 용어도 생소했지만, 방법도 모호했다. 일부 실험적 사립 초등학교에서는 교실의 담을 허물고 문도 없애고 창의적 교육을 한다고 했다. 시험이 없어진다는 말도 나왔다. 다른 사람들처럼 나도 교육정책의 변화 때문에 불안했다.

하지만 나는 마음의 중심을 잃지 않도록 노력하며 흔들리지 않는 원칙을 세워 나갔다. 기업으로 주신 내 자녀를 하나님이 원하시는 대로 하나님의 사람으로 키워 드린다는 양육 방향을 분명히 한 것이다. 그리스도인 부모로서 '하나님의 기준'인 성경 말씀을 가르치며 생각하는 훈련을 시켰다. 주기도문과 사도신경을 외우고 성경을 암송할 때마다, 승호는 점점 더 말귀를 잘 알아듣는 지혜로운 아이로 자랐다.

　승호의 나이에 맞는 신앙 서적도 골라서 함께 봤다. 초등학생일 때는《예수님이 좋아요》를, 중학생이 된 후에는《새벽나라》를 보며 놀이처럼 큐티를 함께했다. 가정예배도 승호 수준에 맞춰서 드렸다. 신앙 교육뿐 아니라 자녀를 이해하는 데 도움이 됐다.

　승호가 초등학교 4학년 때, 나는 스승의 날에 일일교사가 되어《예수님이 좋아요》를 교재로 승호네 반 아이들을 가르친 일도 있다. 반장 엄마가 되게 하신 하나님이 마침 믿음이 좋은 담임선생님을 만나게 해 주셔서 가능한 일이었다. 그때 나는 생물학 전공을 살려서 아이들 수준에 맞게 도표로 그려서 진화론과 창조론을 설명해 주고 토론을 인도했다.

　하나님의 소원이 영혼 구원이라는 사실을 알고 난 후에는 아들과 함께 전도를 열심히 하기 시작했다. 승호가 유치원에 입학하면서부터, 주소록이 오면 아이들의 이름을 부르며 기도했다. 승호가 새롭게 친구를 사귀면, 반드시 그 아이와 그 부모의 영혼 구원을 위해 더 많은 기도를 했다. 덕분에 나는 나 홀로 구역장으로 임명되어서 전도에 힘썼고, 승호는 매년 전도 왕이 될 만큼 열심히 전도했다.

　하나님은 호세아 선지자에게 이스라엘 백성이 여호와를 아는 지식이 없어서 망한다고 경고하셨다. 이 시대에도 인생이 망하는 이유는 하나님을 아는 지식이 없기 때문이다. 돈이 없어서가 아니다. 아무리 지식이 많아도 하나님을 알지 못하면 망한다. "내 백성이 지식이 없으므로 망하는도다 네가 지식을 버렸으니 나도 너를 버려 내 제사장이 되지 못하게 할 것이요 네가 네 하나님의 율법을 잊었으니 나도 네 자녀들을 잊어버리리라"(호세아 4:6).

성경에 나오는 '안다(yada)'는 단어는 '부부가 성적 경험을 통해 서로를 깊이 아는 수준의 앎'을 의미한다. 아무리 상대방을 머리로 많이 안다 해도, 몸으로 겪으며 함께 사는 부부만큼 알 수는 없다. 결국 하나님을 아는 것은, 하나님을 경험하는 삶을 살아야 진짜 아는 것이다. 그분의 말씀대로 순종하고 실천해 본 사람들만이 그분을 알 수 있는 것이다.

하나님을 모르는 것이 실패와 패망이다. 정말 그렇다. 하나님을 아는 지식이 없던 내 친정은 그래서 정말 완전히 망했다가, 하나님을 알아 가면서 다시 회복되는 중이다. 개인도 그렇고, 사회도 그렇고, 하나님을 모르는 게 망하는 첩경이다. 하나님을 아는 것은 회복과 성공의 시작이 된다. 하나님이 어떤 분인지 알고 믿으면 깨진 가정도 회복되고 집 나간 자녀도 돌아온다. 이런 간증 사례는 얼마든지 있다.

하나님께 선택받은 이스라엘 민족은 하나님의 뜻대로 인생을 살면서 자녀를 키울 것을 명령받았다. 그들이 하나님과 함께한 기록, 오실 메시아에 대한 소망의 기록이 구약성경이다. 그러나 안타깝게도 대다수의 유대인은 구약의 율법을 철저히 지키면서도 예수 그리스도를 믿음으로 인하여 구원에 이르는 은혜의 길을 외면하고 있다. 유대교의 최대 실수가 자녀양육에서 예수 그리스도를 가르치지 않는 것이라면, 이 시대 그리스도인 부모들의 최대 실수는 자녀에게 율법을 가르치지 않는 것이다.

그리스도인 부모가 지녀야 할 자녀양육 목표는 세상 부모와 달라야 한다. 명문 대학을 나오고, 일류 직장에 다니고, 최고급 아파트에 사는 자녀로 키우는 것이 목표가 아니다. 많은 부모들이 비싼 책을 사 주고, 고액 과외를 시키고, 비싼 학원이나 조기 유학을 보내야 자녀가 잘 자라서 성공할 거라고 생각한다. 이것은 잘못된 통념이다. 반대로 현실에서 벗어나 모든 세속적인 것을 끊고 세상과 분리된 신앙생활을 하는 사람으로 키우는 것도 하나님이 원하시는 바가 아니다. 하나님 안에서는 거룩과 세속의 기준이 다르다. 이 세상에 살면서 하나님 말씀에 순종하는 구별된 삶은 거룩한 삶이고, 하나님과 분리된 불순종하는 삶은 세속적 삶이다.

그리스도인 부모로서 잘못된 세상의 가치관에 휩쓸려 있다면, 3박 4일 동안 회개해도 고치기 어려운 일이니 자신을 잘 점검해 보기 바란다. 물질로 자녀를 키우려 하면 할수록, 물질이 올무가 될 것이다. 물질은 바닷물처럼 마실 수 없는 물이다.

목마름은 생수이신 예수님을 믿음으로만 해갈된다. "나를 믿는 자는 성경에 이름과 같이 그 배에서 생수의 강이 흘러나오리라"(요한복음 7:38)는 말씀을 아무리 신학적으로 분석하고 지식적으로 연구해도 목마름을 해결할 수 없다. 자녀의 배에서 생수의 강이 흘러나오게 하려면 하나님의 기준을 가르쳐야 한다.

그리스도인 가정의 가장 큰 자녀양육 목표는 하나님의 영광을 위해 사는 인생을 가르치는 일이어야 한다. 자녀가 죄에서 구원받고 예수 그리스도의 형상으로 자라도록 인도하는 것이다. 모든 부모에게는 자녀가 죄에서 돌이켜 구원을 받도록 예수 그리스도를 가르쳐야 하는 사명이 있다. 부모는 이 목적을 이뤄 드리기 위해 기도의 자리로 부름 받은 사람들이다.

하나님이 말씀하시는 자녀양육의 시작은 아버지와 어머니다. "네 자녀에게 부지런히 가르치며"(신명기 6:7). 성경은 부모에게 자녀를 가르치라고 하셨지, 자녀의 구원을 주일학교 교사들에게만 맡기라고 하지 않으셨다. 주일학교 교사도, 목회자도 아니다. 학교나 과외나 학원 선생도 아니다. 부모가 가르침의 시작이다.

가장 현명한 교육 원리는 하나님의 원리다

우리 학생들의 해외 진출은 정말 어마어마하다. 우리나라의 많은 부모들은 형편만 되면 자녀를 어려서부터 미국의 명문대로 진학시키려고 한다. 2007년 현재 미국에 유학 중인 우리 학생들의 수는 10만여 명이다. 그중 미국 명문대에 진학한 유학생은 서울대 한 학년 학부생 3,100명보다 많은 3,200명이 넘고 있다.

태아 때부터 무리한 원정 출산을 통해 미국으로 교육 탈출을 하는 사례도 있다. 많은 가정이 조기 유학, 교육 이민, 기러기 아빠가 되는 일까지 감수하고 있다. 게다가 중국, 일본, 유럽뿐 아니라 영어권의 다른 나라에도 유학생들이 많다. 방학이면 초등학생부터 시작해 온 나라가 어학연수를 떠나느라 북새통이다.

이런 현실 속에서 남들 다 보내는 해외 유학이나 어학연수를 내 아이만 못 간다고 불안할 필요가 없다. 국내에서도 영어를 잘할 수 있는 비결은 얼마든지 있다. 승호도 아직 어학연수를 한 번도 간 적이 없지만 영어와 친하다.

내가 처음부터 마음을 정한 건, 승호가 스스로 영어에 관심을 가질 때까지 아무런 영어 교육도 하지 않고 기다린다는 거였다. 당시 승호의 친구들은 미국에서 태어나 유치원을 다니다 오기도 했고, 그렇지 않더라도 대부분 영어 학원을 다니거나 과외를 하고 있었기에 마음 한구석은 불안했다.

그렇게 기다리던 어느 날, 드디어 승호 입에서 "엄마, 나도 영어 가르쳐 주세요."라는 말이 나왔다. 아직 초등학교에서 영어 수업을 해 주지 않을 때였다. 승호의 친한 친구들이 배우는 그룹에 들어가자니 영어에 왕초보인 승호를 받아 주는 그룹이 없었다. 영어를 시작도 해 보기 전에 친구들 사이에서 영어 지진아가 된 셈

엄마의 기준이 아이의 수준을 만든다 51

이다. 승호의 영어 공부를 위해 기도하면서 어디서 배워야 하나 전전긍긍하던 내게, 하나님이 돕는 손길을 허락하셨다. 평소에 전도하려고 친해졌던 한 엄마를 만나서 고민을 말하니, 좋은 길을 제시해 주었다. 그 아이는 승호와 반대 경우로, 이미 미국에서 너무 많이 영어를 배워 와서 수준에 맞는 친구가 없어서 혼자 배웠던 것이다.

친구들과 놀면서 배우는 그룹을 끝내 못 찾고, 그 영어 잘하는 아이처럼 평판이 좋은 영어 테이프를 매일 들으며 보름에 한 번 선생님이 방문해서 진도와 학습 수준을 점검하는 방식으로 파닉스를 익혔다.

영어 동화도 아주 쉬운 그림책을 샀다. 유아용 영어 성경도 보게 했다. 자기가 배우고 싶어서 시작한 일이니, 승호는 영어 철자만 보면 아는 척을 하느라 열심이었다. 영어 간판만 보면 읽었고, 아는 척을 하다가 실수도 연발했다. 마치 한글을 배우듯, 한자를 배우듯, 그렇게 영어와 친해지기 시작했다. 조급함을 부렸더라면 오히려 영어에 흥미를 잃을 뻔 했는데 여유를 갖고 기도하면서 기다렸더니 기대 이상의 좋은 결과가 있었다.(기도의 결과는 이처럼 늘 기대 이상이었다).

영어뿐 아니라 모든 교육에서 유행을 외면할 수는 없지만, 매번 따를 필요도 없다. "해 아래에는 새것이 없나니"(전도서 1:9) 하는 말씀대로다.

수시로 새로운 교육 방법이 등장하는 요즘에는, 아이들의 학년이 조금만 달라도 대화에 끼기 어렵다. 유행이 바뀌면서 거의 1~2년 주기로 강조점이 달라진다. 우리나라는 모든 게 빠르다. 교육에서도 '빨리빨리 병'이 심하다.

유명한 학원이나 고가의 사교육에 대해서도 대범해질 필요가 있다. 다른 집 아이들이 다 사는 물건이라도 안 살 수 있고, 아무리 유명한 학원이라도 내 아이에게 적합하지 않으면 안 보낼 수 있는 용기가 필요하다.

　세계적 교육학자였던 스포크 박사의 육아법은 제2차 세계대전 후 전 세계를 지배해 왔다. 수많은 부모들이 그의 이론을 따랐다. 그러나 그의 육아법에 대한 반론이 거세게 일면서, 결국 1998년 3월 15일 세상을 떠나기 전에 가졌던 한 인터뷰를 통해 그는 자신의 육아법에 심각한 결함이 있음을 공개적으로 사과했다.

　그의 가르침대로 넘어지면 일으켜 주고, 칭얼대면 안아 주고, 성질을 부려도 더 포용하고 이해하면서 키운 아이들이 급기야 커 가면서 난리를 치기 시작한 일에 대해, 몇몇 용감한 사람들이 직접 박사에게 이렇게 질문했다.

　"어쩌면 미국이 아이들을 잘못 키운 것이 아닙니까?"

　이 질문에 스포크 박사는 자기가 잘못한 것 같다고 시인했다. 기막힌 일이지만, 뒤늦게라도 자신의 잘못을 시인한 노 박사의 정직은 존경할 만하며 감사한 일이다. 그러나 그의 육아 방식대로 아이를 키운 전 세계 부모들에게는 돌이킬 수 없는 일이 되었다.

　스포크 박사는 매우 엄격했던 어머니 밑에서 항상 공부에 쫓기고 예절을 배우고 집안일을 도우며 자유롭지 못한 어린 시절을 보냈다. 그는 결국 자신의 어린 시절을 다른 어린아이들에게 물려줘서는 안 된다는 잘못된 사명감을 갖게 되었던 것이다.

　그런 그의 영향은 지금도 거대한 흐름으로 자리 잡고 있다. 아동 중심의 교육이라는 진보주의 교육 이념으로 아이들의 기를 살리고, 아이에게 무조건 허용적인 속수무책의 가정들을 양산해 내는 중이다. 이렇듯 세상의 자녀양육 이론은 학자 자신의 개인 경험과 그 시대의 정치·경제와 밀접한 관련이 있다. 자녀양육 이론에 그 시대가 원하는 인간상을 만들기 위해 고안한 것들을 의도적으로 포함하기 때문이다.

우리나라의 가정에서는 스포크식 격리 육아 방식을 선호하는 신식 며느리와 전통적 접촉 육아 방식으로 양육하는 시어머니 사이에 갈등이 생겼는데, 그 승리는 대부분 며느리들에게 돌아갔다. 그러나 다시 밝혀진 육아 이론은 우리나라 전통의 육아 방식이 더 우수하다는 연구 쪽에 무게가 실리고 있다. 하지만 이미 대세는 아이들에게 너무 허용적인 태도의 현대적 부모들에게 쏠렸다. 이 때문에 어린 폭군들이 양산되었다. 중국에서도 '한 자녀 운동'과 현대식 교육으로 인해 자녀들이 '소황제'라는 칭호로 자라났는데, 그들이 청소년이 되자 새로운 사회문제가 되고 있다.

사람들이 추구하는 인간상이 있고, 집단 문화가 있기 때문에 자녀양육에도 유행이 있다. '나비 효과' 이론이 있다. 지금 이곳에서 태풍이 지나가는 원인은 지구 반대편에서 시작된 나비의 날갯짓이 일으킨 변화 때문일 수 있다는 이론이다. 지금 유행하는 자녀양육법이, 실은 지구 반대편에서 시작된 나비의 작은 날갯짓이 원인일 수 있다.

성경은 인간의 상태를 확실하게 말해 준다. 인간은 모두 죄로 인해 죽었고 하나님과 단절된 상태다. 기독교가 가장 심하게 세상 가치관과 부딪치는 대목이다. 인간 안에는 스스로 선한 것이 없다. 심지어는 예수님을 선한 선생님이라고 부르는 젊은 청년을 향해, 예수님은 하나님 한 분 외에는 선한 분이 없다고 말씀하셨다.

지금까지 교육의 아버지라 불리는 루소의 《에밀》에는 18세기 프랑스에서 갓난 아기를 얼마나 잔인하게 길렀는지를 실감나게 드러내고 있다. 게다가 루소가 자신의 자녀를 키운 실제적 모습은 더욱 끔찍하다. 루소는 창녀와 결혼해서 낳은 다섯 자녀를 모두 고아원에 보내 버리는 무서운 일을 감행했다. 루소의 학문과 업적이 교육학 분야가 아니었다고 해도 그는 용서받기 힘든 일을 한 것이다. 나는 이 일에 큰 충격을 받았다.

대학생 시절 교육학을 부전공으로 택하면서 루소의 비리를 알게 된 일로, 일찍이 세상의 교육 이론에 대한 맹목적 신뢰가 깨진 건 내게 큰 축복이었다.

나는 지금도 새로운 이론을 받아들일 때는 성경의 시각에 비추어 보는 일을 잊지 않는다. 아무리 맛있는 원두커피도 거름망에 잘 걸러내야 진가를 발휘한다. 성경은 내가 잊지 않고 사용하는, 생각과 가치관의 거름망이다. 세상 이론은 늘 변하고 불완전하다. 새로운 이론이 밝혀지면, 옛것은 사라져 버린다. 게다가 세상의 가치관이 추구하는 인간상과 성경의 가치관이 추구하는 인간상은 다르다.

그러나 성경은 예나 지금이나 항상 동일한 말씀으로 완전하다. 가장 오래되었지만 어느 시대에서나 가장 최신의 자녀양육 교재는 성경이다.

구세군 창설자 윌리엄 부스는 강조했다.

"부모 여러분, 빨리 손을 쓰세요. 마귀가 여러분의 자녀에게 죄를 가르치기 전에 하나님을 가르쳐야 합니다. 마귀가 자녀에게 불신앙을 가르치기 전에 먼저 믿음을 가르쳐야 합니다."

그러나 현대에는 믿음의 부모조차 자녀의 믿음은 자녀가 성장한 후에 스스로 결정할 일이라고 생각한다. 얼핏 보면 참으로 자녀를 배려하고 인격적인 것처럼 보인다. 그러나 그들이 잊고 있는 진실 하나가 있다. 인간은 모두 날 때부터 죄인이라는 사실이다. 우리 자녀들은 태어날 때부터 하나님과 분리된 죄인이기 때문에, 서둘러 하나님을 배우게 하고 순종과 믿음을 가르치지 않으면 불신앙과 불순종이 체질이 되어서 자라가는 존재다. 어린 자녀를 자기가 원하는 대로 하도록 그대로 두어 보아라. 막무가내로 자라가는 당신의 자녀는 가장 먼저 부모인 당신을 괴롭힐 것이다. 부모가 징계하지 않는 자녀는 훗날 세상이 징계할 것이다. 하나님은 미리 아시고 부모에게 자녀를 가르칠 것을 명하셨다. "마땅히 행할 길을 아이에게 가르치라 그리하면 늙어도 그것을 떠나지 아니하리라"(잠언 22:6). 이 말씀을 순종하느냐 불순종하느냐는 부모인 당신이 선택할 일이다.

주교양 양육법의 두 번째 원리는 하나님의 기준인 성경 말씀을 통해, 내 자녀를 '주의 교양과 훈계'로 날마다 양육하는 일이다.

꼭 외워야 할 말씀

하나님의 기준이 있으면 흔들리지 않는다

여호와의 율법은 완전하여 영혼을 소성시키며 여호와의 증거는 확실하여 우둔한 자를 지혜롭게 하며 여호와의 교훈은 정직하여 마음을 기쁘게 하고 여호와의 계명은 순결하여 눈을 밝게 하시도다 여호와를 경외하는 도는 정결하여 영원까지 이르고 여호와의 법도 진실하여 다 의로우니 금 곧 많은 순금보다 더 사모할 것이며 꿀과 송이꿀보다 더 달도다 시편 19:7-10

가장 현명한 교육 원리는 하나님의 원리이다

여호와여 주의 도를 내게 가르치소서 내가 주의 진리에 행하오리니 일심으로 주의 이름을 경외하게 하소서 시편 86:11

여호와를 경외하는 것이 지식의 근본이거늘 미련한 자는 지혜와 훈계를 멸시하느니라 내 아들아 네 아비의 훈계를 들으며 네 어미의 법을 떠나지 말라 잠언 1:7-8

자녀들아 주안에서 너희 부모에게 순종하라 이것이 옳으니라 네 아버지와 어머니를 공경하라 이것은 약속이 있는 첫 계명이니 이로써 네가 잘되고 땅에서 장수하리라 또 아비들아 너희 자녀를 노엽게 하지 말고 오직 주의 교양과 훈계로 양육하라 에베소서 6:1-4

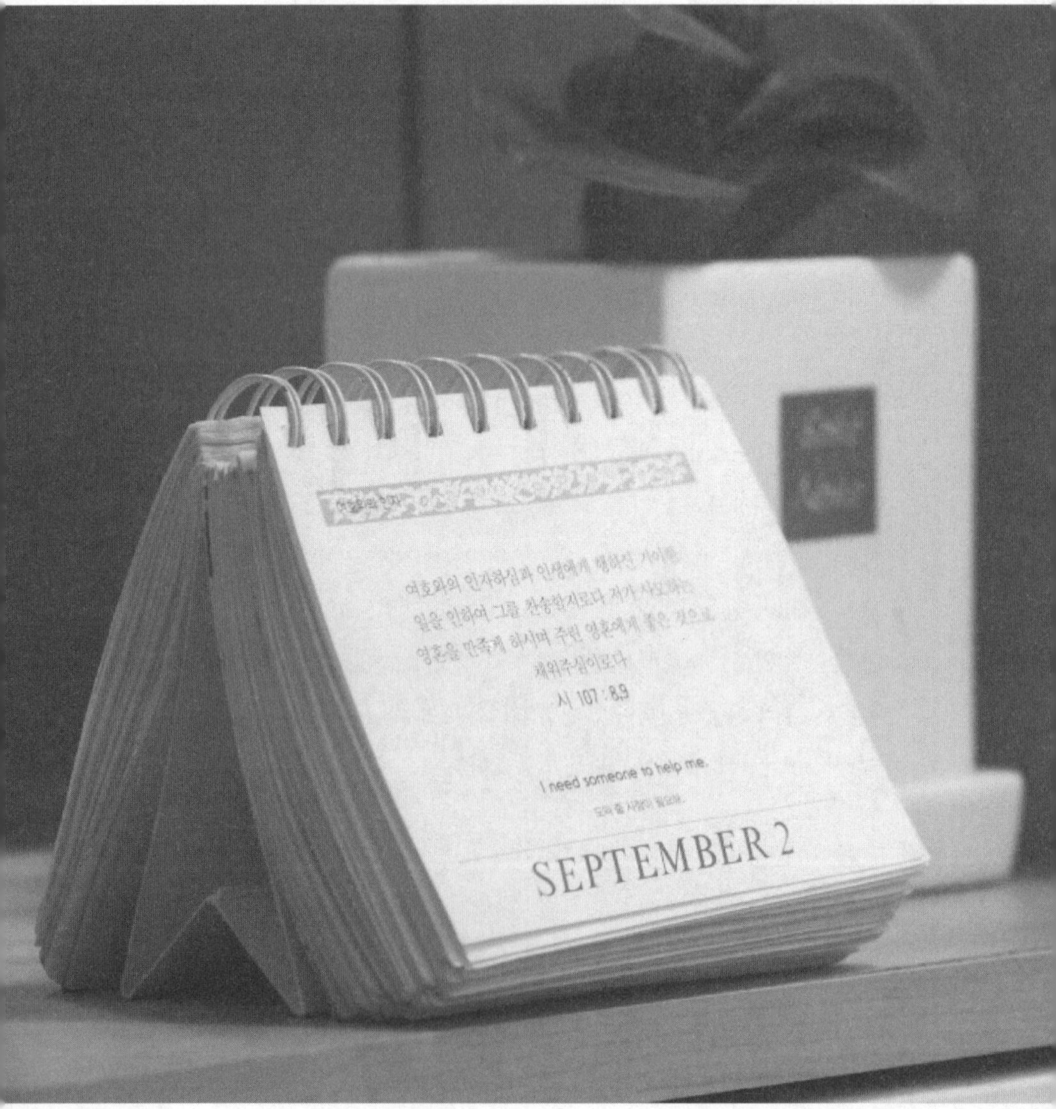
시 107 : 8,9
I need someone to help me.
SEPTEMBER 2

3. 말씀과 기도를 훈련시키라

오늘 내가 네게 명하는 이 말씀을 너는 마음에 새기고 네 자녀에게 부지런히 가르치며 집에 앉았을 때에든지 길을 갈 때에든지 누워 있을 때에든지 일어날 때에든지 이 말씀을 강론할 것이며 신명기 6:4-9
또 어려서부터 성경을 알았나니 성경은 능히 너로 하여금 그리스도 예수 안에 있는 믿음으로 말미암아 구원에 이르는 지혜가 있게 하느니라 디모데후서 3:15
초저녁에 일어나 부르짖을지어다 네 마음을 주의 얼굴 앞에 물 쏟듯 할지어다 각 길 어귀에서 주려 기진한 네 어린 자녀들의 생명을 위하여 주를 향하여 손을 들지어다 하였도다 예레미야 애가 2:19
너희가 내 이름으로 무엇을 구하든지 내가 시행하리라리니 이는 아버지로 하여금 아들을 인하여 영광을 얻으시게 하려 함이라 내 이름으로 무엇이든지 내게 구하면 내가 시행하리라 요한복음 14:13-14

말씀을 암송하게 하라

지금 이 이야기를 하면 많은 사람들이 웃지만, 믿음이 연약한 그 시절에 내가 가장 먼저 순종한 말씀은 신명기 6장이었다. 성경에 관해 초보 지식도 없으니 다만 써 있는 그대로 따라 했다. "오늘 내가 네게 명하는 이 말씀을 너는 마음에 새기고 네 자녀에게 부지런히 가르치며 집에 앉았을 때에든지 길을 갈 때에든지 누워 있을 때에든지 일어날 때에든지 이 말씀을 강론할 것이며 너는 또 그것을 네 손목에 매어 기호로 삼으며 네 미간에 붙여 표로 삼고 또 네 집 문설주와 바깥문에 기록할지니라"(신명기 6:6-9).

　나는 이 말씀대로 말씀 카드를 만들어서 테이프로 승호와 나의 이마에 붙이고, 팔찌로 만들어 손목에 매고, 문설주와 바깥문에 붙이고, 집을 나가고 들어올 때나 앉았을 때나 누웠을 때 말씀을 외우고 설명해 주었다. 이 놀이는 암송 놀이로 이어져서, 유치원 때부터 승호는 〈365일 말씀카드〉에서 그날의 말씀을 현관에서 외우고 기도를 받고 집을 나섰다. 이 일은 우리 집의 가장 중요한 일과였고, 지금까지도 이어지고 있다. 유치원 가기 전에 현관에서 말씀을 외우던 승호가, 말씀이 긴 날은 아예 배를 죽 깔고 외우던 모습이 눈에 선하다.

　승호는 초등학생 때도 중학생 때도 수능 준비할 때도 그랬고, 대학생 때뿐 아니라 혼자 살던 신림동 고시원 시절에도 말씀 외우기를 꼭 지켰다. 일산의 사법연수원을 다니는 지금도 날마다 말씀을 한 절 외우고 기도하면서 출근한다. 유치원 때 사 준 〈365일 말씀 카드〉의 네 귀퉁이가 다 닳아지도록 날마다 말씀을 외우고 있다. 하나님이 주신 큰 은혜다.

　날마다 한 장씩 넘기면서 읽고 외우는 말씀 카드가 우리 집에는 화장실, 부엌, 책상마다 있다. 내 아들과 영적 나이가 같았던 나도 말씀 카드를 외웠기 때문이다. 성경을 가까이하고 암송하는 습관을 갖는 데 시간이 필요했다. 그러나 성경암송은 주님의 교양과 훈계로 양육받기로 한 우리 가족을 든든히 인도해 주었다.

　성경암송은 아주 어릴 때부터 시킬 수 있다. 각종 만화 주인공 이름과 인형 이름, 공룡 이름과 변신 로봇 이름을 외울 만큼 아이들은 기억력이 좋다. 자기가 관심 있는 게임, 스포츠, 브랜드는 별의별 어려운 이름도 척척 외우게 마련이다.

　그런 아이에게 성경암송을 시키지 않으면, 아이의 심령에 세상 주관자가 기뻐하는 정보들이 먼저 입력된다. 그런 것보다 먼저, 아이의 마음에 생명의 근원이신 하나님의 말씀을 심어 주는 것은 부모의 몫이다. 주일학교 교사에게 주어진 시간은 일주일에 고작 1시간 남짓이지만, 부모는 일주일 내내 영향력을 줄 수 있다.

한때 승호에게도 성경암송의 위기가 있었다. 우리 가족은 말씀을 외우지 않거나 읽지 않으면 밥도 먹지 말자고 다짐했지만, 승호가 사춘기가 되면서 말씀 외우기에 꾀를 부리고 싫어하던 시절의 일이다. 나는 식사 시간이 되자 식탁 위 승호 자리에 밥과 반찬 대신 성경을 올려놓고 숟가락과 젓가락을 차려 놓았다. 그러자 놀란 승호가 말했다.

"엄마, 밥 주세요."

"너는 영의 양식을 며칠씩 굶고도 배고픈 줄 모르면서, 밥 한 끼 안 먹은 건 어떻게 그렇게 금방 아니?"

나는 조용히 말했고, 그날 이후로 승호는 지금까지 자발적으로 영의 양식도 날마다 챙겨 먹고 있다.

성경 외우기를 통해 인도함 받는 하나님의 은혜가 훗날 승호의 아내와 승호의 자녀에게까지 대물림될 것을 위해 기도하고 있다. "이 율법 책을 네 입에서 떠나지 말게 하며 주야로 그것을 묵상하여 그 안에 기록된 대로 다 행하라 그리하면 네 길이 평탄하게 될 것이며 네가 형통하리라"(여호수아 1:8).

사실 하나님은 성경암송을 통해 우리에게 커다란 선물을 주셨다. 승호가 사법시험 공부를 하면서 보니까 어릴 때부터 날마다 말씀을 외우던 암기력이 결정적인 도움이 된 것을 알았다. 그 많은 분량의 법전을 소화하고 법학 공부를 하는 데 성경암송은 암기력과 믿음에서 튼튼한 기본기가 되었다.

승호가 만 열여섯 살의 어린 나이에 최연소 대학생이 되었지만, 장학금도 받으면서 공부할 수 있었던 것은 하나님이 부어 주신 지혜가 아니면 할 수 없었을 것이다. 법학 공부 때문에 말씀을 외우게 한 것이 아닌데, 하나님은 나중에 커서 법학 공부할 것까지 아셨던 것 같다.

게다가 성경암송은 성령님이 함께하시지 않으면 할 수 없는 회개와 순종의 능력도 함께 가져다 주었다. 성령님이 임해야 죄에 대해, 의에 대해 깨닫게 된다.

성경을 가까이 하는 교육을 해야 한다

성경은 하나님이 인생을 향해 말씀하시는 인생의 매뉴얼이고 나침반이고 네비게이션이다. 승호는 초등학교 3학년 겨울방학부터 성경 읽기를 시작했다. 시아버님께서 승호가 세배를 드리자 세뱃돈과 함께 새해부터 할 일을 덕담으로 주셨기 때문이다.

"승호야, 올해부터는 매일 잊지 말고 성경을 한 장씩 읽어라. 지혜의 말씀인 성경을 읽어야 지혜가 생기는 법이란다."

설날 말씀하신 시아버님의 뜻대로 1994년부터 오늘까지 승호는 거의 매일 성경을 읽고 있다. 수능을 준비할 때도 그랬고, 사법시험을 준비할 때도 날마다 성경을 읽었다.

현대 사상가 루쉰은 여러 곳에 길이 있다고 말했지만, 성경은 오직 예수 그리스도 외에는 구원의 길이 없다고 말씀하고 있다. '다른 이로써는 구원을 받을 수 없나니 천하 사람 중에 구원을 받을 만한 다른 이름을 우리에게 주신 일이 없음이라 하였더라"(사도행전 4:12).

집에 밥이나 먹을 것이 없으면 식구들이 굶주린다. 가정에 하나님의 말씀이 없으면 가족들의 영혼이 피폐해진다. 사랑이 식은 가정은 마치 무덤과 같다.

하나님이 하신 말씀을 믿는 것이 하나님을 믿는 것이다. 주교양 양육법의 기초는 가정예배와 성경암송이다. 부모와 자녀가 함께 성경 말씀을 하나님의 기준으로 배우고, 기도로 하나님께 간구하는 것보다 더 좋은 자녀양육은 없다. 분주한 이 시대에 자녀와 함께 드리는 가정예배는 거룩한 산 제사다. 가정예배의 관건은 하나님 사랑이다. 하나님을 사랑하는 것은 그의 계명을 지키는 것이다(요한일서 5:3). 정말 하나님을 사랑하면 가족이 시간을 내서 하나님께 예배드릴 수 있다. 이 세상에서 최고로 가치 있는 일은 시간을 들여서 하나님을 사랑하는 것이다. 하나님을 사랑해야 가족도 끝까지 사랑할 수 있다.

성경은 예수 그리스도가 길이고 진리이고 생명이시라고 했다(요한복음 14:6). 성경은 관념을 기록한 책이 아니라 실체다. 성경을 지식적으로만 대하면 곤고함과 하나님과의 거리감만 체험하게 된다. 이 사실을 나는 특별히 자녀양육과 가정생활과 나의 영적 성장 속에서 겪는 시행착오를 통해 날마다 체험했다.

'그리스도인'이란 예수 그리스도를 닮은 사람이다. 하나님의 소원은 모든 사람이 구원에 이르고, 구원받은 모든 사람이 예수 그리스도의 장성한 분량에 이르도록 자라 가는 것이다. 구원받은 성도는 갓난아기처럼 신령한 젖을 사모하고, 어린이와 청년으로 자라고, 아비가 되라고 하신다. 그러기 위해 우리에게 필요한 것이 성경이다.

기도 훈련을 시키자

가족이 집을 나서기 전 현관에서 기도하는 모습을 처음 본 것은 남편의 큰형이며, 서울신학대학 총장님을 지내신 최종진 교수님 댁에서다. 믿음의 가정을 가장 가까이서 처음 본 장면이다. 가정예배나 외출 전에 가족이 모두 손을 잡고 기도하는 모습이 너무 인상적이어서, 나는 거기에 성경암송까지 덧붙여서 오늘날까지 습관화했다.

그런데 나는 믿음의 가정에서 자라지 않아서 이 습관을 들이는 데 얼마나 고생했는지 모른다. 부모가 기도를 중시하면 자녀도 기도를 소중하게 여기는 것을 기억하면서, 어릴 때부터 습관을 들이게 해야 한다.

나는 승호에게 처음 젖을 먹일 때부터 짧은 식사기도를 했다. 우유를 먹을 때도 우유병을 앞에 놓고 기도 먼저 하면서 아이를 키웠다. 이유식을 먹일 때도 음식을 앞에 놓고 기도하고 먹였다.

승호는 아기 때부터 아침에 일어나면 항상 기분이 좋았는데, 그건 기도의 힘이라 생각한다. 승호는 빨리 일어나라는 고함 대신 새로운 날을 주신 하나님께 감사하는 엄마나 아빠의 기도 소리에 잠을 깼다. 우리 부부는 승호를 재울 때, 깨울 때, 식사 때, 유치원이나 학교를 가기 전에 현관에서 기도를 해 주었다. 하루에 모두 여섯 번의 기도를 한 것이다.

승호가 말을 시작하면서부터는 "아멘, 감사합니다." 등 짧은 기도를 따라 하게 했다. 그 후, 밤에 잠들 때와 아침에 일어날 때 기도는 승호 스스로도 짧게 감사기도를 하도록 가르쳤다. 그러나 승호에게 기도 훈련이 가장 인상 깊게 각인된 일은 역시 승호가 아플 때 함께 기도했던 일이다. 어린 나이에도 제 엄마의 울며 부르짖는 기도가 절절했기 때문인가보다. 아빠도 없이 아픈 아이를 키우면서 얼마나 절실히 기도했는지, 승호는 자라면서 조금만 열이 나도 "엄마, 기도해 주세요." 하면서 달려들곤 했다.

기도를 가르치는 일은 하나님이 우리를 보호해 주시는 분이라는 사실을 배우게 한다. 감사하는 기도를 배운 자녀는 무슨 일이든 하나님께 감사하는 성품을 지닌 자녀로 자라게 된다. 일상생활에서 크고 작은 일에 기도 응답을 체험하며 자란 자녀는 일평생 기도를 잊지 않는 자녀로 자라게 된다. 회개하는 기도를 배운 자녀는 하나님께 용서받는 법을 배우며, 부모의 잘못까지도 용서할 수 있는 성숙한 아이로 자라게 된다.

나는 승호가 성장하면서는 항상 말씀을 먼저 읽고 기도하는 습관을 가르쳐 왔다. 자칫 간구하는 기도만 하다 보면, 하나님의 뜻보다는 자신의 뜻만을 구하는 어리석고 이기적인 신앙이 될 것을 염려했기 때문이었다. 감사하게도, 하나님은 연세대의 기숙사 시절과 신림동의 고시원 시절을 거쳐 사법연수원에 있는 현재까지도 승호가 항상 말씀을 먼저 읽고 기도하는 사람으로 자라게 해 주셨다. 말씀으로 하나님의 뜻을 알고 하는 기도는, 자신의 소원만을 간구하는 기도와는 차원이 다르다.

하나님은 어린아이와 같이 순수하게 기도하라고 하셨지만, 깊은 기도의 단계도 선물로 주시는 분이다. 사법연수원에 들어간 지 얼마 후에 승호는 훨씬 깊은 기도를 체험했다고 한다. 어느 날 한밤중에 혼자 성경을 읽고 기도를 하다가 방언을 받는 일이 일어났다. 자기도 모르게 혀가 말리면서 한 번도 해 보지 않았던 말을 하고 눈물과 콧물이 범벅이 된 채, 옆방의 사람에게 방해가 될까 봐 이불을 뒤집어쓰고 기도를 했다고 한다. 사법시험의 준비 과정과 사법연수원 생활의 혹독한 시험과정은, 청년의 때에 말씀과 기도를 통해 하나님을 더욱 의지하고 주님만 바라는 신앙으로 자라게 하시는 것 같다.

서로 중보기도자가 되자

나는 승호가 초등학교를 다니면서부터 언제나 승호의 시험 시간에 맞춰 기도하는 일을 잊지 않았다. 승호도 학교에서 시험지를 받자마자 먼저 하나님께 기도하면서 시험을 보도록 가르쳤고, 나도 기도하는 엄마로서 같은 시간에 하나님께 승호를 위해 기도하는 습관을 갖고 있다. 시험에 대한 예의이기도 했지만, 그보다는 어려서부터 무슨 일이든지 하나님께 의지하고 말씀과 기도로 순종하는 삶을 가르치기 위해서였다. 승호에게 그렇게 가르치다 보니, 엄마인 나 자신도 승호의 시험 기간은 영적인 면에서 기도에 더욱 집중하는 기간이 되곤 한다.

승호가 사법연수원에 들어간 지 얼마 지나지 않았을 때, 아들에게 전화가 걸려 왔다.

"엄마, 아빠. 요즘 제 기도 절박하게 안 하시죠?"

"그래도 네가 부탁한 기도는 다 했다. 새로 만날 반원, 조원, 교수님 위해서 기도하고 있어."

"그것만 하시면 안 돼요. 이제부터는 제가 기도제목을 구체적으로 자주 드릴

거니까 꼭 기도해 주셔야 해요. 사법시험 때처럼 절박하게 말예요. 생활 관리, 시간 관리 잘하고 집중해서 공부할 지혜 주시도록 기도해 주세요."

그 후부터는 기도제목이 문자 메시지로 오곤 한다. 연수원에 들어가면서 승호는 홀로 의식주를 해결하면서 완전한 독립생활을 하는 중이다. 그러나 기도만은 합심기도와 중보기도를 더 간절히 원한다. 사법시험 공부를 하면서 3년 동안 기도의 위력을 더 크게 체험했기 때문이다. 기도를 부탁하면서 언제나 잊지 않는 한마디가 있다.

"아빠와 엄마는 저보다 하나님하고 더 친하시잖아요."

과연 그런지 알 수 없지만, 승호는 제 부모를 이렇게 신뢰한다. 자녀는 나이가 들어갈수록 부모와 멀어지는 게 세상 이치다. 그러나 믿음의 가족들은 영적으로 더욱 친밀해지고 부모를 공경하는 가운데 하나님이 예비해 주신 축복을 받는다. 우리 부부는 시부모님과 친정어머니께 기도를 부탁드리며 친밀함을 누리고, 내 아들은 우리 부부에게 기도를 부탁하면서 더 가까워지는 경험을 한다. 이렇게 기도제목을 나누다 보니, 서로 중보기도자가 되는 게 우리 집의 전통이 된 것 같다.

기도 훈련을 위해 지금까지 시도해 온 일이 하나 있다. 집에서도 자신이 가장 편하게 기도할 수 있는 기도 장소를 정하는 일이다. 일정한 기도 장소를 정해 놓으면 하나님과 언제든 즉시 만날 수 있다. 자신만의 기도의 골방은 집 안 어디라도 될 수 있다. 거실의 테이블 한쪽도 좋고, 식탁 앞 의자도 좋다. 내 경험에 의하면, 새벽기도 시간뿐만 아니라 일정한 시간에 교회의 빈 예배실에서 나 홀로 하나님을 만나는 것도 참 유익하다.

승호도 신림동에서 고시생 시절을 보낼 때 점심 식사를 마치고 날마다 선배와 교회에 가서 기도한 일을 두고두고 이야기한다. 하나님 앞에 시간을 따로 내고 정성을 드리면서, "하나님, 오늘은 점심에 이런 반찬을 먹었어요." "하나님, 제가 이 과목 공부하는 게 많이 힘들어요." 그렇게 친구에게 이야기하듯 시작한 기도로 신림동의 외로운 고시생 시절을 통과했다. 사법시험에 떨어졌던 고통의 순간들도 기도와 함께 견뎌 냈다.

자녀는 어리면 어린대로, 나이가 들면 나이가 든 대로 날마다 기도할 제목이 넘쳐 나는 존재다. 나는 최근에 건강 때문에 고생을 하면서, 자녀를 위한 기도도 건강하고 평안할 때 많이 해 둬야 한다는 것을 알게 되었다. 우리 삶이 막상 위기가 닥치면 기도도 나오지 않는 것을 여러 번 체험한 데다, 아무리 좋은 기도 습관도 몸이 아프면 할 수 없기 때문이다.

나는 성경에 '두려워 말라'는 구절이 366번 나온다는 사실을 알고 큰 은혜를 받은 적이 있는데, '기도'라는 단어도 365번이나 나오는 것을 알고 매우 놀랐다. 4년에 한 번씩 윤년이 되는 날까지 생각해서서 우리에게 이 세상을 두려워 말라고 366번이나 위로해 주시더니, 날마다 하나님과 교제하는 기도를 잊지 말라고 '기도'를 365번이나 말씀하신 것만 같았기 때문이다. 나는 전에 승호가 많이 아플 때, 늘 두려움이 많았던 사람이다. 그러나 이제는 하나님을 믿는 믿음 안에서 근원적 두려움이 거의 극복된 것을 느낀다.

말씀에 순종하면서 하나님의 뜻을 간구할 때, 하나님과의 관계를 깊게 하는 것이 기도의 목적이다. 어떻게 기도해야 할지 모른다면 다음 말씀들을 붙잡고 기도하라.

✓ 1. 하나님의 말씀을 그대로 믿고 순종하면, 그분은 약속하신 대로 이루어 주신다. "너희가 내 이름으로 무엇을 구하든지 내가 행하리니 이는 아버지로 하여금 아들로 말미암아 영광을 받으시게 하려 함이라 내 이름으로 무엇이든지 내게 구하면 내가 행하리라"(요한복음 14:13-14).

2. 하나님은 우리가 하나님으로 인해 기뻐하기를 원하신다. "비록 무화과나무가 무성하지 못하며 포도나무에 열매가 없으며 감람나무에 소출이 없으며 밭에 먹을 것이 없으며 우리에 양이 없으며 외양간에 소가 없을지라도 나는 여호와로 말미암아 즐거워하며 나의 구원의 하나님으로 말미암아 기뻐하리로다"(하박국 3:17-18).

3. 하나님도 우리 때문에 기뻐하신다. "너의 하나님 여호와가 너의 가운데에 계시니 그는 구원을 베푸실 전능자이시라 그가 너로 말미암아 기쁨을 이기지 못하시며 너를 잠잠히 사랑하시며 너로 말미암아 즐거이 부르며 기뻐하시리라 하리라"(스바냐 3:17).

4. 하나님은 자기를 찾는 자에게 상을 주신다. "믿음이 없이는 하나님을 기쁘시게 하지 못하나니 하나님께 나아가는 자는 반드시 그가 계신 것과 또한 그가 자기를 찾는 자들에게 상 주시는 이심을 믿어야 할지니라"(히브리서 11:6). "여호와의 말씀이니라 너희를 향한 나의 생각을 내가 아나니 평안이요 재앙이 아니니라 너희에게 미래와 희망을 주는 것이니라 너희가 내게 부르짖으며 내

엄마의 기준이 아이의 수준을 만든다 69

게 와서 기도하면 내가 너희들의 기도를 들을 것이요"(예레미야 29:11-12).

5. 새벽기도나 아침마다 시간을 정해서 기도를 드리면, 하나님과 더욱 친밀한 관계를 체험할 수 있다. "여호와여 아침에 주께서 나의 소리를 들으시리니 아침에 내가 주께 기도하고 바라리이다"(시편 5:3). "새벽 아직도 밝기 전에 예수께서 일어나 나가 한적한 곳으로 가사 거기서 기도하시더니"(마가복음 1:35).

6. 중보기도는 하나님을 더욱 기쁘게 한다. "욥이 그의 친구들을 위하여 기도할 때 여호와께서 욥의 곤경을 돌이키시고 여호와께서 욥에게 이전 모든 소유보다 갑절이나 주신지라"(욥기 42:10). "이로써 우리도 듣던 날부터 너희를 위하여 기도하기를 그치지 아니하고 구하노니 너희로 하여금 모든 신령한 지혜와 총명에 하나님의 뜻을 아는 것으로 채우게 하시고 주께 합당하게 행하여 범사에 기쁘시게 하고 모든 선한 일에 열매를 맺게 하시며 하나님을 아는 것에 자라게 하시고 그의 영광의 힘을 따라 모든 능력으로 능하게 하시며 기쁨으로 모든 견딤과 오래 참음에 이르게 하시고"(골로새서 1:9-11).

이상과 같이 주교양 양육법의 세 번째 원리는 부모가 말씀과 기도 위에 바로 서서, 실생활에서 자녀에게 말씀과 기도를 훈련시키는 일이다.

꼭 외워야 할 말씀

말씀을 암송하게 하라

이 율법 책을 네 입에서 떠나지 말게 하며 주야로 그것을 묵상하여 그 안에 기록된 대로 다 행하라 그리하면 네 길이 평탄하게 될 것이며 네가 형통하리라 여호수아 1:8

하나님을 사랑하는 것은 이것이니 우리가 그의 계명들을 지키는 것이라 그의 계명들은 무거운 것이 아니로다 요한일서 5:3

자녀를 위해 부르짖어 기도하라

예수께서 돌이켜 그들을 향하여 이르시되 예루살렘의 딸들아 나를 위하여 울지 말고 너희와 너희 자녀를 위하여 울라 누가복음 23:28

여호와의 말씀이니라 너희를 향한 나의 생각을 내가 아나니 평안이요 재앙이 아니니라 너희에게 미래와 희망을 주는 것이니라 너희가 내게 부르짖으며 내게 와서 기도하면 내가 너희들의 기도를 들을 것이요 너희가 온 마음으로 나를 구하면 나를 찾을 것이요 나를 만나리라 예레미야 29:11-13

서로 중보기도자가 되자

모든 기도와 간구를 하되 항상 성령 안에서 기도하고 이를 위하여 깨어 구하기를 항상 힘쓰며 여러 성도를 위하여 구하라 에베소서 6:18

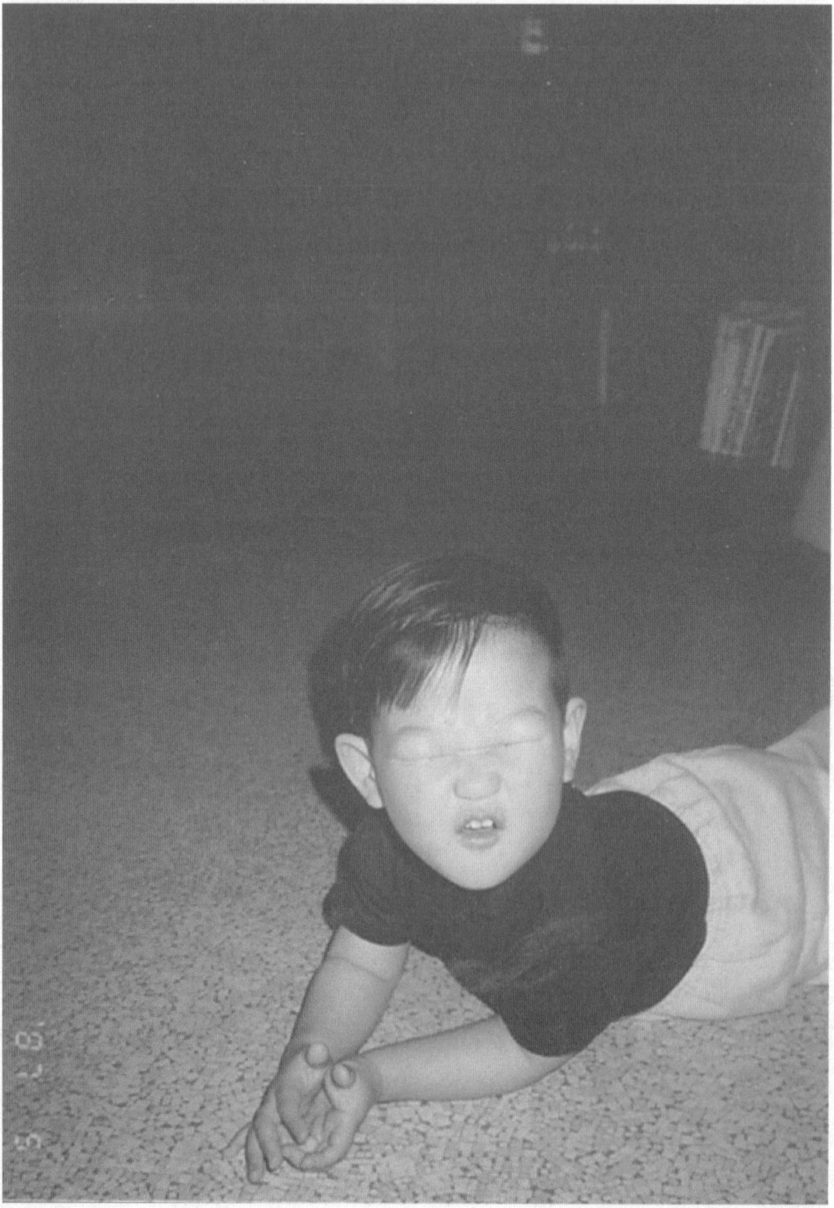

4. 자녀를 노엽게 하지 말라

또 아비들아 너희 자녀를 노엽게 하지 말고 에베소서 6:4
아비들아 너희 자녀를 노엽게 하지 말지니 낙심할까 함이라 골로새서 3:20-21

자녀양육은 일관성을 지키는 일이다

심리학자 N. 마이어는 일관성이 자녀양육에 미치는 영향을 실험을 통해 잘 보여 주었다.

그는 실험용 쥐들을 사각형 문과 삼각형 문이 달린 상자 안에 살게 했다. 상을 주는 문인 사각형 문에 들어오면 먹을 것을 주고, 벌을 주는 문인 삼각형 문에 들어오면 사정없이 때렸다. 반복 학습된 쥐들은 나중에 삼각형 문을 건드리지 않으면서 불편한 상자 속에서 잘 살게 되었다. 그런데 얼마 후 규칙을 바꿨다. 사각형 문에 들어오면 사정없이 때리고, 삼각형 문에 들어오면 오히려 먹이를 준 것이다. 그러자 쥐들은 난폭해지거나 넋이 빠진 채 구석에 처박혀 지냈고 얼마 지나지 않아 대부분 식욕을 잃고 이상행동을 하다가 한 마리씩 죽기 시작했다. 일관성 없는 환경에는 쥐들조차 적응할 수 없었던 것이다.

부모가 주는 상과 벌의 기준이 일관성이 없을 때 아이는 큰 혼란에 빠질 수밖에 없다. 아이들은 며칠 사이에 털이 빠지고 죽게 된 쥐가 당한 고통보다 더 치명적인 상처를 마음과 영혼에 받게 되고, 눈치 보는 아이가 된다. 부모가 일관된 태도와 기준으로 대할 때, 자녀들은 안정감을 갖고 부모를 신뢰하며 이웃을 사랑할 수 있는 사람으로 자라 간다. 아이들의 생각과 느낌을 배려하면서 대처하는 것은 어른들의 의무다. "자녀를 노엽게 하지 말지니"(골로새서 3:21).

'노엽게(격노케)'라는 말은 그네를 밀어준다는 말에서 나왔다. 그네에 탄 사람은 그네를 밀어주는 사람의 태도를 예측하고, 예측한 대로 속도와 높낮이가 일관성이 있을 때 안심한다. 자녀들은 부모가 이중 기준을 갖고 말과 행동에서 위선적인 모습을 보일 때, 노여워하고 엇나가고 불순종한다.

사람들은 조급하고 원칙이 없을 때 일관성을 잃기 쉬운데, 부모가 상황에 끌려 다니게 되면 작은 것을 탐하다 자녀의 인생이라는 큰 것을 잃게 된다. 부모가 감정 조절이 어렵다면 시급히 하나님께 은혜를 구하며 기도할 일이다. 성령님의 도우심으로 마음의 쓴 뿌리를 치유받아야 한다. 분노 습관이 자녀에게 유전되는 일을 막아야 한다. 언어폭력이든 신체 폭력이든 폭력도 유전된다. 자녀양육에 앞서 부모가 먼저 해야 할 일은 지속적인 자기 성찰이다.

자녀들이 공부를 하지 않는 것은 목표가 빗나가 있거나 없기 때문이다. 부모는 자녀가 공부를 잘하고 안락하게 살고 행복하고 성공하길 원하지만, 그건 자녀양육의 목표가 될 수 없다. 하나님은 인간을 지으실 때, 그런 것을 목표로 삼지 않으셨다. 하나님은 말씀하셨다. "내가 거룩하니 너희도 거룩할지어다"(레위기 11:45). 거룩은 구별됨이다.

그리스도인 부모는 자녀양육을 놓고 비그리스도인 부모보다 더 자주 선택의 기로에 놓이게 된다. 자녀가 초등학교 고학년이 되면 각종 경시대회와 특별활동이 주일예배 시간과 겹치게 되면 갈등한다. 중고등학생이 되면 내신 성적을 위해 주일예배를 포기하고 아이들을 학원에 보낸다. 입시를 거쳐 대학을 졸업해도 마찬가지다. 높은 연봉이 기준이 되어 예배보다 일을 더 중요하게 여기는 것이다.

하나님을 믿으면서도 자녀를 위한다는 핑계로 부모의 우선순위가 바뀌면, 부모뿐만 아니라 자녀도 일평생 혼란을 겪게 된다. 사실 생각의 혼란은 죄를 선택하는 지름길이다. 아담과 하와도 알고 보면 선악과에 대한 혼란 때문에 죄를 짓게 되었다. 뱀은 먼저 하와에게 의심과 혼란을 주었다. "뱀이 여자에게 물어 이르되 하나님이 참으로 너희에게 동산 모든 나무의 열매를 먹지 말라 하시더냐"(창세기 3:1).

혼란은 곧 고난으로 이어진다. 부모가 아무리 옳은 길을 알려 줘도, 작은 의심을 갖기 시작한 자녀는 부모의 말을 덧붙이거나 빼면서 혼란을 겪는다. 그러면 부모의 말을 듣기 싫어하게 된다.

부모들은 부인하고 싶겠지만, 아이들도 자녀를 노엽게 하는 부모 때문에 얼마나 큰 고통을 겪는지 모른다. 일관성이 없고 말과 행동이 일치하지 않고 무책임하고 자녀를 안전하게 보호하지 않으며, 거짓되고 사납게 다투는 부모 때문에 어린 자녀들은 분노가 쌓이고 겁에 질려 있다.

징계와 체벌에도 일관성이 있어야 한다

승호가 물건을 자꾸 잃어버릴 때의 일이다. 집에 온 승호는 노는 데 정신이 팔려서 집 열쇠를 운동장에서 잃어버렸다고 했다. 그냥 둘 수도 있었지만, 우리 부부는 한밤중에 승호를 데리고 학교 운동장으로 갔다. 열쇠 잃어버린 것을 너무 당연하고 뻔뻔하게 이야기하는 모습과 전혀 찾을 생각도 하지 않는 태도 때문이었다. 이미 얼마 전에 새로 산 책가방을 통째로 잃어버려서 교과서를 다시 사고 한바탕 난리를 겪은 일과 자전거를 잃어버린 일이 생각났다. 기도를 하면서, 비슷한 시기에 자꾸 비슷한 일이 또 생기는 걸 보고 승호를 잘못 가르치고 있음을 느꼈다.

우리 부부는 승호의 무책임한 태도를 교정할 절호의 기회라고 생각하고, 늦은 저녁 시간 캄캄한 운동장을 1시간 반 동안 돌며 세 식구가 열쇠를 찾으러 다녔다. 플래시를 들고 승호가 학교까지 오고 갔던 길이며 운동장을 샅샅이 찾아보았다. 비록 열쇠를 못 찾았지만, 승호의 태도를 교정하는 데는 효과 만점이었다. 그 밤에 야단맞고 열쇠를 찾느라 대가를 톡톡히 치르는 고생을 한 덕에, 그 후 자리를 이동할 때는 물건을 챙기는 뒷손이 생겼다.

요즘에는 사법연수원에서 늦은 저녁 회식을 마치고도 다른 연수원생들의 소지품까지 꼼꼼히 챙긴다고 하니, 그날 열쇠 때문에 고생했던 1시간 반의 교육 효과는 일평생 지속되는 셈이다. 화내며 돌발적으로 야단치기보다 일관성 있게 단호한 태도를 보이면 아이들의 행동이 교정되는 것을, 열쇠 분실 사건은 깨닫게 했다.

징계와 체벌에도 일관성이 필요하다. "아이의 마음에는 미련한 것이 얽혔으나 징계하는 채찍이 이를 멀리 쫓아내리라"(잠언 22:15). 어린아이는 인격을 존중받고 보호받아야 하지만, 부모는 그의 미련함을 매로 징계해야 한다. 체벌의 문제는 세상과 성경의 가치관이 매우 다르다. 현대 교육 이론들은 체벌을 금하고 있다. 반면 과거 우리나라에서는 엄한 교육이 장려되는 분위기여서 사랑의 매가 교실마다 공공연하게 칠판 옆에 걸려 있었다. 하지만 요즘은 학교에서 선생님이 체벌을 하면 아이들이 즉시 동영상을 찍고 경찰서에 고발한다.

부부 사이에도 일관성이 있어야 한다. 우리 부부는 승호에 관한 한 무조건 한편이 되고자 노력했다. 남편의 의견이 내 마음에 들지 않아도 일단 승호가 아빠를 따르게 했다. 또 남편도 내가 아이에게 잘못해도 그 순간은 그냥 넘겼다. 우리 부부는 아이 앞에서 서로의 권위를 존중해 준 것이다. 남편이든 나든 한쪽이 아이를 혼낼 때는 끼어들지 않았다. 우리는 나중에 의견을 나누면서 서로의 잘못을 고쳐 나갔다.

성경과 다른 가치관을 만날 때 우리는 조심해야 한다. 성경 속의 어린아이에 대한 기준을 배워야 한다. 우리가 말씀에 순종하고자 할 때, 하나님은 지혜를 주신다. 자녀들이 의도적이며 반복적으로 불순종할 때 그것을 다스리기 위해 회초리가 필요하다. 나는 승호를 키우면서 매로 다스릴 때마다 성경 말씀을 읽어 주고, 체벌한 다음에는 반드시 안고 기도해 주는 일을 잊지 않았다. 한 손은 사랑의 손, 다른 한 손은 징계의 손이었다.

"엄마는 너를 정말 때리고 싶지 않다. 그런데 네가 자꾸 같은 잘못을 하는 걸 보니 우리가 하나님 말씀에 순종해야겠다. 어린아이의 마음에는 미련한 것이 얽혔는데 징계하는 채찍이 이를 멀리한다고 하시니, 어떻게 할래?"

그러면 승호가 눈물을 뚝뚝 흘리면서 대답했다.

"엄마, 잘못했어요. 다시는 안 그럴게요."

"몇 대면 네 미련한 마음이 없어지겠니? 네가 정해라."

"엉엉, 두 대만 맞을게요."

승호는 자기가 정한 수만큼 종아리에 회초리를 맞은 후, 울면서 내 품으로 달려

엄마의 기준이 아이의 수준을 만든다 77

들었다.

"엄마, 이제 안고 기도해 주세요."

어려서부터 기도로 하나님과 엄마에게 용서받는 개운함을 체험한 내 아들은 야단을 맞고 나면 울먹이면서 꼭 기도해 달라고 했다.

"하나님, 엄마도 승호도 용서해 주세요. 제가 잘못 가르쳤고, 승호가 잘못 배웠습니다. 우리를 용서해 주시고, 다시는 같은 잘못을 안 하게 도와주세요. 예수님 이름으로 기도드립니다. 아멘."

좀 전에 호되게 혼이 나고서도 품에 안고 짧은 기도를 해 주면 그렇게 홀가분해 할 수가 없었다. 이렇게 기도까지 마쳐야 우리 집의 체벌 과정이 끝났다. "매를 아끼는 자는 그의 자식을 미워함이라 자식을 사랑하는 자는 근실히 징계하느니라"(잠언 13:24). "아이를 훈계하지 아니하려고 하지 말라 채찍으로 그를 때릴지라도 그가 죽지 아니하리라 네가 그를 채찍으로 때리면 그의 영혼을 스올에서 구원하리라"(잠언 23:13-14). "채찍과 꾸지람이 지혜를 주거늘 임의로 행하게 버려 둔 자식은 어미를 욕되게 하느니라"(잠언 29:15).

나는 사랑의 매를 들 때, 아이가 한 행동의 결과보다 반드시 마음속의 숨은 동기를 먼저 살피려고 노력했다. 정말 몰라서 저지른 일이나 실수로 한 일은 혼내지 않았다. 다만 숨은 동기가 반항적이거나 의도적으로 거짓말을 했을 때는 절대로 그냥 넘어가지 않았다. 반항이 습관이 되고 부모의 권위를 인정하지 않게 되면, 학교생활과 사회생활, 더 나아가 하나님과의 관계에서도 순종을 배우기가 어렵다.

그러나 내가 늘 때에 맞는 체벌을 한 것은 아니다. 연약하고 부족하니 실수도 많았다. 내 자녀라고 내 감정대로 하다가 한 번 크게 혼이 난 일이 있다. 하나님이 원하시지 않는데 화가 치밀어서 승호를 때리다가 손목의 인대가 늘어나서 정형외과를 갔던 일인데, 지금도 부끄러운 기억이다. 그날 그 사건 이후로는 승호를 가르칠 때 대화만으로 충분하게 되었다.

승호가 중학교 1학년 때 캠프 가던 날 아침에 있었던 일이다. 워낙 평소에도 느린 편인데, 바쁜 아침 시간에 짐을 싸지 않고 트럼프의 짝을 맞추고 있었다. 서둘러 아침을 해 먹였고 이미 관광버스가 학교에서 학생들을 기다리는 시간인데도 도무지 급한 게 없었다. 나는 화가 머리끝까지 치밀었다. 게다가 트럼프는 가져가서는 안 되는 물건이었다. 금지 품목인데 가져가는 것, 지각을 하면서도 트럼프를 챙기는 것에 화가 나서 나는 소리를 지르며 승호의 등짝을 내리쳤다. 대화가 안 되니 소리를 지르고 때리기까지 했지만, 두고두고 부끄러운 모습이었다.

아들이 떠나고 나서부터 부어오르기 시작한 내 손목은 엑스레이를 찍고서야 별탈이 없다는 걸 확인할 만큼 피멍이 들고 부어올랐다. 정형외과 의사 말에 의하면 이런 엄마들이 심심찮게 병원을 찾는다고 했다. 순간적으로 화가 나서 아이를 때리는 건 교육적 훈계라기보다는 분노의 폭발에 가깝다고 했다. 그날은 비록 실패했지만, 다음은 내가 체벌에 대해 평소에 실천했던 성경적 원칙들이다.

1. 사랑의 매는 언제나 일관성 있게 사춘기 이전까지 사용한다.
2. 오른손으로 벌을 주고 왼손으로는 껴안을 준비를 해야 한다.
3. 사랑의 매는 반드시 잘못한 그 일에 관해서만 따끔하고 단호하게 벌을 준다.
    과거의 잘못을 줄줄이 들춰내면 아이에게 반항심만 생긴다.
4. 분노를 내지 않는 상태에서 매를 든다.

5. 몇 대를 맞을지 아이 스스로 정하게 한다(보통 3~4대 정도로 충분).
6. 왜 맞게 되었는지 아이 스스로 자신의 잘못을 말로 고백하게 한다.
7. 매를 때리고 난 다음에는 반드시 아이를 품에 안고 기도해 주고 용서한다.
8. 자녀를 아무리 크게 혼낸 날에도 반드시 잠자리에 들 때는 정답고 사랑이 깃든 포옹과 기도를 해 주어야 한다.
9. 자녀가 어릴 때는 즉시 훈계하고, 나이가 들수록 자녀 스스로 생각할 시간을 갖게 한 후 훈계하는 것이 효과적이다.
10. 협박하지 말고 자녀의 잘못을 교정하자. 부모가 용서도 벌도 아닌 애매한 태도를 보이면 불안감만 줘서 눈치 보는 아이, 분노가 쌓인 아이로 자라게 한다.

그리스도인 부모는 자녀양육을 할 때 이중성이라는 함정에 빠지기 쉽다. 하나님의 자녀로 키우고 하나님께 영광을 돌린다고 하면서, 실제 행동은 세상 부모와 구별되기 어려운 건 믿음의 부모가 특히 조심해야 할 일이다. 입으로는 하나님을 믿는 게 최우선이라고 말하면서, 행동은 세상 부모들보다 더 세상적 성공을 요구하는 부모가 되지 말자. 교회와 집에서 말과 행동을 다르게 해서 어린 자녀를 헷갈리게 하지 말자. 그럴 때 아이들은 화가 난다.

대부분의 그리스도인 부모조차도 자녀에 관한 소망이 세상 부모들과 별로 다를 게 없다. 자녀에게 믿음이 최고라고 말하면서도 삶에서는 돈과 성공이 최고인 것처럼 행동한다. 그런데 부모는 자녀에게 속아도, 자녀들은 부모에게 속지 않는다.

주교양 양육법의 네 번째 원리는, 부모가 하나님의 기준을 붙잡고 자녀에게 믿음과 생활의 본이 되면서 자녀를 노엽게 하지 않는 일이다.

꼭 외워야 할 말씀

자녀양육은 일관성을 지키는 일이다

자녀들아 모든 일에 부모에게 순종하라 이는 주 안에서 기쁘게 하는 것이니라 아비들아 너희 자녀를 노엽게 하지 말지니 낙심할까 함이라 골로새서 3:20-21

매를 아끼는 자는 그의 자식을 미워함이라 자식을 사랑하는 자는 근실히 징계하느니라 잠언 13:24

아이의 마음에는 미련한 것이 얽혔으나 징계하는 채찍이 이를 멀리 쫓아내리라 잠언 22:15

아이를 훈계하지 아니하려고 하지 말라 채찍으로 그를 때릴지라도 그가 죽지 아니하리라 네가 그를 채찍으로 때리면 그의 영혼을 스올에서 구원하리라 잠언 23:13-14

채찍과 꾸지람이 지혜를 주거늘 임의로 행하게 버려 둔 자식은 어미를 욕되게 하느니라 잠언 29:15

이는 우리가 이제부터 어린아이가 되지 아니하며 사람의 속임수와 간사한 유혹에 빠져 온갖 교훈의 풍조에 밀려 요동하지 않게 하려 함이라 에베소서 4:14

오직 온전하고 공정한 저울추를 두며 온전하고 공정한 되를 둘 것이라 그리하면 네 하나님 여호와께서 네게 주시는 땅에서 네 날이 길리라 신명기 25:15

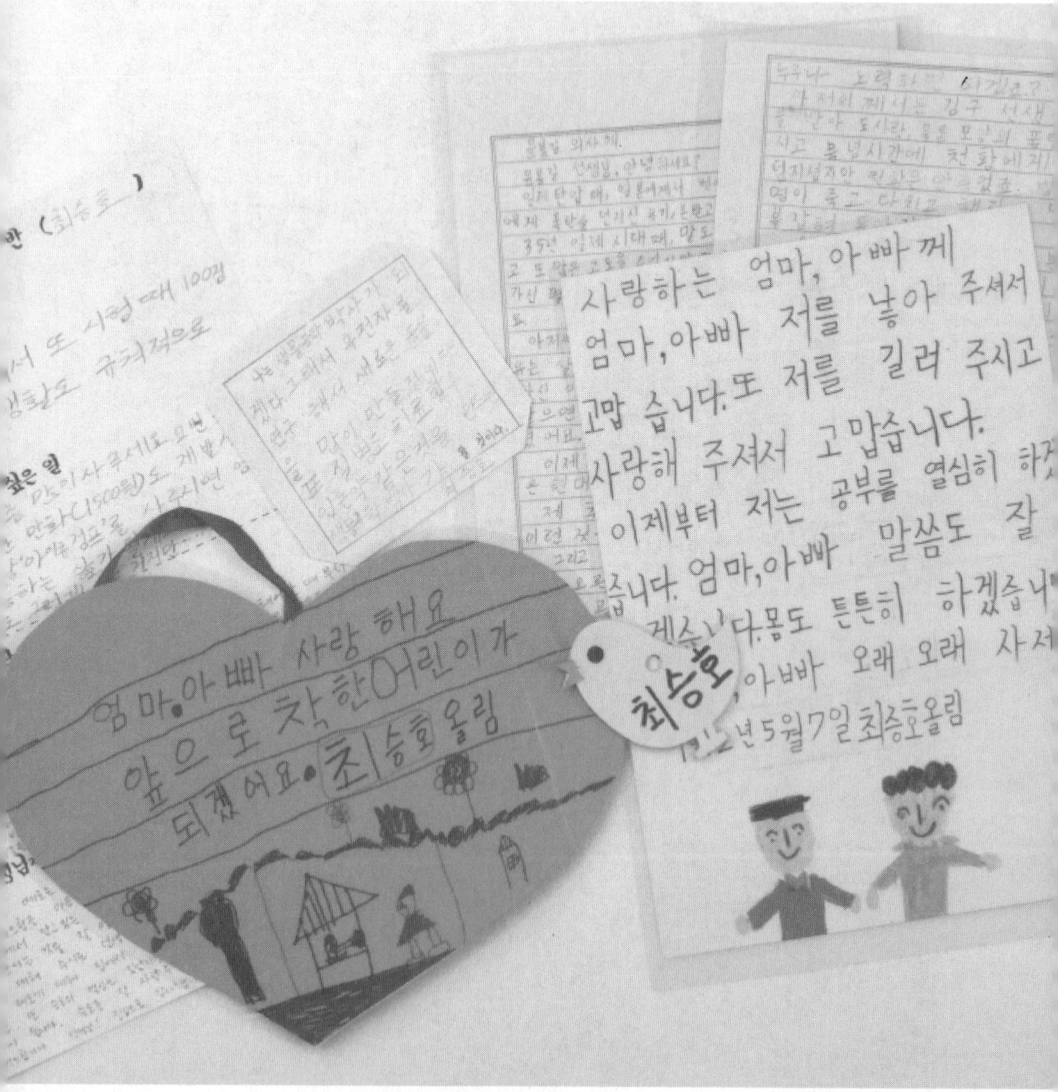

엄마,아빠 사랑해요
앞으로 착한어린이가
되겠어요. 최승호올림
최승호
사랑하는 엄마,아빠께
엄마,아빠 저를 낳아 주셔서
고맙습니다.또 저를 길러 주시고
사랑해 주셔서 고맙습니다.

5. 험담과 거짓을 버리라

너희는 도둑질하지 말며 속이지 말며 서로 거짓말하지 말며 레위기 19:11

거짓을 행하는 자는 내 집 안에 거주하지 못하며 거짓말하는 자는 내 목전에 서지 못하리로다
시편 101:7

험담을 버리라

어느 날 창세기 9장을 묵상하면서 나는 생각했다. 성경은 술에 취해 벌건 대낮에 하체를 벗고 누웠던 노아의 실수에 대한 세 아들의 반응을 자세히 기록하고 있었다. 나는 이 대목을 읽을 때마다 당대의 의인이라는 노아의 태도를 이해할 수 없었고, 다만 예수님 외에는 의인이 없다는 말에 수긍하기만 했다.

그러나 자녀를 키우면서, 나는 이 자세한 기록이 이 시대에도 그대로 적용되고 있다는 사실을 깨닫고 놀랐다. "가나안의 아버지 함이 그의 아버지의 하체를 보고 밖으로 나가서 그의 두 형제에게 알리매 셈과 야벳이 옷을 가져다가 자기들의 어깨에 메고 뒷걸음쳐 들어가서 그들의 아버지의 하체를 덮었으며 그들이 얼굴을 돌이키고 그들의 아버지의 하체를 보지 아니하였더라"(창세기 9:22-23).

큐티를 하면서 그때의 상황을 상상하자 갑자기 이런 장면이 떠올랐다. 함이 아버지의 하체를 보고 그의 두 형제 셈과 야벳에게 알릴 때 노아의 손자도 듣는 모습

이다. 함이 아버지의 허물을 소문낼 때, 함의 아내와 아들이 그 말을 듣는 것이다.

그런데 셈과 야벳은 아버지의 하체를 보지 않고 얼굴을 돌이켰다. 그들의 태도 때문에 셈과 야벳의 자녀들은 할아버지의 허물을 듣지 못했을 것이다. 셈과 야벳은 아버지의 실수를 언급하지 않고 허물을 덮었다.

나중에 셈과 야벳의 자손이 놀라운 축복을 받는 비결이 여기에 숨어 있다는 생각이 들었다. 할아버지의 허물을 듣지 못했으니 셈과 야벳의 자녀들은 훗날 노아에게 여전히 많은 가르침을 받고 순종했을 것이다. 성경에 보면, 홍수 후에 노아는 350년을 살았고 950세가 되어 죽었다. 이 기간 동안 셈과 야벳의 자녀들은 물론이고 그들의 자녀와 손자의 손자들까지 두고두고 노아에게 순종하며 축복과 사랑을 받았을 것이다.

어떤 부모는 시댁이나 처가에 대해 험담하고 무시하는 것이 예사다. 친구를 조심해야 하는 건 비단 아이들만 그런 게 아니다. 엄마도 아빠도 누구를 만나고 즐거워하는지 점검해 봐야 한다. 술친구를 좋아하면 술 마실 기회가 자꾸 생기게 마련인 것처럼, 험담 좋아하는 사람을 만나면 험담할 일이 자꾸 생길 것이다.

동창회나 학부모 모임에서 남들이 다 시댁을 무시하는 말을 해도 그리스도인 엄마는 눈과 귀와 입을 조심해야 한다. 대부분 친정 흉 안 보는 것처럼 시댁 흉도 절제하면 흉이 묻히고 장점이 더 살아난다. 남들도 다 하니 재미있자고 한두 마디 말을 섞다 보면 시댁 험담하는 것이 습관이 된다. 물론 살다 보면 억울하고 답답한 일도 생긴다. 하지만 내가 내 맘 같지 않은 사람들 때문에 힘이 들면, 또 어딘가에 나 때문에 힘든 사람도 있는 게 세상 돌아가는 이치다.

무릎 꿇고 내 눈의 들보를 보여 달라고 기도하면 시댁 식구들의 눈에 있는 티는 저절로 빠진다. "비판을 받지 아니하려거든 비판하지 말라 너희가 비판하는 그 비판으로 너희가 비판을 받을 것이요 너희가 헤아리는 그 헤아림으로 너희가 헤아림을 받을 것이니라 어찌하여 형제의 눈 속에 있는 티는 보고 네 눈 속에 있는 들보는 깨닫지 못하느냐 보라 네 눈 속에 들보가 있는데 어찌하여 형제에게 말하기를 나로 네 눈 속에 있는 티를 빼게 하라 하겠느냐 외식하는 자여 먼저 네 눈 속에서 들보를 빼어라 그 후에야 밝히 보고 형제의 눈 속에서 티를 빼리라"(마태복음 7:1-5).

한 번 해서 잘 안 빠져도 포기하지 않고 계속 기도하면 내 눈의 들보도 어느 날부터 한 가지씩 빠진다. 반드시 약속대로 이루어 주신다. 내 눈 속의 들보는 내 자녀의 눈에 들어갈 가능성이 짙은 티다. 실컷 흉본 집안의 아들딸이 내 자녀인 건 별로 유쾌한 일이 못 된다. 한 입으로 쓴물과 단물을 반복적으로 내면 결국 그 물은 못 먹는 샘물이다. "샘이 한 구멍으로 어찌 단물과 쓴물을 내겠느냐"(야고보서 3:11).

실제로 자신의 부모와 배우자의 부모를 존경하면 여러 가지 유익이 있다. 아이들이 그들의 조부모의 권위를 인정하게 된다. 내 마음에 안 든다고 마음 놓고 처가나 시댁의 흉을 보면 가장 손해 보는 사람이 바로 내 자녀. 부모의 허물을 자녀 앞에서 거듭 말하는 분위기가 습관화되어 있다면, 기도하면서 고칠 일이다. 정말 고치길 하나님이 원하신다. 그 복은 내 자녀가 받는다.

승호가 대학에 다니던 어느 날, 시아버님이 우리 집에서 주무셨다. 아버님은 이른 나이에 대학생이 된 승호를 너무 예뻐하며 밤늦도록 이런저런 많은 이야기를 해 주셨다. 그 다음날 저녁, 시아버님이 가신 다음에 승호가 이렇게 말했다.

"엄마, 어젯밤에 할아버지께서 말씀하시는데요. 제 마음속에 할아버지 목소리가 갑자기 천둥소리처럼 들리는 거예요."

시아버님이 손자에게 권면하실 때, 하나님이 역사하신 것이 분명했다. 어린 나이에 대학생이 되어 세상의 가치관들에 매료되고 살짝 하나님께 벗어나려던 때에, 하나님은 시아버님을 통해 내 아들의 마음을 세밀히 만져 주셨다.

아이들은 제 부모가 누구의 말을 중요시하는지 부모의 등 뒤에서 배운다. 우리 부부가 목사님 말씀을 중요하게 여기고 부모님의 말씀을 중요하게 여기고 형님 내외의 말씀을 중요하게 여기니, 승호는 시댁에 모인 가족들이 한마디씩 해 주면 그 말씀을 마음에 담아 두었다가 잊지 않고 순종했다. 승호를 사랑하는 가족들을 많이 주셨으니, 하나님의 특별 보너스가 아닐 수 없다.

노아의 실수에 대한 세 아들의 반응을 자세히 기록한 이유는, 자녀 앞에서 부모의 실수를 언급하지 않는 일이 축복받는 일임을 가르쳐 주기 위함인 것 같다. 할아버지의 허물과 실수를 덮고 받는 복은 오늘날도 계속되고 있다.

거짓을 버리라

자녀를 키우다 보면 하나님의 마음을 백만분의 일이라도 깨달을 수 있다. 부모는 자녀가 거짓말을 할 때 매우 싫은 마음이 생기게 되는데, 이처럼 거짓 입술은 여호와께도 미움을 받는다. 거짓은 얼마 지나지 않아 들통이 나게 돼 있다. 하나님과 사람에게 귀중히 여김을 받으려면 거짓을 버려야 한다. 사람도 진실히 행하는 사람을 알아본다. "인자와 진리로 네게서 떠나지 말게 하고 그것을 네 목에 매며 네 마음 판에 새기라 그리하면 네가 하나님과 사람 앞에서 은총과 귀중히 여김을 받으리라"(잠언 3:3-4).

　자녀를 하나님의 사람으로 키우기 위해서는, 부모가 먼저 거짓을 버려야 한다. 남에게 보이는 종교 생활의 모습이 중요한 게 아니다. 하나님이 보시는 믿음이 정말 중요하다. 부모가 거짓말을 뱀보다 더 끔찍하게 싫어해야 내 아이가 거짓말을 하지 않도록 가르칠 수 있다.

　어느 날 나는 거짓말을 들킨 승호를 혼내다가 하나님의 음성을 들은 경험이 있다. 빤히 보이는 거짓말을 한 아들에게 있는 대로 화를 내고 소리를 질렀다. 거짓말을 고치려면 매를 맞아야 한다고 회초리를 들었는데, 그때 갑자기 "너는?" 하고 짧게 물으시는 하나님의 음성이 마음속을 강하게 지나갔다. 두려운 마음에 아들에게 들었던 회초리를 내려놓고 먼저 나를 돌아보는 시간을 가졌다. 하나님을 믿지 않았더라면 나는 내 거짓말을 깨닫지 못하고 아들만 혼내고 말았을 것이다.

　그 일을 통해서 나는 하나님이 작은 거짓말까지도 고치고 싶어 하신다는 것을 깨달았다. 그날 이후로 나는 아이를 꾸짖기 전에 반드시 나를 되돌아보는 습관을 가지게 되었다. 특히 자녀의 언어 습관과 사고방식은 부모를 많이 닮는다. 내가 보면 다른 것 같지만, 남이 보면 식구들이 닮은 게 보인다. 부부가 닮았고 부모 자식이 닮았고 친구들이 서로 닮았다. 심지어 교회마다 교인들끼리 분위기가 점점 닮아 가는 걸 보게 된다. 그러니 내가 먼저, 부모가 먼저 거짓을 버려야 한다.

　사탄은 거짓의 아비다. 특히나 사탄은 거짓된 사람을 사용하기 좋아한다. 거짓은 습관이다. 양치기 소년처럼 위기를 모면하려고 거짓말을 하다 보면 당장은 지혜로운 것처럼 보인다. 그러나 거짓말에는 반드시 대가가 있다. 나는 지금도 우리나라의 수많은 거짓들이 드러나도록 열심히 기도한다. 특히 그리스도인 가정에 숨어 있는 거짓의 뿌리가 점점 생명력을 잃게 해 달라고 간구한다.

그리스도인이 거짓말을 하면 반드시 크게 들통이 나는 것이 축복이다. 이 기도는 우선 내 아들과 우리 가정에서 위력을 발휘했다. 우리 집에서는 하나님의 은혜로 거짓말을 하면 반드시 크게 들통이 나서 혼이 나는 축복을 받았다. 정말 무섭고도 감사한 일이다.

아이들이 부모의 말을 듣지 않는 가장 큰 이유는 부모의 거짓 때문이다. 부모의 모습이 집 안과 밖에서 다를 때, 아이들은 혼란에 빠진다. 부모의 말과 행동이 다르면 아이들은 더 이상 부모의 말을 귀담아 듣지 않는다. 아이들은 부모가 언제 어떤 거짓말을 하는지 대부분 알아차린다. 유난히 고집이 센 아이라도 일관성 있고 정직한 부모 아래서 자라면, 커 갈수록 인격이 갈무리 되는 것을 많이 보았다.

최근 우리나라는 거짓말 공화국이라는 불명예를 여실히 보여 주는 사건이 속출하고 있다. 공영방송의 유명 어학 강사가 학력을 속인 것이 들통이 났고, 정치계에서는 계속해서 누가 더 거짓말을 했는지 이슈가 되면서 나라가 온통 거짓말로 뒤숭숭하다. 정치계는 그렇다 치자. 불과 얼마 전에 복제 분야의 한 유명한 교수는 논문을 조작해서 세계적으로 망신을 당했다. 예일대 박사라며 학위를 속이고 큐레이터로 활동해 온 교수도 등장했다. 그들의 거짓말 행진은 온 나라가 경악을 할 수준이었다. 신문 보도를 아무리 살펴봐도 두 교수 모두 걸린 게 억울할 따름이라는 듯 별로 반성의 빛을 보이지 않아 더 가슴이 아프다.

그러나 거짓말한 당사자들을 비난하기 전에 되돌아보면, 우리 모두가 공범자다. 들키지 않은 거짓말쟁이들과 들킨 거짓말쟁이들이라는 차이가 있을 뿐이다. 연구에 따르면, '피노키오 신드롬(Pinocchio Syndrome)'이라는 게 있다. 거짓말을 반복함으로써 자신의 삶에 더 이상 진실이란 것이 없어지는 일종의 질병이다.

최윤식 연세대 인간행동발달연구소 연구원은 말했다. "인간의 의식과 무의식은 구분이 별로 안 돼 있다. 그래서 자신의 거짓말이 진짜라고 최면을 건 뒤 오랜 시간 합리화시키며 '페르소나'(무대에서 배우가 쓰는 가면을 뜻하는 '라틴어')를 만들어 왔다면, 거짓말이 들통 난 상황에서도 자신을 비난하는 사람들을 이해하지 못하게 된다."

사람은 남을 속이려면 먼저 자기 자신부터 속인다는 말이 증명된 셈이다. 거짓말의 매혹은 자기 합리화 과정에서도 시작된다. 거짓말과 핑계는 서로 닮아 있다. 거짓의 영이 있으면 자신을 정직하게 보는 눈도 감기게 마련이다. 스스로를 합리화해서 속게 된다. 하나님이 도와주시고 성령님이 조명해 주시지 않으면, 우리는 모두 자신의 거짓말에 스스로 속을 수밖에 없는 죄인이다.

문제는 거짓말 불감증이 교육되고 대물림된다는 사실이다. 교육학자들은 "아이들이 만나는 최초의 거짓말 모델은 부모다."라고 주장한다. 그러나 성경은 하나님과 분리되는 순간부터 우리가 본래 거짓의 아비에게서 난 거짓의 자녀라고 가르쳐 준다.

거짓말을 즐겨 하는 사람과 진리를 기뻐하는 사람이 함께 있으면 서로 불편하다. 진리의 근원과 거짓의 근원이 전혀 다르기 때문이다. 빛과 어두움이 함께 있을 수 없는 이치와 같다. 우리가 거듭해서 불의의 병기로 쓰이면 하나님 나라를 유업으로 받지 못한다. "육체의 일은 현저하니 곧 음행과 더러운 것과 호색과 우상숭배와 주술과 원수 맺는 것과 분쟁과 시기와 분냄과 당 짓는 것과 분열함과 이단과 투기와 술 취함과 방탕함과 또 그와 같은 것들이라 전에 너희에게 경계한 것같이 경계하노니 이런 일을 하는 자들은 하나님의 나라를 유업으로 받지 못할 것이요"

(갈라디아서 5:19-21).

많은 부모들은 자신을 정직하게 보지 못하고 문제의 원인을 다른 데서 찾으려 한다. 그래서 자신은 잘했는데 배우자가 문제고, 자녀가 문제라고 말하기 쉽다. 나는 잘못한 것이 없고 다른 사람들이 잘못했다고 지적하게 된다. 원인이 다른 데 있어도 먼저 나를 돌아보는 게 문제 해결의 지름길이다. 정직해야 문제가 해결된다.

사람들은 상황에 따라 말을 살짝 바꾸는 것을 거짓말이라고 여기지 않는다. 나도 전에는 그랬다. 상황에 따라 선의의 거짓말이란 게 있다고 생각했다. 심지어 세상은, 거짓말을 하지 못하면 융통성이 없는 사람이라며 핀잔을 주기도 한다. 그런데 많은 사람들 속에서 선의의 거짓말이 얼마나 인생을 복잡하게 하는지 보았다. 나도 이 진리를 깨닫고 지켜 행하기 전에는 인생이 복잡하게 꼬인 적이 있었다. 선의의 거짓말도 그 뿌리는 거짓이다. 하나님의 말씀만이 우리를 투명하고 단순한 삶으로 인도하신다.

거짓말하는 아이들은 공부를 잘하기도 정말 어렵다. 거짓말하는 아이들이 공부를 잘하고 여러 가지 능력을 갖추면 그건 재앙이다. 큰일 난다. 불순종과 거짓말은 때로 매우 세련되게 보인다. 그러나 실상은 모든 사람들이 날마다 평생 싸워야 할 대상이다.

부모가 거짓말을 즐겨 하면 자녀도 거짓말을 즐기지만, 부모가 진실을 택하면 자녀도 진실과 정직함을 택하는 좁은 길로 들어설 줄 알게 된다. 하나님은 정직한 사람을 찾아서 일하신다. 주교양 양육법의 다섯 번째 원리는, 부모와 자녀가 모두 험담과 거짓을 버리는 일이다.

꼭 외워야 할 말씀

험담을 버리라
비판을 받지 아니하려거든 비판하지 말라 너희가 비판하는 그 비판으로 너희가 비판을 받을 것이요 너희가 헤아리는 그 헤아림으로 너희가 헤아림을 받을 것이라 마태복음 7:1-2

거짓을 버리라
네 혀를 악에서 금하며 네 입술을 거짓말에서 금할지어다 시편 34:13
여호와를 경외하는 것은 악을 미워하는 것이라 나는 교만과 거만과 악한 행실과 패역한 입을 미워하느니라 잠언 8:13
거짓 입술은 여호와께 미움을 받아도 진실하게 행하는 자는 그의 기뻐하심을 받느니라 잠언 12:22
너희는 도둑질하지 말며 속이지 말며 서로 거짓말하지 말라 레위기 19:11
거짓을 행하는 자는 내 집 안에 거주하지 못하며 거짓말하는 자는 내 목전에 서지 못하리로다 시편 101:7
그런즉 거짓을 버리고 각각 그 이웃과 더불어 참된 것을 말하라 이는 우리가 서로 지체가 됨이라 에베소서 4:25
악은 어떤 모양이라도 버리라 데살로니가전서 5:22

92

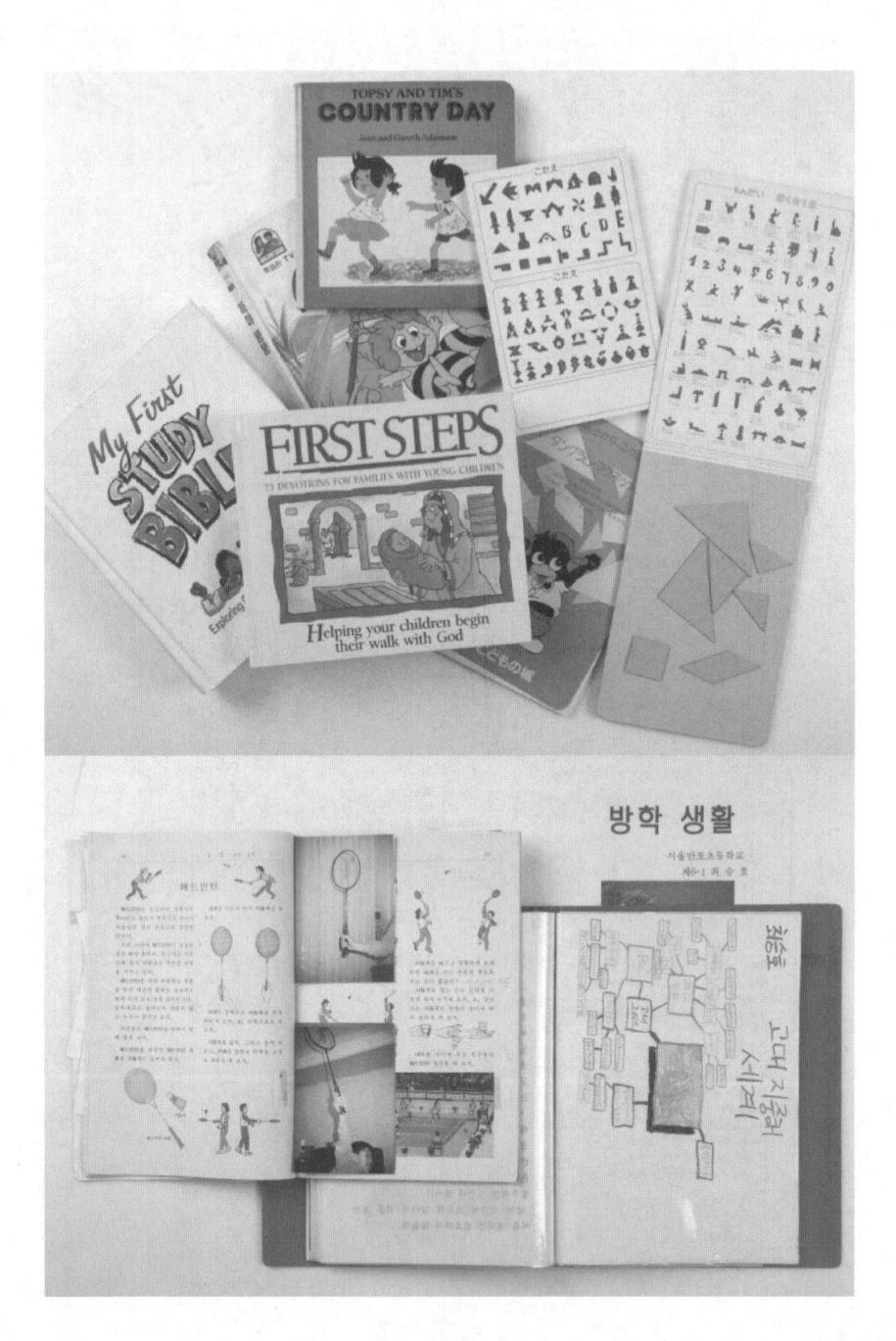

6. 어려서 좋은 길을 가르치라

마땅히 행할 길을 아이에게 가르치라 그리하면 늙어도 그것을 떠나지 아니하리라 잠언 22:6 첫째는 이 것이니 이스라엘아 들으라 주 곧 우리 하나님은 유일한 주시라 네 마음을 다하고 목숨을 다하고 뜻을 다하고 힘을 다하여 주 너의 하나님을 사랑하라 하신 것이요 둘째는 이것이니 네 이웃을 네 몸과 같이 사랑하라 하신 것이라 이에서 더 큰 계명이 없느니라 마가복음 12:29-31

이웃 사랑을 가르치라

주교양 양육법의 여섯 번째 원리는 자녀에게 어려서부터 좋은 습관을 심어 주는 것인데, 좋은 습관의 으뜸은 이웃 사랑을 실천하는 좋은 길을 가르치는 것이다.

옥수수를 키우는 한 농부가 있었다. 그 농부의 소원은 이 세상에서 가장 튼실하고 품질이 우수한 옥수수를 재배하는 일이었다. 그래서 가장 튼튼한 종자를 모아 두었다가 이듬해가 되면 소망을 갖고 씨를 뿌렸다. 그런데 해마다 수확철이 되면 예상치 못한 결과가 나왔다. 가장 좋은 품종의 옥수수 종자만 골라서 심었는데도 이상하게 부실한 옥수수가 함께 수확되는 것이다.

옥수수 주인은 마침내 그 이유를 알게 되었다. 자기 밭에만 아무리 좋은 품종을 심어도 꽃가루받이 때가 되면 이웃 밭에서 날아든 부실한 품종의 꽃가루 때문에 자기 옥수수도 부실한 품종이 생기게 되었던 것이다. 그 주인은 이듬해부터는 좋은 품종의 옥수수 종자를 이웃의 옥수수밭 주인들에게도 나눠 주기 시작했다. 자기 밭에만 좋은 종자를 심었을 때는 부실한 옥수수도 함께 결실을 맺었는데, 이웃들까지 모두 좋은 종자를 나눠 준 뒤로는 그 동네 옥수수 밭에서는 모든 옥수수가 우수한 품종으로 결실을 맺었다.

옥수수처럼 우리 자녀들도 서로에게 영향을 주고받으며 자라는 존재다. 내 자녀를 아무리 성공적으로 키웠다 할지라도, 내 자녀의 친구들이 병들어 가면 언젠가는 내 자녀도 병들기 쉽다. 직장 엄마를 가진 내 자녀의 친구가 있다면, 학원도 알아봐 주고 방과 후의 간식도 챙겨 줘 보라. 옥수수 밭의 주인처럼 결국에는 내 자녀가 하나님의 복을 받음을 체험할 것이다. 내 자녀의 친구의 엄마가 전업 엄마라면, 자신의 직업에서만 알 수 있는 일들을 그 전업 엄마와 겸손한 마음으로 공유해 보라. 자신이 유능한 직장인임을 내세우며 잘난 척만 하지 않는다면, 얼마든지 전업 엄마들의 마음과 가정이 열릴 것이다. 문제는 얼마나 상대방을 배려하고 존중하는가다.

내 자녀를 잘 키우고 싶으면 다른 가정의 자녀도 기도로 섬기고 사랑으로 돌볼 수 있어야 한다. 이웃 사랑의 실천은 희생이 있어야 하는 거룩한 산 제사의 과정이다. 이기적이고 자신만을 사랑하라고 부추기는 시대에 남을 사랑하기는, 예수님이 부어 주시는 사랑이 아니면 할 수 없다. 하나님을 사랑하는 사람은 섬기기 힘든 이웃도 사랑할 힘이 생긴다. 먼 곳의 이웃을 돌보는 특별한 사명을 받은 사람도 있지만, 대부분의 사람들에게는 가까운 이웃을 섬겨야 할 사명이 있다. 예수님은 우리에게 강도 만난 자의 이웃이 되어 준 사마리아 사람처럼 이웃에게 자비를 베푸는 사람이 되라고 하신다(누가복음 10:30-37).

이런 일이 있었다. 승호가 4학년이 되자, 아빠와 아들만의 비밀이 생겼다. 어릴 때부터 매월 1일이 되면 용돈을 주었는데, 아빠가 엄마 모르게 아들에게 특별 용돈을 주기 시작한 것이다. 물론 남편은 나에게 미리 알려 주었지만, 아들과 둘만의 비밀이니 엄마는 모르는 일로 지내기로 했다. 남편에게 들은 비밀 대화 내용은 다음과 같다.

"승호야, 너 엄마한테 받는 용돈 부족하지?"

"예."

"너 그 용돈 외에 친구들과 어울리려면 돈도 필요하잖니? 친구를 사귀려면 네가 베푸는 사람이 되어야 하는 거야. 이번 달부터 아빠가 엄마 모르게 오천 원씩 줄 테니 친구를 만나면 햄버거도 사 주고, 음료수도 네가 사 주도록 해라. 친구들과 어디를 가더라도 네가 먼저 돈을 내는 사람이 되어야 하는 거야."

그날로부터 매월 초가 되면 승호는 아빠에게 눈짓을 하고, 둘만 방으로 들어가서 낄낄거리며 웃는 소리가 나곤 했다. 나는 모르는 척해 주느라고 애써 딴전을 피우고 자리를 피했지만, 승호에게는 그 일이 아빠와 남자 대 남자로서 더 가까워지는 계기가 되었다. 초등학교 때 그 돈을 친구에게 어떻게 썼는지는 아빠와 둘만의 비밀이라 들을 수 없었지만, 대학생이 되자 아빠의 가르침이 제대로 진가를 발휘하는 일을 보게 되었다.

"아빠, 제가 친한 친구가 있는데요. 우연히 알게 됐는데, 집안 사정이 너무 힘들어요. 고등학교 때도 늘 전교 1, 2등이었다는데, 어떻게 그런 환경에서도 그렇게 잘 자라고 공부도 잘했는지 모르겠어요. 마음도 너무 착해요. 아무래도 제가 그 친구를 좀 도와야 할 것 같아요."

열여섯 살에 대학에 입학했는데도, 승호는 대학에서 친구 관계가 아주 좋은 편이었다. 아빠의 가르침도 있었지만 하나님의 은혜 때문임을 잘 알고 있다. 방학 때는 어려운 친구의 여행 경비를 도와주며, 함께 해외여행을 다녀오기도 했다. 4학년이 되자 승호는 더 적극적으로 그 친구를 돕기 원했다. 자기는 이미 사법시험에 합격했는데, 친한 친구가 번번이 1차 시험에서 불합격하는 걸 보고 안타까워했다.

"아빠. 제 친구가 정말 성실하게 공부도 열심히 하고 실력도 좋은데, 민법 한 과목 때문에 번번이 과락에 걸리는 거예요. 1차 시험은 열심히 공부하는 것도 중요하지만 공부하는 요령도 필요하거든요. 제가 좀 도와줄까 봐요."

승호는 그 친구와 3개월 동안 공부 스케줄을 짜고 민법 과외교사를 자처했다. 물론 과외비는 받지 않고 시작한 일이었다. 우리 부부는 승호가 외아들이기 때문에 자기만 아는 이기적인 사람으로 자랄까 봐 늘 그 부분에 신경을 쓰며 지켜보았다. 그런데 하나님은 승호를 항상 선한 길로 인도하셨다.

신림동에서 한참 사법시험을 준비할 때의 일이다. 시험을 겨우 한 달 남겨 둔 시점이니 모두들 1분 1초를 아까워하던 때다.

"아빠, 엄마. 선배 형 아버지가 돌아가셨는데요. 대전에 문상을 가야겠어요. 오늘 밤에 차에서 자면서 갔다가 내일 오전에 오려구요."

"그래, 잘 생각했다. 너 지금 시간이 너무 아까울 텐데, 정말 귀한 결정했구나. 조심해서 잘 다녀와라. 엄마도 기도할게."

고시 공부도 중요하지만 다른 사람이 어려울 때, 자기 시간이나 돈을 희생할 줄 아는 사람으로 자라고 있는 일이 정말 감사했다.

어려서부터 대인 관계에 대한 가르침도 보고 배우는 것이 정말 중요하다. 선물할 줄 아는 아이, 자기 용돈을 친구를 위해 쓸 줄 아는 아이, 친구가 어려울 때 함께 슬퍼할 줄 아는 아이로 자라게 하는 것은 교육의 중요한 부분이다. "내 계명은 곧 내가 너희를 사랑한 것 같이 너희도 서로 사랑하라 하는 이것이니라 사람이 친구를 위하여 자기 목숨을 버리면 이보다 더 큰 사랑이 없나니 너희는 내가 명하는 대로 행하면 곧 나의 친구라"(요한복음 15:12-14).

그리스도인 부모의 자식 사랑은 말이 아니라 반드시 행동이 따라야 한다. 어린 자녀와 함께 걸인에게 적은 돈을 적선하고, 사람에게 친절을 베푸는 일을 보고 자란 자녀는 저절로 이웃을 사랑하는 법을 배우게 된다. 나는 매우 이기적인 사람이었는데, 아이와 함께 성경을 보면서 작은 일을 실천하는 법을 배웠다.

책 읽는 습관은 어린 시절에 만들어진다

책은 아이를 현명하게 만든다. 어린아이들에게 지나치게 많은 장난감을 사 주면 도리어 산만한 성향으로 자란다는 연구 결과도 있다. 나는 승호가 책을 가까이 할 수 있도록 승호의 키가 닿는 곳에는 어린이 책으로만 채워 놓았다.

어릴 때부터 신명기 6장 말씀을 쉐마로 교육하고, 일평생 성경책을 읽고 암송하게 하는 것이 이스라엘의 교육법이다. 하나님의 은혜 안에서 세상의 육아법을 택하지 않고 성경 말씀을 택할 수 있다. "네 자녀에게 부지런히 (성경을) 가르치며"(신명기 6:7). 자녀가 어떤 특정한 나이일 때, 어떤 특정한 상황일 때만 가르치는 것이 아니다. 승호가 한 살이 되자 어린이 그림 성경을 갖고 놀게 했는데, 이것은 22년이

엄마의 기준이 아이의 수준을 만든다 **97**

지난 지금에 와서 돌아보아도 하나님의 특별한 축복이다. 세상 육아법을 택하지 않은 사람에게 주신 복이다.

부모가 책을 좋아하지 않으면 영아에게 책을 갖고 놀게 하는 일이 아주 어려울 수 있다. 모방의 천재인 아기들이 금방 흥미를 잃기 때문이다. 또한 아기들은 아주 짧은 시간만 집중한다. 그러므로 책을 가지고 노는 것을 재미있게 느끼게 하려면 부모 중 한 사람이라도 책을 정말 좋아해야 한다.

특히 부모가 성경을 읽지 않는데 아이가 스스로 성경에 재미를 느낄 수는 없는 일이다. 나는 승호가 열 살이 되기 전까지는 그림 성경, 어린이 성경, 만화 성경을 함께 읽었다. 카세트테이프가 딸린 성경 동화도 늘 함께 들었다.

책 읽기도 놀이로 배울 수 있다. 승호는 성우가 녹음한 테이프가 딸린 동화를 들려주면 얼마 지나지 않아 동화책의 대사대로 흉내 내면서 말했다. 집에서 놀면서 성경이나 성경 동화 테이프를 듣고 따라 한 것이 자연스럽게 감정을 살려서 구연동화를 한 셈이 되었다. 어린 시절부터 성경의 인물들을 좋아하면서 믿음을 갖도록 해 준 좋은 환경이었다. 늘 책을 보면서 놀던 승호는 나중에는 통째로 문장 하나 틀리지 않고 동화 내용을 다 외우고 그 말을 그대로 쓰는 일이 빈번해졌다.

네 살 무렵, 어버이날을 맞아 승호를 데리고 시부모님 선물을 사러 백화점에 간 일이 있다. 큰형님과 함께 갔는데, 우리가 구경을 하면서 마네킹에 붙은 가격표를 보고 원피스 값이 너무 비싸다고 했다. 그 순간 옆에 섰던 백화점 점원 아가씨가 "이건 원단이 수입이라 그런 거예요. 비싼 거 아니에요." 하고 나섰는데, 그 말을 들은 승호가 갑자기 "이런 철딱서니 없는 아가씨야." 했다. 점원의 얼굴이 벌개졌고, 지나가던 사람들까지 모두 놀랐다. 승호가 한 말은 늘 보는 동화에서 잠자리가 꿀벌 마야에게 하는 대사의 한 대목이었다. 내가 다급히 "죄송해요. 얘가 요즘 동화를 열심히 보거든요."라고 설명하자 어색한 분위기가 풀리면서 우리는 모두 폭소를 터뜨렸다. 자기가 외운 동화책의 문장들을 실생활에서 응용하는 일은 그 후에도 자주 일어났다.

  반복 학습은 아이들에게 매우 중요하다. 아이들은 가정에서 어른들이 자주 쓰는 말이나, 책에서 읽은 문장들을 그대로 흉내 낸다. 그러면서 말을 배워 가는 것이다. 내가 승호를 키운 경험으로 보면, 특히 독서는 지혜와 지식을 스스로 얻도록 하는 가장 효과적 방법이다. 또한 생각하는 방법을 가르쳐 준다.

  이스라엘에서 성경의 쉐마를 자녀들에게 반복해서 소리 내어 읽히고 외우게 하는 것처럼, 승호와 내가 함께 성경과 천자문을 소리 내서 운율을 갖고 읽었던 것이 여러 가지로 유익했다. 우리는 같은 책을 최소한 서너 번에서 열 번 이상 반복해서 보았다. 어디를 가든 책을 꼭 한 권씩 들고 다녔다. 특별히 말로 아이에게 같은 책을 반복해서 보라고 가르친 적은 없지만, 승호는 한 권의 책을 거의 외울 때까지 들고 다녔다. 어린 시절에 엄마를 따라나서면 재밌기도 하지만, 어른들과 계속 노는 게 아니므로 곧 무료해진다. 그러면 아이는 자기 책을 펼쳐 들고는 여유롭게 독서를 즐겼다.

  승호의 어린 시절을 아는 분들은 승호가 두세 살에도 언제나 책을 옆에 끼고 다녔던 것을 기억한다. 승호는 걸음마를 뗄 무렵부터 동네 서점에 늘 엄마와 함께 다니면서 자연스럽게 책과 친해졌다. 전집물을 사 준 적은 없었지만, 책 한 권을 다 읽고 나면 다시 서점에 가서 보고 싶은 책을 사 주곤 했다. 나중에는 엄마와 동네 외출을 하면, 자기는 서점에 있을 테니 엄마 혼자 볼일을 보고 오라고 할 정도였다. 구반포에 있는 한 서점에서 어린 승호가 동화책 코너 바닥에 앉아 몇십 분씩 책을 보던 모습이 지금도 눈에 선하다. 마음이 넉넉한 서점 주인 덕분에 전용 도서관처럼 어린 시절부터 중학교를 다닐 때까지 애용했다.

승호는 지금까지도 가장 중요한 외출 준비가 읽을 책을 들고 나가는 일이다. 대단한 독서가이셨던 친정아버지께 배운 나의 독서 습관과 시아버님을 따라 배운 남편의 독서 습관 때문에, 내 아들도 독서하는 습관을 갖게 된 것 같다. 다만 한 가지 아쉬운 것은 무심히 행동했던 나의 책 읽는 자세까지 대물림된 사실이다. 날마다 엎드려 책을 읽거나 편지를 쓰는 엄마를 보고 자란 승호는 어느 날부터 종이와 연필을 들고 똑같은 자세를 취했다. 내가 만일 그때 책상에 앉아서 편지를 썼더라면 내 아들도 책상에 앉는 습관을 들였을 텐데. 공부하는 자세가 불량한 것이 오래도록 나의 기도제목이 되기도 했다. 정말 심은 대로 거둔다는 성경 말씀은 자녀양육에 그대로 적용된다.

건강한 신체도 어린 시절에 만들어진다

음식만큼 중요한 게 운동과 놀이와 잠이다.

유치원생이 되면 줄넘기와 자전거 타기를 할 수 있다. 승호도 유치원 시절에 줄넘기 대회가 있었는데, 어찌나 열심히 연습했는지 상을 탈 정도였다. 줄넘기는 키를 크게 하고 운동신경을 발달시키는 데 아주 중요한 운동이다. 자녀가 재미를 붙이도록 아빠와 엄마도 함께 줄넘기를 하면 가족의 친밀감에도 큰 도움이 될 것이다. 자녀의 운동에도 눈높이 교육이 가장 효과적이다.

초등학생 때는 수영을 하면 키 크는 데 도움이 된다. 승호는 초등학교 1학년 때부터 4학년 때까지 매주 3회씩 수영 강습을 받았다. 머리 감기를 너무 싫어하고 물을 지나치게 무서워해서 시작했는데, 처음 한두 해는 수영장 가는 것조차 실랑이를 벌일 만큼 수영 배우는 일에 적응을 못했다. 하지만 4학년이 되자 수영 대회에 출전할 만큼 수준급이 되었고 지금까지도 수영을 즐기고 있다.

태어날 당시 30cm 남짓한 작은 아이였지만, 스물한 살 때 받은 신체검사에서는 186cm의 건장한 청년이 되었다. 수영이 키 크는 데 큰 도움이 된 것을 나중에야 알았다. 지구력과 끈기와 자신감까지 키워 줬으니 얼마나 큰 하나님의 은혜인지….

아이가 처음에는 배우기를 힘들어해도, 부모가 기대 수준을 낮추면 아이는 어떤 운동이든지 마침내 배울 수 있다. 그 당시 우리 부부가 가진 기대치는 수영 강습 시간에 빠지지 않고 규칙적으로 물속에 들어가는 게 전부였다. 수영을 잘하고 못하고는 나중 문제다. 한 가지 운동을 익힐 때까지 꾸준히 하면 어느 순간에는 평균 이상으로 잘하는 순간이 온다. 이 과정을 넘기면 아이들이 자신감을 얻고, 인내와 끈기도 배우는 일석이조의 효과가 있다.

키 크는 데 도움이 되는 운동으로는 농구와 배구가 있다. 성장 판을 자극하는 운동이다. 승호는 아침마다 기지개를 심하게 하는 버릇이 있었는데, 그것도 키 크는 데 중요한 작용을 한다. 반면 관절에 무리한 힘을 주는 운동은 성장에 방해가 된다. 단거리를 심하게 뛰거나 마라톤을 장시간 하는 것은 관절에 무리를 준다. 성장기에는 달리기를 적당히 하는 것이 좋다. 씨름, 역도, 레슬링, 유도 등도 키를 크게 하는 데는 좋지 않으므로 성장기 이후에 하는 것이 좋다.

키 크는 잠 습관과 생활 습관

요즘 젊은 부부들이 밤늦은 시간에 자녀를 데리고 대형 할인마트에서 장을 보는 장면을 자주 목격하는데, 부득이한 사정으로 어쩌다 한번이면 몰라도 습관적으로 그래선 안 된다고 부모에게 말해 주고 싶다. 어린이가 가장 늦게까지 잠들지 않는 나라를 조사한 적이 있는데, 그때 우리나라가 1, 2위를 기록했었다.

사춘기가 되기 전의 자녀들을 정말 일찍 재워야 한다. 성장 호르몬이 나오는 시간은 밤 12시 무렵부터 2시 사이고, 성장 호르몬은 잠든 후 약 2시간이 지나야 분비된다. 그러니 반드시 10시 정도에는 잠자리에 들어서 숙면을 취해야 키가 잘 자란다. 잠자리에 늦게 드는 가정환경은 키 작은 아이로 자라게 하는 요인이 된다. 밤늦게까지 텔레비전을 시청하고 컴퓨터게임을 하는 것도 금물이다. 숙면에 방해가 될 뿐 아니라 자세도 나빠지고 성장도 저해하고 공부할 시기에 공부에 집중하지 못하는 생활 습관이 몸에 배기 때문이다.

스트레스도 아이의 성장을 방해하는 중요한 요인이므로 정서적 안정감과 사랑과 평안을 충분히 느끼게 하는 일도 아주 중요하다. 행복한 가정이란 가족들이 정서적으로 쉼을 얻고, 보호를 받으며, 스트레스를 극복할 새로운 힘을 공급받을 수 있는 가정을 말한다. 아이 앞에서 부부가 자주 다투는 것, 너무 늦게까지 잠을 자지 않는 것, 좋지 않은 식습관은 스트레스의 근원이 되기도 한다.

하나님은 어린아이가 제때 먹고, 제때 놀고, 제때 자야 잘 자라도록 우리 몸을 창조하셨다. 공부가 되었든, 다른 특기가 되었든, 몸이 건강해야 집중하며 성취할 수 있다. 신앙생활도 마찬가지다. 몸이 건강해야 영도 건강하게 성장할 수 있다.

꼭 외워야 할 말씀

어려서 좋은 길을 가르치라

이스라엘아 들으라 우리 하나님 여호와는 오직 유일한 여호와이시니 너는 마음을 다하고 뜻을 다하고 힘을 다하여 네 하나님 여호와를 사랑하라 오늘 내가 네게 명하는 이 말씀을 너는 마음에 새기고 네 자녀에게 부지런히 가르치며 집에 앉았을 때에든지 길을 갈 때에든지 누워 있을 때에든지 일어날 때에든지 이 말씀을 강론할 것이며 너는 또 그것을 네 손목에 매어 기호를 삼으며 네 미간에 붙여 표로 삼고 또 네 집 문설주와 바깥 문에 기록할지니라 신명기 6:4-9

마땅히 행할 길을 아이에게 가르치라 그리하면 늙어도 그것을 떠나지 아니하리라 잠언 22:6

예수께서 대답하시되 첫째는 이것이니 이스라엘아 들으라 주 곧 우리 하나님은 유일한 주시라 네 마음을 다하고 목숨을 다하고 뜻을 다하고 힘을 다하여 주 너의 하나님을 사랑하라 하신 것이요 둘째는 이것이니 네 이웃을 네 자신과 같이 사랑하라 하신 것이라 이보다 더 큰 계명이 없느니라 마가복음 12:29-31

네 모든 자녀는 여호와의 교훈을 받을 것이니 네 자녀에게는 큰 평안이 있을 것이며 이사야 54:13

예수는 지혜와 키가 자라 가며 하나님과 사람에게 더욱 사랑스러워 가시더라 누가복음 2:52

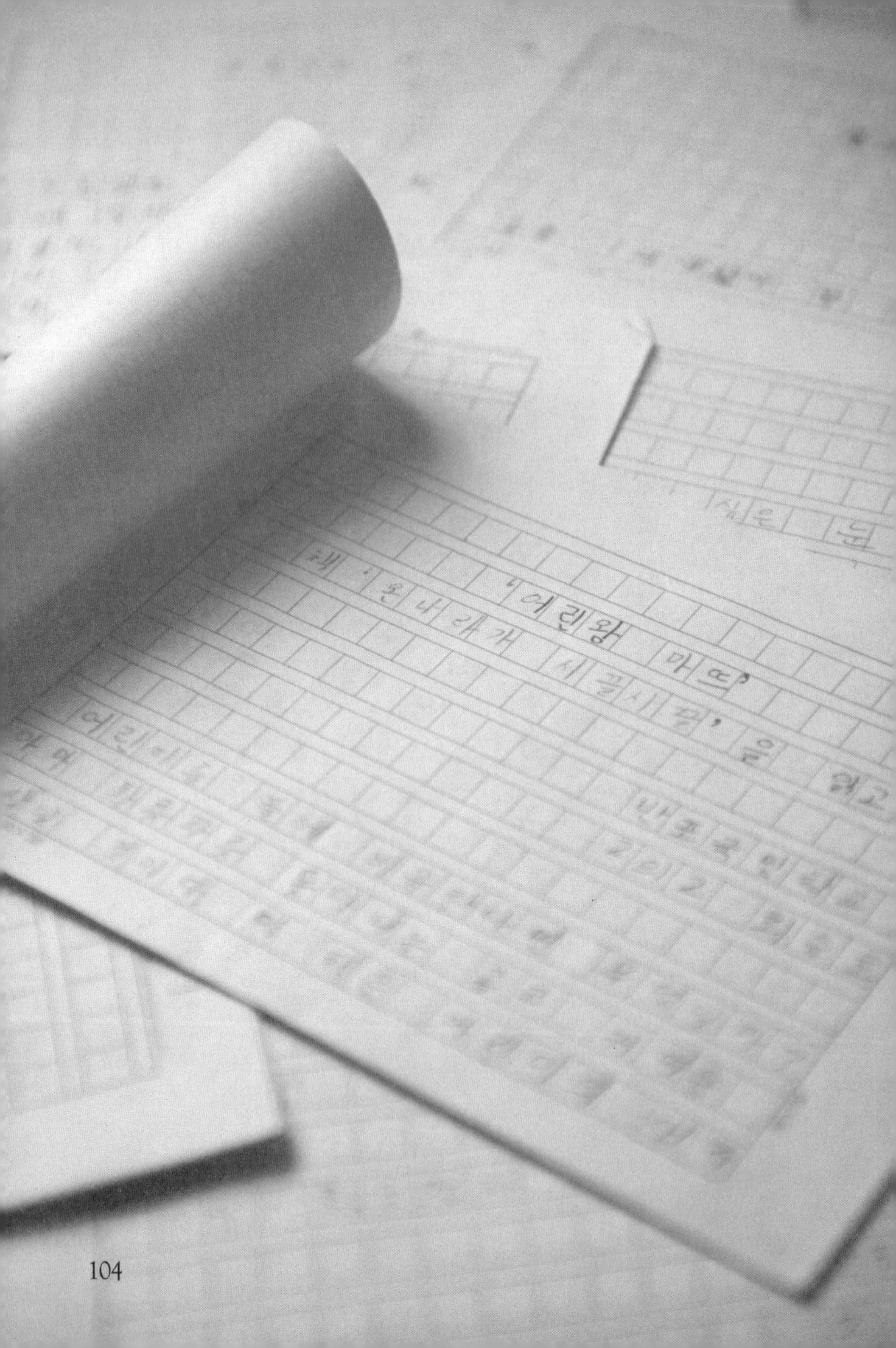

7. 부모 사명을 선언하라

보라 자식들은 여호와의 기업이요 태의 열매는 그의 상급이로다 시편 127:3

그의 부모가 해마다 유월절이 되면 예루살렘으로 가더니 누가복음 2:41

믿음으로 모세가 났을 때에 그 부모가 아름다운 아이임을 보고 석 달 동안 숨겨 왕의 명령을 무서워하지 아니하였으며 히브리서 11:23

이는 저희로 후대 곧 후생 자손에게 이를 알게 하고 그들은 일어나 그 자손에게 일러서 저희로 그 소망을 하나님께 두며 하나님의 행사를 잊지 아니하고 오직 그 계명을 지켜서 그 열조 곧 완고하고 패역하며 그 마음이 정직하지 못하며 그 심령은 하나님께 충성치 아니한 세대와 같지 않게 하려 하심이로다 시편 78:6-8

자녀양육은 역사적 사명이다

나는 국민교육헌장을 외우고 자란 세대다. 그때는 학교에서 아침마다 습관처럼 국민교육헌장을 외우게 했다. 그 후로 나는 힘든 일을 할 때면 그 문장들이 떠오른다. 첫 문장에서 '민족중흥' 대신 힘든 일들을 입력하면 국민교육헌장을 다함께 외울 때 배경 음악으로 나왔던 트럼펫 소리까지 잔잔하게 다시 들려오는 것 같다. 나는 '자녀양육'의 역사적 사명을 띠고 이 땅에 태어났다! 나는 '복음 전파'의 역사적 사명을 띠고 이 땅에 태어났다! 나는 '영혼 구원'의 역사적 사명을 띠고 이 땅에 태어났다! 우리는 그리스도인 부모가 되는 역사적 사명을 띠고 이 땅에 태어났다!

나는 전업 엄마의 길을 택하면서 특정한 직장이 아닌, 내 가정에서 프로가 되기로 했다. 직장에서 프로로 일을 하고 급여를 받듯이, 하나님이 사장님이신 내 가정에서 수라간 나인부터 왕비까지 담당하는 멀티 플레이어가 되기로 했다. 아이가 약해서 두렵고 힘들었지만, 하나님을 배워 가는 엄마가 된 일이 그렇게 좋을 수가 없었다. 집으로 출근하는 프로 엄마, 하나님이 임명해 주신 프로 엄마가 된 나는 지금까지도 나를 아마추어 엄마라고 생각해 본 적이 없다. '엄마'라는 이름을 나에게 주신 분이 하나님이시기 때문이다.

그러면 대부분의 여성들은 말한다. "돈 때문에 그렇죠. 저도 집에서 살림만 하는 게 좋아요!" 직장을 그만둘 때 나는 수입이 없어지는 것을 염려하지 않았다. 큰 부자가 될 욕심도 없고, 십일조의 축복을 체험한 사람이라 먹고 사는 일에 그다지 두려움도 없었기 때문이다. 나의 경제관은 한마디로, '너무 가난해서 주변 사람들에게 부담을 주지 않을 정도면 족하다.'였다. 부부가 함께 돈을 버는 것도 중요하지만 한 사람의 수입만으로도 돈은 언제나 쓰기 나름이다. 감사하고 자족하는 사람에게는 부족할 게 없다. 나는 돈을 버는 대신 오히려 시간을 벌겠다고 생각했다. 내 재산은 시간이니까 자녀양육을 돈으로 해결하기보다 자급자족하기로 했다. 사실 어린아이에게는 물질보다 부모와 함께하는 시간의 양과 질이 중요하다.

세상은 말한다. 자기를 희생하는 '엄마'라는 역할은 부질없으니, 경제적 능력과 사회적 지위만 있으면 피하라고 말이다. 인기 드라마나 잘나가는 소설과 영화도 '엄마'를 멋있게 보여 주는 일이 거의 없다. 이혼한 엄마를 더 예쁘게 표현하면서, 이혼한 후에 실제로 겪는 후회나 고통을 별로 드러내지 않는다. '엄마'보다는 미혼 여성을 더 능력 있고 행복하게 묘사한다. 가장 멋진 여주인공은 대부분 미혼이거나 이혼한 전문직 여성이다. 그리고 부스스한 파마머리에 남루한 옷을 입고 삶에 지쳐 악다구니하는 품위 없는 모습으로 보통 엄마를 그린다. 의미 있는 삶을 사는 프로 엄마가 현실에 존재하지 않는다는 거짓 메시지를 자꾸 보낸다.

여성으로서 차별과 멸시를 받았던 우리의 엄마들은 갖은 고생을 하며 잘 키운 딸들에게 "너는 나처럼 살지 말라."고 가르쳤다. 가족에게 얽매여 밥하고 빨래하고 아이 낳고 남편만 바라보는 삶은 무의미하니, 손끝에 물도 대지 말라고 무언의 유언을 전했다. 고생하던 엄마를 보고 자란 나 역시, 그리스도인이 되지 않았더라면 '엄마'라는 이름을 여성의 역할 중에서 가장 짐스럽게 생각했을 것이다.

그러나 하나님을 믿게 되면서 나는 '엄마'라는 말에 담긴 축복의 비밀들을 깨닫게 되었다. 성경을 통해 배운 진리는 내가 '엄마' 되었음이 큰 축복이라는 것이다. 자녀가 내 뜻대로 되지 않고, 일상이 화려하지 않더라도, '엄마'라는 사명은 가슴 뛰는 일임을 알았다. '엄마'라는 이름으로 하는 사랑의 수고는 결코 하찮거나 볼품없는 것이 아니다.

지금 이 땅의 많은 엄마들이 가슴이 뛰지 않는 이유는 자녀가 너무 건강하고, 너무 안전하고, 너무 평범하게 잘 지내기 때문은 아닌지 조심스레 질문해 본다. 어쩌면 그 반대로, 삶의 무게가 너무 무거워서 감당하기에 너무 고통스럽기 때문일지도 모른다. 이 땅의 엄마들이 무기력하고 초라해지는 이유는 바삐 돌아가는 세상 문화가 '엄마'라는 이름을 왜곡시켰기 때문이다.

그러나 하나님이 가장 믿을 만해서 내 아이의 생명을 맡겨 주신 사람이 바로 엄마다. 엄마가 정년도 없이 그 누구에게도 월급을 받지 않는 건 '엄마'의 가치가 너무 귀해서 세상의 월급으로는 환산을 할 수 없기 때문이다. 엄마는 생명을 유업으로 받을 자를 양육하는 귀한 일을 하는 전문직 여성이다.

21세기에는 우리 자녀들이 하나님의 부르심에 귀를 열고 응답할 수 있는 신앙인격으로 성장하면서 쓰임 받을 차례다. 그런 아이들을 양육하는 가슴 뛰는 일을 이미 시작한 사람들이 바로 부모다. 부모의 역사적 사명은 바로 자녀양육이다. 자녀를 선물로 받은 부모는 하나님이 주시는 상급을 받게 될 소중한 사명자들이다.

배우고 실천하는 프로 엄마가 되라

하나님은 자녀양육을 위해 기도로 구하는 내게 때마다 귀한 선생님을 주셨다. 최초로 만나게 해 주신 분은 한신교회의 고(故) 이중표 목사님이시다. 나는 1980년부터, 그러니까 세상에서 성공이 컸던 만큼 실패도 컸던 친정아버지가 돌아가시기 직전 예수님을 영접하시는 것을 보고 아버지의 장례식 직후부터 한신교회를 출석하게 되었다. 나의 영적 아버지와 같은 이중표 목사님은 날마다 예수님처럼 살아야 할 것을 강조하셨다. 나는 그분을 통해 뿌리 깊은 신앙을 배울 수 있었다. 그 후 남편과 결혼해서 함께 한신교회를 섬겼고, 남편이 목사님으로 부르심을 받기 전까지 17년 동안 매주일 설교 말씀을 들은 대로 따르려고 고생도 많이 했다. 지금은 남편이 목사님이니, 남편의 설교 말씀을 매주일 듣고 회개하며 힘써 지켜 행하느라 고군분투 중이다.

하나님은 모든 성도들에게 매주일 목사님을 통해 말씀해 주시고, 약속하신 축복과 징계를 잊지 않게 도와주신다. 부모는 목사님을 통해 배우고 그대로 실천하려고 애써야 할 것이다. 그러나 세상의 자녀양육법은 그리스도인 부모에게조차 매력적으로 보인다. 나는 지난 21년 동안 세상의 방법과 하나님의 방법이 충돌할 때마다 늘 고민했다. 그러나 하나님이 참견하시니 말씀 속에서 내 죄가 보였고, 고집을 버리니 회개할 수 있었다.

예수님을 영접하고 하나님의 뜻을 조금씩 알아듣고 실천하게 되면서, 내 인생엔 많은 변화가 시작되었다. "그의 나라와 그의 의를 구하라 그리하면 이 모든 것을 너희에게 더하시리라"(마태복음 6:33). 우리 부부가 하나님의 나라와 의를 구하자, 하나님은 우리 가정과 자녀에게 이루 다 헤아리기가 어려울 정도로 많은 축복과 선물을 주셨다. 나는 하나님이 너무 좋다.

그 후 나를 결정적으로 변하게 도와준 또 한 분은 이기복 선생님이다. 선생님은 '일대일 제자양육'을 통해 혼돈스러운 나의 영혼을 예수 그리스도께로 인도해 주셨다. 승호가 네 살이던 1989년에 처음 만나게 되었는데, 당시 나는 교회에 열심히 다녔지만 마음속에 늘 풀지 못하는 큰 고민이 있어서 몇 년 동안 이런 기도를 했다.

"하나님, 저는 신앙생활을 어떻게 해야 하는지 갈수록 모르겠습니다. 성경의 인물들은 모두 다른 나라 사람들이고, 대부분 남자들이고, 문화나 배경도 다른 사람들입니다. 저는 교회 생활과 일상생활이 분리된 것 같아서 힘이 듭니다. 이제 교회 생활에는 익숙해졌지만, 일상생활에서 어떻게 하는 것이 하나님을 잘 믿는 것인지 점점 더 혼란스럽습니다. 교회를 열심히 다니다가도 어떻게 믿는 것이 잘 믿는 것인지 너무 막연합니다. 도와주세요. 너무 힘이 듭니다."

사실 그건 기도라기보다 불평이었다. 나는 막막했다. 가까운 곳에 나와 성향도 비슷하고 하나님을 잘 믿는 사람이 있으면 좋겠다고 생각했다. 보고 배울 수 있게 나를 인도해 주시지 않으면, 더 이상 교회 다니지 않고 그냥 혼자 성경만 읽고 기도하겠다며 하나님을 거의 협박하고 있었다.

하나님은 드디어 특별한 만남을 계획해 주셨다. 이기복 선생님의 시누이가 내 친구인데, 그 친구를 우연히 만나게 된 것이다. 반갑게 서로 인사를 나누자마자 갑자기 친구가 이런 제안을 했다.

"우리 새언니가 성경공부를 인도하는데, 너도 와서 꼭 배워라. 오빠네 집으로 오면 돼."

성경공부를 한다는 그 오빠네 집을 결혼 전에 가 본 적이 있는데, 내가 사는 아파트에서 겨우 두세 동 떨어진 같은 단지였다. 그 말을 듣고 자석에 끌린 듯 토요일을 기다렸다. 내 친구는 나를 인도해 놓고 외교관인 남편과 함께 일본으로 갔지만 나는 계속해서 성경공부를 했다. 처음에는 여러 명이 함께했는데, 모두 사정이 생기거나 공부가 끝나서 나중에는 나 혼자 선생님께 배우게 되었다. 당시 선생님은 불문학 교수였으며, 아직 가정 사역자로서 활동하시기 전이었다.

성경공부를 거듭하면서 선생님도 나처럼 8남매가 시댁인 사실을 알게 되었는데, 그것이 너무 마음에 들었다. 하나님이 내 마음을 열어 주셨던 것이다. 선생님은 8남매인 시댁의 맏며느리고, 나는 셋째 며느리인 것만 달랐다. 성경공부를 해 나갈수록 선생님이 영적 어머니이자 언니처럼 느껴졌다.

육신의 어머니께 육의 생명을 받았다면, 영적 어머니께는 니고데모처럼 거듭나는 체험을 얻었다. 그리스도인 여성으로서 살아가는 지혜도 얻었다. 성경을 통해 성경적 자녀양육, 부부 생활, 가족 관계, 인간관계, 은혜를 배웠다. 영적으로는 젖먹이 수준도 안 되면서도 비판적·부정적 사고방식과 교만함으로 꼬여 있던 나는, 옛사람을 벗어 버리며 내 평생에 잊지 못할 귀중한 배움의 시간들을 가졌다.

하나님의 기준을 배우기로 한 나에게, 실천하고 싶어도 어떻게 해야 할지 모르던 나에게, 하나님은 풍성하게 가르쳐 주셨다. 나는 날마다 성령 충만함을 입고, 내가 해야 할 것들을 배우고 실천하고자 했다. 일상생활의 일들이 어려움에 부딪힐 때마다 말씀을 배우고 기도하는 일을 배웠다. 말씀은 내가 죄인임을 더욱 절실히 깨닫게 했고, 기도는 말씀대로 내가 죄에서 깨끗하게 됨을 체험하게 했다. 스스로 죄를 해결할 능력이 없으니 내 인생의 주인이 내가 아니라 예수 그리스도이심이 감사하고 기뻐했다.

말씀을 배우고 순종해 보지 않았으면, 구원만 겨우 받는 인생을 살 뻔했다. 예수 그리스도를 구세주로 믿고 순종한 사람들은 성경의 약속을 체험한다. 음식을 실제로 먹는 것과 지식으로만 아는 것은 천지 차이다. 맛있고 몸에 좋은 음식이 무엇인지 알아야 할 뿐 아니라 그런 음식을 먹어야 한다. 영의 이치도 똑같다. 단 한 가지 말씀이라도 믿음으로 그대로 실천해 본 사람만이 말씀대로 반드시 이뤄 주시는 하나님을 체험하며 살게 된다.

아무리 좋은 말이라도 부모가 실천하지 않는 것은 자녀에게 아무 영향을 끼칠 수 없다. 아무리 힘이 들어도 열심히 배우고 배운 대로 믿고 실천하면, 상상도 못했던 결과들이 인생에서 펼쳐지게 된다. 그러나 기적은 하나님의 말씀을 믿고 실제 행동으로 따르는 사람만이 체험할 수 있다.

선생님 말씀에 순종하며 1년이 넘는 배움의 시간이 지나면서 나는 영적 어머니로서 거듭나는 배움과 실천의 길을 본격적으로 걷게 되었다. 일대일 양육자가 되어 1990년부터 지금까지 매년 최소한 1명에서 4명까지 인도하고 있다. 자격도 없고 아는 것도 없지만, 배운 대로 전하기만 하면 된다며 격려해 주신 선생님 덕분이다. 교회에서 예배드리는 것만 신앙생활이 아니다. 신앙생활은 모든 일상생활의 영역에서 성경적 기준을 배우고 행하며 사는 일이다. "영혼 없는 몸이 죽은 것같이 행함이 없는 믿음은 죽은 것이니라"(야고보서 2:26).

주교양 양육법의 일곱 번째 원리는 그리스도인 부모로서의 사명을 깨닫고 선언하는 일이다.

직장 엄마를 위한 7계명

1. 직장에 전념할 동안 육아를 전담해 줄 양육자를 정하라.

태어나서부터 최소한 세 살까지는 최초의 양육자를 유지하는 것이 자녀에게 가장 좋다. 세 살까지 할 수 없다면, 적어도 12개월에서 18개월 무렵이 될 때까지만이라도 한 사람이 책임지고 일관성 있고 안정감 있게 자녀를 돌봐주는 것이 꼭 필요하다. 아이와 산모에게 가장 안전한 양육자는 친정어머니라는 보고가 있다. 개개인의 사정과 형편에 따라 시어머니나 그 밖의 육아에 경험이 있는 사람을 정하는 것이 바람직하다.

태어나서부터 12개월이 될 때까지는 이 세상에 대해 기본적 신뢰감을 배우는 시기다. 자녀가 3세 이전에 양육자가 자주 바뀌면 어린 자녀는 이 세상이 믿을 만한 곳이 못 된다는 불신을 배우게 된다.

 양육자의 중요한 자질은 사랑이다. 아이에게 자주 말을 걸며, 아기를 달래고 품어 주며, 아이가 예측할 수 있는 태도를 취해야 한다. 양육자가 말을 걸지 않고 필요에 민감하게 반응하지 않으면 후천적으로 자폐적 상태로 어려움을 겪을 수 있음을 명심하고, 자녀에게 조금이라도 이상 증세가 보이면 잘 관찰하고 원인을 찾아 대처하는 것이 중요하다.

 아이가 말을 할 줄 알고 좀 자라났을 때, 아이의 행동과 말을 잘 살펴보면 양육자의 태도를 미루어 짐작할 수 있다. 먹이는 음식, 돌보는 태도, 말하는 습관 등을 아이가 흉내 내기 때문이다. 자녀를 공동으로 키우는 데는 세심한 배려가 필요하다. 양육자와 직장 엄마의 긴밀한 인간관계도 중요하다.

 2. 출근 전이나 퇴근 후 시간에는 육아에 집중하라.

 짧은 시간이라도 자녀양육에 집중하라. 문제는 자녀와 함께 보내는 시간의 질이다. 퇴근 후 단 10분이라도 아이에게 집중해서 말하고 눈을 맞추고 들어주자. 진심이 담긴 대화와 스킨십을 해 주며, 엄마가 출근했다가 반드시 돌아온다는 확신을 아이에게 심어 주자. 두 살 이전에 엄마에 대한 애착과 분리를 잘 형성하면, 아이는 진취적이고 용기 있고 자신의 밝은 미래를 믿는 사람으로 성장한다. 그러나 6, 7개월부터 시작되는 엄마와의 분리에 대한 불안이 지나치면 엄마에게 버림받았다는 마음이 무의식에 자라게 된다. 어린 자녀와 엄마에게는 충분한 대화가 필요한 것이다. 특히 까꿍 놀이나 숨바꼭질이 도움이 된다. 또한 노는 토요일이나 공휴일에 가정에서 자녀와 함께할 수 있는 놀이를 개발하고, 자녀가 자랄수록 독서를 가족의 습관으로 하라.

　자녀가 어릴 때는 업무 외의 인간관계나 모임을 줄이고 가정에 빨리 귀가하는 것이 도움이 된다. 원칙을 세우고 지켜 나가면, 가족들도 혼란이 없고 안정적이 된다. 나도 한때 직장 엄마였는데, 일부 직장 엄마는 집에 돌아가 가정을 돌보고 아이를 돌보는 걸 짐스럽게 생각하며 일찍 퇴근하지 않고 별로 중요하지 않은 일에 시간을 쓰는 것을 자주 보았다. 마음으로는 자녀를 사랑하지만, 막상 시간과 노력을 내기 힘들어하는 것이 현대 부모들인 것 같다. 자녀들이 바라는 것은 엄마의 많은 수입으로 가정의 경제가 더 나아지는 것이 아니라, 엄마 그 자체다. 엄마의 마음속에 무엇이 가장 최우선인지 늘 확인하고 싶어 한다. 자녀는 엄마 마음속에서 0순위가 되고 싶어 한다.

　3. 직장이 아무리 중요해도 가정보다 더 소중히 여기면 가족 중 누군가가 불행해진다.

　직장을 가정보다 우선순위에 두는 일은 남편도 아내도 모두 극복해야 할 일이다. 우선순위가 바뀌면 반드시 대가를 치르게 된다. 직장에서 성공하는 것도 가정이 화목해야 의미가 있다. 미국의 초기 이민 가정에서 자녀의 공부방을 마련해 주고 더 좋은 학교에 보내려고 부부가 열심히 돈만 벌다가, 막상 넓은 집을 사고 보니 자녀는 가출하고 부부 관계는 흔들리고 몸은 병들고 평생 갚아야 할 부채를 지닌 넓은 집만 덩그맣게 남게 되었다는 슬픈 이야기는, 한국에서도 볼 수 있는 이웃들의 모습이다.

　가정생활에서 부부 문제, 자녀 문제로 생긴 갈등이나 문제점을 오래 방치하면 큰 해가 된다. 인생의 긴 여정을 생각하면, 결국에 남는 것은 가족이다. 자신의 성공을 지나치게 추구하면, 신앙생활을 할 시간도 없고 가족에게 내 줄 시간도 없다. 인생은 적절한 균형이 매우 중요하다.

4. 시간이 없다는 피해 의식을 버려라.

직장 엄마는 자신이 자녀를 잘 돌볼 시간이 없기 때문에 피해 의식에 젖기 쉽다. 그러나 전업 엄마처럼 24시간 자녀와 함께 있다고 무조건 자녀가 잘 자라는 것은 아니다. 전업 엄마라도 짜증을 자주 부리면서 아이를 힘겹게 하거나 나쁜 습관만 보여 준다면 오히려 다른 일관성 있는 양육자가 보살피는 것보다 자녀의 인격과 습관 형성에 어려움을 준다. 양육자가 육아에 관해 전문적 지식과 사랑이 있으면, 초보 엄마인 전업 엄마보다 오히려 더 잘 키울 수도 있다. 먼저 초조함이나 죄의식이나 피해 의식을 버리고, 자신의 상황에서 장점을 살리고 단점을 최대한 극복하는 것이 관건이다.

특히 학령기 자녀를 둔 경우에는 전업 엄마인 학부모를 친구로 삼는 것이 유익하다. 나도 전업 엄마로서 직장에 다니는 엄마와 친하게 지내면서 방과 후에 수학도 가르쳐 주고, 간식도 챙겨 먹인 경험이 있다. 직장 엄마이든 전업 엄마이든 다 사람 나름이다. 자신이 친절한 사람이 되면, 주변에 친절한 사람이 붙게 되어 있다. 시간이 부족해도 친절은 얼마든지 베풀 수 있다. 먼저 다가가면 좋은 사람들을 만나게 될 것이다. 담임선생님께 사정을 말씀드리고 자신의 아이와 잘 맞는 다른 자녀의 엄마를 소개받는 것도 한 방법이다.

자녀양육에 관한 정보는 비록 인맥이 부족해도 신문이나 인터넷이나 자녀양육서를 통해서 얻을 수 있다. 전업 엄마들이라고 해서 더 많은 정보를 갖고 있는 것은 아니다. 일부 매스컴에서 지나치게 선정적으로 부각시켜서 그렇지, 전업 엄마가 직장 엄마를 따돌리고 아이들의 교육 정보를 독식하는 일은 없다. 나는 오히려 직장 엄마에게 도움을 받은 일도 많다. 사실 학부모들이 비밀처럼 유지하려는 정보라고 해 봐야 유명 학원이나 과외 교사를 아는 정도인데, 아무리 유명해도 내 자녀에게 맞지 않으면 아무 소용이 없다. 차라리 마음의 여유를 갖고 자녀의 특성을 파악하면서 직장 엄마가 가진 장점을 활용해 보자.

5. 직장 엄마의 강점을 살려라.

모든 일에는 음지와 양지가 있고, 강점과 단점이 있게 마련이다. 직장 엄마의 장점을 최대한 살려라. 자녀에게 엄마가 어떤 일을 하는지 보여 주는 것도 한 방법이다. 자녀에게 직장에서 일하는 엄마를 자랑스럽게 여기도록 자부심을 심어 주어라. 아이가 자라면 오히려 늘 집에만 있는 엄마를 부담스러워하는 시기가 온다.

내 아들 승호가 초등학교 3학년 때 내게 이렇게 물었다.

"엄마는 제가 학교 가면 집에서 뭐하고 지내시나요?"

그때 나도 살짝 마음이 꼬여서 대답했다.

"논다. 이놈아!"

이렇게 윽박지르다 화가 난 적이 있었다. 전업 엄마로서 프로를 선언했지만, 이런 상황에서 자부심을 발휘하기가 어려운 게 전업 엄마다. 반대로 초등학교 2~3학년만 돼도 자녀는 자기 엄마가 직장에서 일하는 모습에 대단한 자부심을 갖는다. 이 시기를 최대한 강점으로 활용하라.

"엄마는 학교 다닐 때 꿈이 뭐였어요?" 하고 묻는 아이 때문에 대학 시절 우등생이었던 엄마가 가슴이 답답해졌다는 이야기를 들었다. 직장 엄마는 엄마가 눈에 보이는 직업을 통해 꿈을 이룬 것을 자녀에게 직접 보여 줄 수 있는 장점이 있다. 직업을 가진 엄마는 아이에게 꿈을 심어 주기도 좋고, 능력 있는 엄마로 보이는 장점이 있다. 그러나 자녀양육을 돈으로 해결하려는 유혹을 물리쳐야 한다.

6. 자녀양육을 돈으로 해결하려는 유혹에서 벗어나라.

직장 엄마는 시간이 절대 부족하니 돈이나 선물로 자녀에게 보상하려는 유혹이 만만치 않다. 그러나 자녀를 돈과 물질로 보상하기 시작하면 자녀의 인격이 올바로 자라기 어렵다. 적절한 선물은 필요하지만, 모든 일을 돈으로 쉽게 해결하면 큰일 난다.

부부가 함께 사업을 하는데, 자녀들이 언제든 수시로 꺼내 쓸 수 있는 용돈 바구니가 있는 집의 이야기가 텔레비전에 방영된 일이 있다. 엄마의 빈자리를 돈으로 채우다 발생한 전형적 사례였다. 중학생 언니가 초등학생 동생을 데리고 백화점에 가서 자기들끼리 비싼 옷을 사고, 비싼 장난감과 문구류를 거침없이 사는 게 문제가 돼서 전문가의 진단과 충고를 받았다.

자녀를 돌볼 시간을 물질과 바꿔서는 안 된다. 아무리 안쓰러워도 적절한 용돈에서 그치고 필요한 물건은 계획을 세워 휴일이나 퇴근 후에 부모가 구입하는 게 좋다. 당장 눈앞의 일들을 쉽게 해결하면, 나중에 화근이 되는 게 자녀양육이다.

7. 주위에서 자녀를 잘 키우고 있는 직장 엄마들에게 배워라.

두세 사람만 모여도 그중 나의 스승이 한 사람은 있게 마련이다. 진심으로 마음을 열면 타인의 장점이 보인다. 특히 나보다 연배가 많은 선배나 가족 중에는 질문만 하면 언제든지 잘 가르쳐 주는 사람들이 있다.

우리 주변에는 배울 수 있는 좋은 분들이 많다. 단점이 보이면 반면교사로서, 장점이 보이면 적극적으로 따라 해 보면서 자녀를 잘 키우는 비결을 얻을 수 있다.

요즘은 텔레비전에서 자녀양육에 실제적 도움이 되는 프로와 강의를 방영한다. 뿐만 아니라 인터넷으로도 좋은 강의를 들을 수 있고, 자녀양육서들도 많이 출판되는 중이다. 마음을 열고 배우려는 열의만 있으면 직장 안에서도 얼마든지 좋은 가르침을 줄 믿음의 선배들이 있을 것이다. 찾아도 없으면, 본인이 후배 직장 엄마들에게 좋은 본이 될 수 있는 길을 개척하라. 남을 가르치다 보면 내 실력이 더 는다. 배워서 남 주면 나의 지식은 더 늘어난다.

내가 초보 엄마로서 그리스도인의 자녀양육에 관해 배우려는 열의를 갖자마자, 하나님은 나에게 배울 수 있는 여러 통로를 지금까지도 열어 주신다. 때로는 책 한 권으로, 때로는 우연히 보게 된 방송 한 장면으로, 때로는 선배 엄마들에게 많은 것을 배울 수 있었다. 그중 가장 든든한 후원자와 교사로서 친정어머니와 시어머니가 있다는 사실도 잊지 말자.

전업 엄마를 위한 7계명

1. 위축된 자아상에 속지 말라.

자아 정체감의 위축은 전업 엄마가 자주 부딪치는 숙제다. 전적으로 가정만을 돌보다 보면 요즘처럼 슈퍼우먼, 원더우먼들이 많은 세상에서 나 혼자 뒤처진 느낌이 들 수 있다. 정말 똑똑하고 유능한 사람들이 얼마나 많은 세상인지 모른다. 그러나 이것도 다시 한 번 곰곰이 생각해 보면 실체와는 다른 허상이 존재한다. 허상을 바라보느라 열등감에 빠져서 우울감이 지속되면 자녀에게도 본인에게도 해롭다.

직장 엄마들도 얼마나 많은 갈등이 있는지 모른다. 늦은 밤 어린 자녀를 찾아오느라 파김치가 된 몸을 이끌고 친정으로 시댁으로 동분서주하는 엄마들을 생각해 보라. 보육 시설이 턱없이 부족한 이 나라에서 직장 엄마들의 고충은 당사자가 아니면 헤아리기 어려울 정도다. 우리나라의 급격한 출산율 저하에는 여러 가지 이유가 있겠지만, 아기도 엄마도 지치고 힘든 자녀양육 과정이 출산 기피 현상의 주범일 것이다.

바삐 돌아가는 세상에서 아이만 키우고 집안 살림만 하다 보면 내가 누구인지 알 수 없는 상실감과 외로움에 빠져 우울해질 수 있다. 그러나 아이 키우는 일만 해도 얼마나 고도의 전문성을 필요로 하는지 모른다. 배우지 않으면 할 수 없는 일이다. 누가 인정해 주든 인정해 주지 않든 자녀양육의 가치를 소중히 알고 묵묵하고 성실하게 임할 때, 때가 되면 아름다운 열매들이 맺힌다. 자녀양육은 희생과 손해가 아니라 내 부모에게 진 사랑의 빚을 내 자녀에게 갚는 일이다. 인류는 그렇게 지금까지 이어져 왔다. 부모의 희생이 있기에 자녀가 있고, 또 그 자녀 역시 부모가 되는 것은 역사의 릴레이다.

또한 부모에게 빚진 마음보다 더 중요한 원동력이 있다. 자녀와 함께 새롭게 배우고 성장해 가는 과정 자체를 즐기는 삶이다. 나는 이 중요한 가치 때문에 잡지사 기자 일을 중단했지만, 지금까지 두고두고 잘한 일이라고 생각한다. 만일 내가 직장일 때문에 아이가 자라 가는 모든 순간들을 볼 수 없었더라면, 많은 행복의 순간과 신앙 성숙의 기회를 잃어버렸을 것이다.

전업 엄마는 무능해서 전업 엄마가 된 것이 아니다. 전업 엄마는 직장과 가정 두 가지를 다 하는 것보다는 가정에 전념하는 것이 적성에 맞는 성향의 사람인 것이다. 설령 임신과 출산 때문에 할 수 없이 직장을 중단하고 전업 엄마가 되었더라도, 전업 엄마가 된 사실에 감사하라. 전업 엄마의 장점이 보이기 시작할 것이다. 전업 엄마들이 자신의 존재감에 의미를 찾지 못하면 가정이 자꾸만 흔들린다.

2. 자신이 선택한 일이면 뒤를 돌아보지 말라.

전업 엄마는 직장 엄마들이 돈을 버는 동안 시간을 벌기로 택한 사람들이다. 내가 선택한 길이 직장 엄마이든 전업 엄마이든 우리에게 허락하신 집을 집구석으로 만드느냐, 가정 천국으로 만드느냐는 거의 많은 부분이 엄마의 손에 달려 있다. 어려운 일이 생길 때마다 후회하거나 뒤돌아보지 말자. 전업 엄마인 당신은 이미 탁월한 선택을 한 것이다. 하나님은 여자를 창조하실 때 남자보다는 더 많이 돕는 능력을 주셨다. 도움을 줄 수 있는 사람은 도움을 받는 사람보다 더 넓고 큰 그릇이어야 함은 당연하다. 가정을 엄마의 가슴에 품으면, 남편도 자녀도 엄마도 모두 생명의 법칙으로 살 길이 열린다. 아내가 되고 엄마가 되는 순간 하나님은 남편을 돕고 자녀를 돕는 능력도 함께 선물로 주신다.

그런 의미에서 전업 엄마를 택한 당신은 직장 엄마까지도 도울 수 있는 넓은 그릇인 것이다. 자기 가족을 뛰어넘어 이웃에게까지 베푸는 자의 삶을 살 수 있는 자리가 전업 엄마다. 실제로 우리 주변에는 전업 엄마의 길을 가면서 소외된 이웃과 아픈 이웃들을 품고 도와 사랑을 유통시키는 분들이 이곳저곳에 숨어 있다.

3. 자기 계발을 게을리 하지 말라.

자녀 때문에 내가 희생된다는 피해 의식에 사로잡히지 말고, 자녀와 함께 성장하는 것을 즐겨라. 전업 엄마의 강점은 자녀와 누릴 수 있는 시간이 많다는 것이다. 나는 실제로 직장 엄마에서 전업 엄마를 자발적으로 택한 사람이다. 책에서 이미 밝혔듯이 처음에는 너무 자주 아픈 미숙아 자녀 때문에 직장을 그만두고 육아에 전념했다. 내가 발견한 엄마로서의 자아상은 직장인처럼 프로 엄마가 되기로 한 결단이었다. 돈 대신 시간을 벌기로 작정하면, 우리들 인생에는 보물들이 여기저기 숨어 있는 것이 보인다.

자의에 의해서건 타의에 의해서건, 자신이 선택한 길이 전업 엄마라면 이제부터는 시테크에 큰 관심을 갖고 자기 계발을 실천해야 한다. 자녀가 배움의 길을 시작할 때 함께 독서하며 배워라. 한문을 가르칠 때는 엄마도 한문을 배우고, 영어를 가르칠 때면 엄마도 영어를 다시 시작하라. 엄마가 독서를 하면 아이들은 자연스럽게 책을 좋아하는 자녀로 자란다.

나는 왕초보 그리스도인이었기 때문에, 어린아이의 신앙 수준과 내 수준이 딱

맞았다. 아이와 함께 어린이 성경을 읽는 게 성경 자체를 읽는 것보다 훨씬 쉽고 재밌었다. 찬송가를 배우고, 말씀을 암송하고, 기도를 하고, 어린이 전도를 하고, 《예수님이 좋아요》로 어린이용 큐티를 하고, 《새벽나라》로 사춘기를 함께 지내면서 나도 영적으로 성장해 왔다.

4. 프로 엄마로서의 전문성을 갖춰라.

자녀를 돌보는 중에 매일 한두 시간만이라도 자신만을 위한 시간을 가져라. 아이가 어릴 때는 힘들지만, 유치원만 가도 자신을 위해 매일 쓸 수 있는 뭉텅이 시간이 생기기 시작한다. 그동안 학교 다니느라 직장 다니느라 바빠서 못해 봤던 취미나 공부나 운동을 시작하라. 자녀가 다 자라고 난 뒤에 고스란히 엄마의 실력으로 남아 있을 것이다. 나는 자녀와 함께 공부를 하다 보니, 아이가 초등학생 때는 초등학생 실력이 되고, 아이가 중학생이 되면 중학생 실력을 갖추려고 애썼다. 결국 아이가 대학에 들어가서 얼마 뒤에 나도 대학원에 진학해서 공부했다. 아이와 함께 독서하고 생각하고 성경공부하면서 책을 손에서 놓지 않다가 누리게 된 행복이다. 자녀가 자라 가면서 빈둥지증후군에 시달리며 공허해 하지 말고, 자기만을 위한 시간에 자기 계발과 남을 위한 봉사를 하면 인생에서 더 값진 것을 수확할 수 있다.

전업 엄마는 가정을 직장으로 삼은 프로 엄마다. 프로 엄마로서 요리를 좋아하다가 나중에 요리 선생이 된 사람들도 있다. 프로 엄마로서 자기 계발과 자녀의 계발을 동시에 이뤄 나가는 방법은 의외로 간단하다. 바로, 항상 엄마 자신의 꿈도 잃지 않는 것이다. 엄마 자신의 꿈을 잃지 않으면, 자녀도 객관적으로 볼 능력이 생긴다. 이제 시간이 없다고, 아이들 때문에 늘 지쳐 있다고 불평을 하기 전에 가정에서 자기가 좋아하는 일들을 시작해 보아라.

우선 가정에서 혼자 밥을 먹더라도 제대로 된 그릇에 잘 담아 먹는 일부터 시작하라. 커피를 마실 때도 자기가 좋아하는 예쁜 컵에 담아서 스스로를 대접해 보자. 자기가 자기를 소홀히 여기면 가족들도 소홀히 여긴다. 그러나 자신을 소중하게 여기는 엄마는 가족들도 소중하게 여긴다. 자녀도 남편도 그런 엄마를 자랑스럽게 생각한다. 전업 엄마는 자녀가 자라면서 점점 늘어나는 개인 시간을 잘 사용하면, 훨씬 더 풍요로운 인생을 누릴 수 있다. 하루에 단 한 시간만이라도 자신을 위해 시간을 내고, 한 가지 일에 집중하라. 10년, 20년이 지나면 그 시간 안에 담겨진 보물이 빛을 발할 것이다.

5. 과잉보호나 지나친 잔소리를 멈춰라.

과잉보호 문제는 특별히 전업 엄마의 문제만은 아니다. 그러나 양적으로 시간이 많이 있는 전업 엄마는 직장 엄마보다 아이를 과잉보호할 확률이 매우 높아진다. 특히 엄마 본인이 과잉보호를 받고 자랐다면, 자녀도 과잉보호하기 쉽다.

과잉보호를 받고 자라는 아이들은 대부분 자신감이 결여되고 실수를 두려워하고 열등감과 분노가 쌓이게 된다. 자녀의 입장에서 본다면, 부모가 자신을 신뢰하지 못하는 게 과잉보호이기 때문이다. 심지어 중년의 부부들 중에서도 자신의 부모가 여전히 자신을 아이 취급하는 데 분노를 느끼는 사람들이 의외로 많다.

잔소리 또한 교육적 효과는 거의 없으면서 자녀를 힘겹게 하는 요소다. 전업 엄마를 하다 보면 남편도 자녀 취급을 하며 남편에게 잔소리를 한다든지, 자녀에게도 사사건건 잔소리하는 엄마가 될 수 있다. 말하기 전에 생각하고, 말하기 전에 기도하는 습관을 들여서 과잉보호와 잔소리의 습관에서 벗어나면, 가정에서 가족들이 진정한 휴식을 체험할 것이다. 물론 과잉보호와 잔소리를 멈추고 나면, 가장 편안해지는 사람은 엄마 본인이다.

6. 무기력 부모 증후군(helpless parent syndrome)에서 벗어나라.

현대의 핵가족에서 자녀를 양육하다 보면 10대 자녀의 혼란 앞에서 부모로서의 무기력증을 경험하기 쉽다. 그동안 아이 하나만을 바라보고 나름대로 최선을 다했는데도 자녀에게 문제가 생기면 젊은 부모들은 더욱 당황하게 된다. 삐딱선을 타기 시작하고 제멋대로 하기 시작하는 자녀들을 통제할 힘이 없는 것이다. 특히 전업 엄마들이 뜻대로 자라지 않는 자녀를 대할 때, "내가 어떻게 너를 키웠는데…." 식의 분노를 드러내다가 지치면서 무기력감에 빠져 자신의 인생 자체에 회의를 느끼기 쉽다.

그러나 자신의 감정에 속지 말라. 10대 자녀는 유사 이래 모든 부모들의 골칫거리였다. 우리들도 부모에게 골칫거리였던 시절이 있었다. 자신이 부모를 좌절시킨 경험을 떠올려 보면, 부모로서의 좌절의 시기는 누구에게나 잠깐 지나가는 정류장임을 깨달을 것이다.

자녀 때문에 좌절을 겪을 때 건강하게 대처하는 방법을 모색하라. 주변의 선배 엄마들도 큰 도움이 되고, 섬기는 교회의 부모 교실도 도움이 될 것이다. 부모로서의 무기력감이 느껴질 때 가장 안전한 피난처는 주님이시다. 자녀의 문제를 들고 주님께 나아가면, 위기를 믿음의 기회와 전환의 기회로 변화시킬 능력을 부어 주실 것이다. 포기하지 말고 좌절하지 말고 자녀를 위해 끝까지 기도하며 기다리면, 하나님이 내 자녀를 만져 주고 고쳐 주신다.

7. 주변에서 전업 엄마로서 본이 되는 사람을 가까이하고 배워라.

나 홀로 가정이 급증하고 자녀의 수까지 현격히 줄어든 우리 사회는 대부분의 가정이 고립되어 가는 중이다. 예전처럼 가정에서 자매들끼리, 아니면 할머니나 어머니에게 그냥 배울 수 있는 환경도 사라져 간다. 요즘처럼 바쁘게 돌아가는 세상에서는 하루 종일 어린 자녀와 씨름하다 보면 전업 엄마들이 외로움에 빠지기도 쉽다. 늦게 귀가하는 남편이나 주말 부부로 지내는 남편만을 기다리다 정서적 어려움을 겪기도 한다.

그러나 내가 처한 환경을 극복하는 것은 나의 선택과 노력이다. 아기를 낳고도 미혼 시절의 생활 패턴을 버리지 못해 화를 불러일으키는 엄마들도 있는 게 현실이다. 이때는 자신의 주변에서 좋은 역할 모델이 되는 전업 엄마를 친구나 선배로 삼는 것이 도움이 된다. 아기가 걷고 놀이터를 드나들기 시작하면, 전업 엄마들도 주변에서 또래 엄마들과의 교류를 갖게 된다. 교회를 다니는 경우라면 영아반이나 유아반에서 다른 믿음의 엄마를 만나 교제하는 일이 더 자연스럽게 이뤄진다.

나는 내 아이보다 한두 살 위의 엄마들이나 내 자녀가 친구로 만나는 아이들의 엄마와 가깝게 지내는 편이었다. 주로 기도 모임을 만들거나 성경공부 모임을 만들어서 함께 배우고 자녀양육에서도 서로를 도왔던 것이 큰 도움이 되었다. 가장 큰 도움은 성숙한 그리스도인을 가까이하며, 믿음을 일상생활에서 효과적으로 적용하는 것을 함께 실천했을 때였다.

내 아들이 두세 살 무렵에 가졌던, 기억에 남는 믿음의 교제가 있다. 같은 아파트에 살던 이웃의 선배 엄마를 알게 되었는데, 우리는 매일 만나서 잠언을 함께 읽고 큐티 모임을 가졌다. 규칙적으로 만나되 한 시간을 넘지 않도록 정했으니, 서로의 생활에도 큰 지장이 없었다.

짧은 만남이라도 서로의 생활에 선물이 되는 만남을 찾아보자. 이웃과의 만남은 한계를 정하고, 시간에 절제를 갖는 것이 중요하다. 그래야 길고도 돈독한 관계를 건강하게 유지할 수 있다. 서로의 생활을 침범하지 않는 예의를 지키면서, 서로에게 힘이 되는 것을 경험할 것이다.

꼭 외워야 할 말씀

자녀양육은 역사적 사명이다
내 아들아 네 아비의 훈계를 들으며 네 어미의 법을 떠나지 말라 잠언 1:8
보라 자식들은 여호와의 기업이요 태의 열매는 그의 상급이로다 시편 127:3
보라 내가 이제 세 번째 너희에게 가기를 준비하였으나 너희에게 폐를 끼치지 아니하리라 내가 구하는 것은 너희의 재물이 아니요 오직 너희니라 어린 아이가 부모를 위하여 재물을 저축하는 것이 아니요 부모가 어린 아이를 위하여 하느니라 고린도후서 12:14
믿음으로 모세가 났을 때에 그 부모가 아름다운 아이임을 보고 석 달 동안 숨겨 왕의 명령을 무서워하지 아니하였으며 히브리서 11:23

배우고 실천하는 프로 엄마가 되라
여호와의 증거들을 지키고 전심으로 여호와를 구하는 자는 복이 있도다 시편 119:2
모든 성경은 하나님의 감동으로 된 것으로 교훈과 책망과 바르게 함과 의로 교육하기에 유익하니 디모데후서 3:16
에스라가 여호와의 율법을 연구하여 준행하며 율례와 규례를 이스라엘에게 가르치기로 결심하였었더라 에스라 7:10
너희는 내게 배우고 받고 듣고 본 바를 행하라 그리하면 평강의 하나님이 너희와 함께 계시리라 빌립보서 4:9

PART 2

엄마가 꼭 알아야 할
연령대별,
주교양 양육 노하우

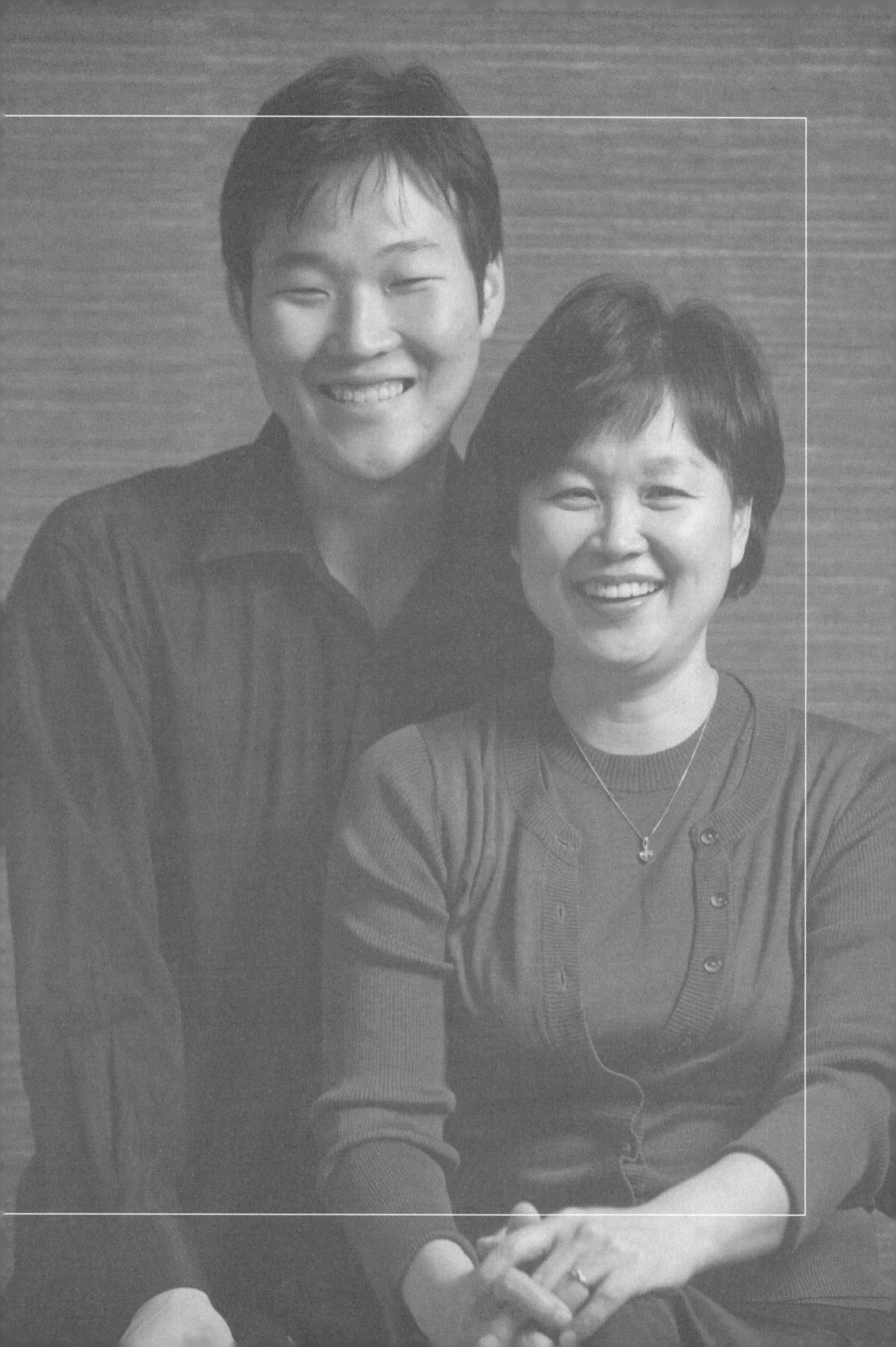

자녀의 발달 단계마다 4가지 영역으로 구분하여 주의 교양과 훈계를 나이와 수준에 맞게 인도하는 것이 '주교양 양육법' 이다. 성경에는 열두 살을 맞이한 예수님의 어린 시절에 관한 묘사가 나온다. "예수는 지혜와 키가 자라가며 하나님과 사람에게 더욱 사랑스러워 가시더라"(누가복음 2:52). 예수님의 어린 시절을 통해서 볼 수 있듯이, 자녀들이 자라 가야 할 4가지 영역은 다음과 같다.

정신적 영역 예수님이 지혜가 자라셨듯이 우리 자녀도 지혜가 자라야 한다.
육체적 영역 예수님이 키가 자라셨듯이 우리 자녀도 신체가 건강하게 자라야 한다.
영적 영역 예수님이 하나님에게 사랑스러워 가셨듯이 우리 자녀도 믿음이 자라고 영적으로 성숙하면서 하나님께 사랑스럽게 자라야 한다.
인격적 영역 예수님이 사람에게 사랑스러워 가셨듯이 우리 자녀도 인격적으로 성숙해 가는 사람으로 자라야 한다.

주교양 양육법의 원칙은 사랑이고 기준은 성경이지만, 성장하는 자녀의 나이별 특징을 배우고 이해하는 것이 좋다. 효과적 교육법은 자녀의 발달단계에 따라 다르고, 나이마다 배우고 알아듣는 수준이 다르기 때문이다.

인간에게는 인생의 초기부터 노년에 이르기까지 전 생애에 걸쳐 각 시기별로 발달 과제가 있다. 동양에서는 공자가 이미 《논어》의 〈위정편(爲政篇)〉 4장에서 인간의 발달 단계를 구분했다. "나는 15세가 되어서 학문에 뜻을 두었고, 30세가 되어서 학문의 기초를 확립했고, 40세가 되어서는 판단에 혼돈을 일으키지 않았고, 50세가 되어서는 천명을 알았고, 60세가 되어서는 귀로 들으면 그 뜻을 알았고, 70세가 되어서는 마음이 하고자 하는 것대로 하여도 법도에 벗어나지 않았다."

발달심리학자 에릭슨(Erik Erikson, 1902-1994)에 따르면 인간은 일생 동안 8단계의 발달 단계를 거치면서 '온전한 자아'를 이루어 간다. 유아기(0~1세), 걸음마기(2~3세), 학령 전기(3~6세), 학령기(6~12세, 초등학생), 청소년기(12~18세, 중·고등학생), 청년기(18~35세, 대학생 이후), 중년기(40~65세), 노년기(65세 이후). 에릭슨은 인간은 누구나 심리적·사회적 영향을 받으며, 인생의 여러 단계마다 겪는 일을 통해 긍정적으로 영향을 받기도 하고 부정적으로 영향을 받기도 하면서 성격이 형성된다고 보았다.

덴마크인이던 에릭슨의 어머니는 에릭슨이 세 살 때 유대인인 소아과 의사와 재혼했다. 에릭슨은 유대인과 구별되는 외모 때문에 유대 사회에서는 이방인 취급을, 학교에서는 유대인 취급을 받게 된다. 게다가 자신의 친아버지가 누구인지 알지 못해서 겪었던 일생 동안의 심적 고통을, 다운증후군을 가진 아들 닐을 키우면서 체험한 고통과 함께 학문적 연구로 승화시킨다. 제2차 세계대전으로 인한 사회적·역사적 변동과 본인의 문화적·인종적 정체감 혼란이 정체감 상실 위기를 연구할 수 있는 밑바탕이 되었다. 자아정체성은 '나'라는 개인이 사회의 여러 그룹에서 자기 존재를 인식해 나가는 과정이다.

성격발달이론은 1950년에 발간된 《아동기와 사회(Childhood and Society)》라는 책에서

'인간의 여덟 시기(Eight Ages of Man)'라는 제목으로 발표되었다. 그는 프로이드(Freud)와 달리 인간의 발달을 청년기에 끝나는 것으로 보지 않고 출생에서 죽음에 이르기까지 전생애에 걸쳐 변화해 가는 것으로 보았다. 이와 같은 관점에서 연구된 '한평생 발달 이론'은 그리스도인 부모의 자녀양육뿐 아니라, 부모 자신의 인격 성숙에도 많은 도움을 준다. 그의 이론을 주교양 양육법과 접목해 보면, 한 가정 안에서 성인 부모와 어린 자녀가 함께 발달해 간다는 것이 매우 큰 의미가 있다. 부모는 자녀에게, 자녀는 부모에게 서로 꼭 필요한 훈련자가 되기 때문이다. 주교양 양육법의 신앙 발달 단계는 영적 나이의 성화의 각 단계와 같다. 육적 나이는 달라도 영적 나이에 따라 자연인 → 구원의 확신 → 주교양 양육 발달 단계(성화 과정) → 죽음(영화 단계)의 과정을 똑같이 겪는다.

1단계 유아기 발달심리: 기본적 신뢰감(희망) VS 불신감(두려움)
주교양 양육의 단계: 하나님에 대한 신뢰감 갖기

이 시기에 양육을 잘 받으면, 아기는 이 세상을 안전하고 믿을 수 있는 곳이라 생각하는 기본적 신뢰감이 형성된다. 이것은 생의 의욕과 희망과 긍정적 세계관을 기르는 기초다. 그러나 아기를 부정적으로 다루거나 무관심하면 아기는 세상에 대해 불신하며 공포와 의심을 갖는다. 엄마(양육자)를 통해 기본 욕구를 일관성 있게 충족받고 안전함을 느끼고 이 세상에 대한 예측 가능함을 배우면, 하나님에 대해서도 신뢰하는 믿음을 갖기 쉽다. 그러나 이 시기에 불만족과 좌절을 많이 겪으면, 대인 관계나 하나님에 대해 의심과 불신을 갖기 쉽다.

2단계 걸음마기 발달심리: 자율성(의지적) VS 의심·수치(충동적)
주교양 양육의 단계: 하나님과 친밀해지기

　부모의 신뢰감을 얻고 자신의 욕구를 처리하는 데 필요한 자율감이 발달되면 아이는 독립하고자 한다. 신체 발달에 따라 스스로 할 수 있는 것을 허용하고 격려하면 자율성이 증진되는 시기다. 걷기, 뛰기, 물건 던지기 등의 놀이와 배변 훈련을 통해 자율적 행동의 기술을 배운다. 이것은 독립심과 존중감을 기르는 밑거름이다. 적당한 감독과 제재가 필요하지만, 지나치면 자신의 능력을 의심하고 수치심을 갖게 되어 심한 자기 회의에 빠진다.
　이 시기에는 소중한 대우를 받으면서 자신이 중요한 사람이라는 것을 인식해 간다. 유아의 의지를 모두 허용하기보다는 사회적 기대나 질서를 가르쳐야 한다. 이 시기부터 짧은 기도와 성경 이야기, 찬양, 가정예배 등을 통해 부모님께 순종하며, 하나님과 친밀해지는 것을 배우기 시작한다.

3단계 학령전기 발달심리: 주도성(목적) VS 죄의식(억제, 욕심)
주교양 양육의 단계: 하나님의 사랑과 훈계 배우기

　자기의 요구에 따른 자율과 독립의 기초가 마련되면 어린이는 세계에 대해 적극적이고 능동적 신체 활동과 언어의 사용이 증가된다. 이를 자발성의 요구라고 한다. 그렇지 못하면 심한 죄책감을 갖게 된다. 질문과 탐색 활동이 잦아진다.

　상상력이 풍부해지고, 적극적으로 대인 관계를 배우고, 능동적이고 주도적인 활동을 좋아한다. 걸음마기보다 구체적인 규칙과, 부모의 사랑과 훈계로서 질서와 순종을 배워야 한다. 부모가 아이에게 공감하고 칭찬하고 사랑할 때도, 일관성 있는 훈계가 필요한 시기다. 가족과 함께 성경을 매일 읽게 하고, 성경말씀의 의미를 배우고, 실생활에서 말씀대로 사는 순종 훈련이 필요하다.

　　4단계 학령기 발달심리: 근면성(능력) VS 열등감(질투)
　　　　　주교양 양육의 단계: 성경적 가치관 세우기
　지적 호기심과 성취 동기에 의해 활동이 유발된다. 성취 기회와 성취 과업을 인정하고 격려하면 성취감이 길러진다. 그렇지 못하면 좌절감과 열등감을 갖는다. 충돌과 갈등이 있어도 적극적으로 주의 교양과 훈계를 유지해야 한다. 성경암송을 시작하는 게 좋다. 큐티를 엄마와 함께하면 논리력이 길러진다. 집중력 훈련과 근면성이 길러지고, 공부에 대한 동기부여가 필요한 시기다. 부모와 함께 배운 말씀을 그대로 적용하는 훈련을 하는 것이 중요하다. 자녀들은 부모의 신앙을 보고 배운다. 아는 것과 행하는 것의 일치를 거듭 훈련해야 하는 시기다.

　　5단계 청소년기 발달심리: 자아정체성 확립(충성심) VS 역할 혼란(거부, 거만)
　　　　　주교양 양육의 단계: 그리스도인으로 거듭나기

134

자신이 어떤 사람이 될 것인가에 대해 깊은 관심을 갖게 된다. 질풍노도의 시기를 겪는다. 끊임없는 자기 질문을 통해 자신에 대한 통찰과 자아상을 찾기 위한 노력을 하게 된다. 그 결과 얻는 것이 자아정체성(ego-identity)이다. 이것을 형성하지 못하고 방황하게 되면 역할 혼란(role confusion) 또는 자아정체성 혼미(identity diffusion)가 온다. 이는 직업 선택이나 성 역할 등에 혼란을 가져오고 인생관과 가치관의 확립에 심한 갈등을 일으킨다.

자신의 역할을 통해 자아 정체감을 갖고, 불확실한 장래 일이나 가정에 대한 고민이 많아지는 시기다. 신체적으로도 호르몬의 변화가 많은 시기이므로 자신의 성정체성을 확실히 갖게 하는 지도가 필요하다. 영적 분별력과 가치관이 형성되는 이 시기에는 부모나 선생님보다 동년배 그룹과의 관계를 매우 중시한다. 믿지 않는 친구들의 영향을 받기 쉽고, 대중문화를 통해 여러 가지 반성경적 영향을 받는다. 부모의 신앙 태도에 따라 영적 침체기에 빠지기도 쉽지만, 주의 교양과 훈계를 중시하면서 말씀과 기도로 훈련하면 하나님과 자신의 인생을 연결해서 생각하고 꿈을 갖고 노력하는 시기다.

6단계 청년기 발달심리: 친밀감(사랑) VS 고립감(배타성)
주교양 양육의 단계: 멘토와 그리스도인 부모 되기

자신의 정체성을 타인의 정체성과 연결시키고 조화시키려고 노력하게 된다. 자신의 고립을 배우자, 부모, 동료 등 사회의 여러 다른 성인들과의 친밀감으로 극복하고자 한다. 그렇지 못하면 고립된 인생을 영위하게 된다.

청년 중기가 되면 이성과의 친밀감이 결혼으로 결실을 맺는다. 배우자나 자녀를 사랑하며, 인간관계의 폭을 넓혀가기도 하지만, 자신의 직업과 경제적 능력과 여러 가지 요인에 의해 고립감에 빠지기 쉬운 시기다. 영적으로는 양육을 받기만 하는 신앙이 아니라, 성장하여 양육자의 위치에 서게 되는 시기다. 예수님의 사랑을 실천하는 삶을 사는 훈련이 필요하고, 가정에서는 부부가 서로 책임을 지고, 자녀를 일관성을 가지고 책임감 있게 돌보는 훈련이 시작된다.

7단계 중년기 발달심리: 생산성(배려, 돌봄) VS 정체(무관심, 자기 탐닉)
주교양 양육의 단계: 그리스도인으로서 영향력 끼치기

다른 성인들과 원만한 관계가 성취되면 중년기에는 자신에게 몰두하기보다 생산적 일과 자녀양육에 몰두한다. 이것이 원만하지 못하면 어릴 때와 마찬가지로 자신에게만 몰두하고 사회적·발달적 정체를 면하지 못한다.

이 시기는 인생에서 그동안 뿌려진 씨가 열매 맺는 시기다. 출산, 양육, 직업 성취, 문화 계승, 사회 봉사, 다음 세대 양성을 통해 미래로 가는 연결고리로 자신을 인식하는 시기다. 그러나 자기 탐닉에 빠진 사람은 자신의 직업과 가족 등에 관심을 쏟지 않고 무책임하며, 자기의 편안함과 쾌락만을 추구하는 경향이 있다.

가정과 교회와 사회에서 중추적 역할을 하는 시기다. 그러나 성경대로 배우고 실천하지 않으면, 자녀들이나 믿지 않는 사람에게 믿음의 악영향을 미치기 쉽다.

자녀들은 부모의 위선적 행동을 정말 싫어하고, 세상은 그리스도인을 판단하는 도덕 기준이 매우 높다. 불분명한 신앙이나 이중 기준으로 세상과 교회를 오가며 자기중심적인 잘못된 신앙을 갖기 쉽다. 부모가 인생의 사추기를 맞는 이때, 자녀의 사춘기가 맞물려 있으므로 정신적·영적인 위기가 오기 쉬운 나이다.

8단계 노년기 발달심리: 자아통합(지혜) VS 절망(우울증, 오만함)
주교양 양육의 단계: 천국 소망으로 승리하기

통합성은 인생을 그대로 인정하고 받아들여 죽음까지도 수용하는 것을 의미한다. 천국에 대한 소망과 삶의 지혜로 노년기에 자아통합을 갖는 노인은 지나온 세월에 대해 회한을 갖기보다 적극적으로 노인의 삶을 시작한다. 베푸는 삶, 더 적극적으로 믿음을 실천하는 삶을 살고자 한다. 그러나 절망이나 우울증에 빠지면, 직업에서의 역할 상실, 경제적 어려움, 건강의 불편함, 가족에서의 소외감 탓에 괴로워하며 타인을 원망하는 삶을 살기 쉽다. 직업적·영적으로 후대를 생각하고 현실을 그대로 수용하는 훈련이 필요하다. 자녀와 친구가 되어 가는 시기다.

인생의 각 단계 중에서 긍정적 경험을 많이 하면 밝은 자아상이 형성되고, 부정적 경험을 많이 하면 어두운 자아상이 형성된다. 성격은 하나님과의 관계와 신앙의 발달단계에도 많은 영향을 미친다.

다음은 에릭슨의 '한평생 발달 이론'에 성경적 자녀양육법을 접목한 도표다.

발달 단계	사회심리성 위기 밝은 자아/ 어두운 자아	영향 미치는 주요 관계	미덕 긍정적 원동력	악덕 부정적 원동력
유아기(0-1세)	기본적 신뢰감/ 불신감	어머니	희망	두려움, 과식, 폭음, 폭식
걸음마기(2-3세)	자율성/ 의심·수치심	부모님	의지적	충동적, 신경질, 분노
학령전기(3-6세)	주도성/ 죄의식	가족	목적	억제, 탐욕, 욕심
학령기(6-12세)	근면성/ 열등감	이웃, 학교	능력, 적격성	비활발, 질투
청소년기(12-18세)	자아정체성/ 역할 혼란	또래·동료, 외부집단, 리더십 모델	충성심	거부, 거만
청년기(18-35세)	친밀감/ 고립감	동성·이성 친구	사랑	배타적, 성적인 문제
중년기(40-65세)	생산성/ 정체	배우자	배려, 돌봄 자녀양육과 가사 공유	자기 탐닉, 요청 거절, 무관심
노년기(65세 이후)	자아통합/ 절망	인류, 우리들	지혜	우울증, 오만함

주교양 양육법

하나님에 대한 신뢰감 갖기 엄마(양육자)로부터 기본 욕구 충족을 일관성 있게 받으면, 하나님에 대한 믿음을 갖기 쉽다. 그러나 이 시기에 불만족과 좌절을 많이 겪으면 대인 관계나 하나님에 대한 의심과 불신과 두려움을 갖기 쉽다. 엄마가 젖먹일 때마다 눈을 맞추고 기도하면, 아이는 예배를 즐거워하며 자란다.

하나님과 친밀해지기 신체적 성장과 발달에 따라 자율성이 증진되는 시기다. 놀이를 통해 자율적 행동의 기술을 배우고, 배변 훈련을 한다. 이 시기에 소중한 대우를 받으면서 자신이 중요한 사람이라는 것을 인식해 간다. 유아의 의지를 모두 허용하기 보다는 사회적 기대나 질서를 가르쳐야 한다. 이 시기는 간단하고 짧은 기도와 성경 이야기, 찬양, 가정예배 등을 통해 부모님께 순종하며, 하나님과 친밀해지는 것을 배우기 시작한다.

하나님의 사랑과 훈계 배우기 상상력이 풍부해지고, 대인 관계를 배우고, 능동적이고 주도적인 활동을 좋아한다. 걸음마기보다 구체적인 규칙과, 사랑과 훈계로서 제한과 질서와 순종을 배워야 한다. 부모가 아이에게 공감하고 칭찬하지만, 일관성 있는 훈계가 필요한 시기다. 가족과 함께 성경을 매일 읽고, 성경말씀의 의미를 배우고, 실생활에서 말씀대로 사는 훈련이 필요하다. 하나님은 부모에게 적절한 사랑과 훈계로 자녀를 양육할 권위를 주셨다.

성경적 가치관 세우기 충돌과 갈등이 있어도 적극적으로 주의 교양과 훈계를 시작해야 한다. 성경암송을 시작하는 것이 좋다. 어린이용 큐티를 엄마가 함께하면 논리적으로 생각하는 능력이 길러진다. 집중력 훈련과 근면성이 길러지고, 공부에 대한 동기부여가 필요한 시기다. 자녀와 큐티로 배운 말씀을 그대로 적용하는 훈련을 부모가 함께하는 것이 중요하다. 자녀들은 부모의 신앙을 보고 배운다.

그리스도인으로 정체성 갖기 자신의 역할을 통해 자아정체성을 갖고 불확실한 자신의 장래 일이나, 가정에 대한 고민이 많아지는 시기다. 신체적으로도 호르몬의 변화가 많은 시기이므로 성정체성을 확실히 갖게 하는 지도가 필요하다. 영적 분별력과 가치관이 형성되는 이 시기는, 부모나 선생님보다 믿지 않는 친구들의 영향을 받기 쉽고, 대중문화를 통해 반성경적 영향을 받는다. 부모의 신앙 태도에 따라 영적 침체기에 빠지기도 쉽지만, 주의 교양과 훈계를 중시하면서 말씀과 기도로 훈련하면, 하나님과 자신의 인생을 연결해서 생각하고 꿈을 갖고 노력하는 시기다.

멘토와 그리스도인 부모되기 청년 중기가 되면 이성과의 친밀감을 결혼으로 결실을 맺는다. 배우자나 자녀를 사랑하며, 인간관계의 폭을 넓혀 가기도 하지만, 자신의 직업과 경제적 능력과 여러 가지 요인에 의해 고립감에 빠지기 쉽다. 영적으로는 양육을 받기만 하는 신앙이 아니라, 성장해서 멘토가 되어 양육자의 위치에 서게 되는 시기다. 예수님의 사랑을 실천하는 삶의 훈련이 필요하고, 부부가 서로 책임지고, 자녀를 일관성 있고 책임감 있게 돌보는 훈련이 시작된다.

그리스도인으로의 영향력 끼치기 인생에서 그동안 뿌려진 씨가 왕성하게 열매맺는 시기다. 그러나 자기 탐닉에 빠진 사람은 자신의 직업과 가족 등에 무책임해지며, 자기 안일과 쾌락만을 추구하는 경향이 있다. 가정, 교회, 사회 속에서 중추적 역할을 하는 시기다. 자녀들은 부모의 위선적 행동을 정말 싫어하고, 이 세상은 그리스도인을 높은 도덕적 기준으로 판단한다. 때문에 성경대로 배우고 실천하지 않으면, 자녀들이나 믿지 않는 사람에게 믿음의 악영향을 미치기 쉽다. 부모가 인생의 제2사춘기를 맞는 이때, 자녀의 사춘기가 맞물려 있으므로 정신적·영적인 위기가 오기 쉽다.

천국 소망으로 승리하기 천국의 소망으로 인생을 통합하는 시기다. 절망에 빠지거나 늙어감의 우울증에 빠지면, 경제적 역할 상실, 건강의 불편함, 가족에서의 소외감 때문에 괴로워하면서 타인을 원망하는 삶을 살기 쉽다. 후대를 생각하고 베푸는 삶을 살면 풍성한 노후를 누린다. 현실을 그대로 수용하는 훈련이 필요하다. 자녀와 친구가 되어 가는 시기다.

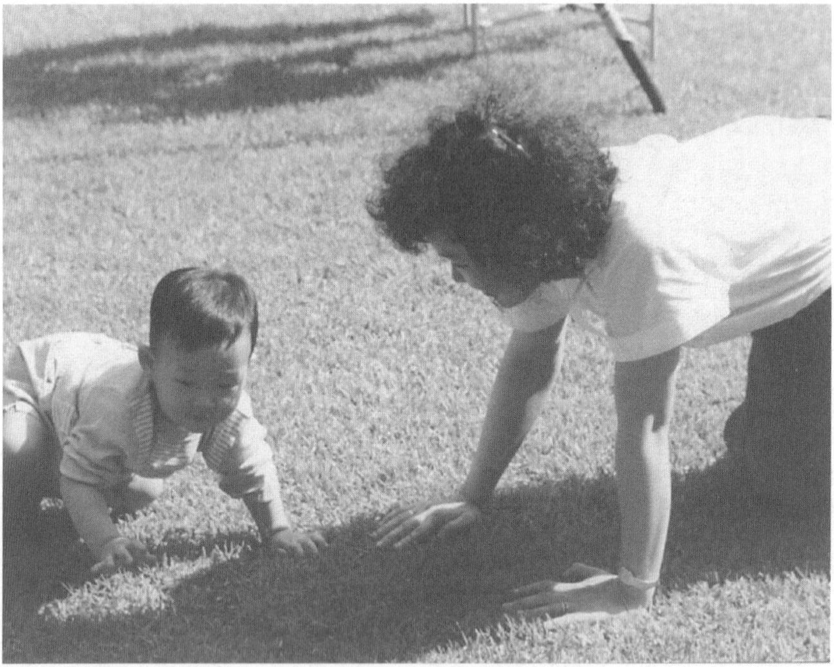

1. 아기가 자라며 강하여지고: 태아~3세

태교

태중에 아기를 잉태한 시기에는, 인생의 그 어느 때보다 하나님의 창조 섭리에 관해 큰 은혜를 받을 수 있다. 그러나 이제는 태교의 중요성을 상업적으로 이용한 신종 태교 사업이 유행하면서, 그리스도인 산모조차 불교나 힌두교 전통의 '기수련' 등으로 태교를 하고 있다. 영적 분별력이 필요한 때다.

임신한 그리스도인 어머니는 무엇을 위해 태교를 하는지 그 목적부터 점검해야 한다. 단지 머리 좋고 공부 잘하는 영재를 만드는 것이 태교의 목적이 아니다. 태중의 아기에게 하나님의 말씀을 읽어 주고 감사기도를 드리는 일을 먼저 해야 한다. 인생의 길은 하나님이 태초부터 정하고 예비하셨다. 시편 기자처럼 그 하나님께 감사와 기쁨을 고백할 수 있을 때, 정서가 안정되고 어려서부터 하나님과 사람에게 사랑스러운 아기로 자랄 수 있다.

좋은 머리로 태어나 공부를 잘해도, 무엇을 위해 머리를 사용하느냐에 따라 축복이 될 수도 있고 재앙이 될 수도 있다. 세상적 부족함도 문제가 되지 않는다. 나는 부족하기 때문에 오히려 하나님께 더 가까이 나아갔다. 부족함도 축복의 통로가 될 수 있다. 아무리 비싼 교재를 사다 놓고 태교를 하고, 외국어를 들려주고 영재교육을 한다 해도, 성경을 읽어 주고 기도하는 소리를 들려주는 것과 비교할 수 없다.

성경에는 마리아와 엘리사벳이 만나는 장면이 나온다. 먼저 임신한 엘리사벳은 성령 충만함을 받아 마리아에게 말했다. "여자 중에 네가 복이 있으며 네 태중의 아이도 복이 있도다 … 보라 네 문안하는 소리가 내 귀에 들릴 때에 아이가 내 복중에서 기쁨으로 뛰놀았도다"(누가복음 1:42,44).

아기가 태중에서 기쁨으로 뛰노는 장면은 생물학적 사고방식으로 말하면 도저히 설명이 안 된다. 생명에 관한 과학적 설명과 성경의 설명은 기본 전제가 완전히 다르다. 전제가 다른 것을 같은 이치로 설명하려다가 믿음을 잃는 경우가 많다. "서로의 전제가 다를 때는 논리가 성립되지 않는다."는 명제가 논리학에서는 초보 이론인데도, 많은 사람들이 논리적 모순에 빠져서 믿음을 잃곤 한다.

태아에게 치명적인 것들과 최고의 것

술과 담배도 서슴지 않는 겁 없는 임산부가 있는 위험한 시대라는 것이, 21세기 초반 대한민국의 현주소다.

2007년 4월에 발표된 서울대병원 산부인과 신희철, 전종관 교수 연구팀의 연구 결과에 따르면, 전국 30개 산부인과 병원에서 통원 치료 중인 임산부 1,057명을 무작위로 표본 추출 소변 검사를 한 결과 3.03%(32명)가 상습 흡연 중인 것으로 나타났다. 연구팀은 1,090명의 또 다른 임산부들에게도 설문조사를 실시했는데, 7.71%(84명)가 임신 중 한 번이라도 담배를 입에 댄 적이 있다고 대답했다.

전종관 교수는 "임신 여성이 담배를 피우면 4천 종류의 독성 유해물질에 노출돼 태아에게 전달되는 산소와 영양 공급이 줄어들어 조산, 사산, 미숙아, 기형아가 될 가능성이 커지는 심각한 결과를 초래한다."고 말했다.

조사 대상 임산부 중에서 그리스도인이 단 한 명도 없었을지는 의문이다. 그리스도인 여성이라고 해서 음주나 흡연을 하지 않을 거라고 장담할 수 없는 것이 현실이다.

산모의 술, 담배, 약물이 치명적인 만큼 불평, 미움, 원망도 태아에게는 치명적이다. 이것을 기억할 필요가 있다. 부부가 사랑하면, 태아를 위해 계획하시는 하나님의 선한 손길을 볼 수 있다. 엘리사벳과 마리아는 태중에 아기를 갖게 된 후 태아에게 영재 교육을 시킨 것이 아니라 성령 충만함을 받고 하나님을 찬미했다.

성령 충만을 받는다는 것은 성령님의 지배를 받고 그분의 능력으로 채워지는 것이다. '성령 충만'이란 그리스도의 인격과 성품이 점차적으로 드러나도록 살아가는 것을 말한다. 태중의 아기는 탯줄을 통해 엄마로부터 영양을 공급받고 엄마의 심장 소리와 목소리와 가족들의 대화 소리를 들으며 자라게 된다.

태아가 엄마의 짜증 섞인 목소리와 부부 싸움으로 평정심을 잃고 불규칙하게 뛰는 심장 소리를 자주 듣게 할 것인지 아닌지는 전적으로 부모의 선택이다.

태아는 아빠와 엄마가 사랑의 언어로 서로 축복하는 목소리를 듣기 원한다. 아빠가 태중의 아기에게 매일 성경을 읽어 주고 축복기도를 해 주는 것은, 이 세상의 그 어떤 것보다 고상한 최고의 태교다. 아기와 엄마와 아빠가 하나님의 품에서 함께 만들어져 가는 최고의 시간이다.

엄마 학교 입학

성경에는 임신을 예언받은 여인들이 여럿 나온다. 하갈(창세기 16:7-14), 사라(창세기 18:9-15), 마노아의 아내 곧 삼손의 어머니(사사기 13:2-7), 한나(사무엘상 1:17), 수넴 여인(열왕기하 4:16), 엘리사벳(누가복음 1:13), 예수님의 어머니 마리아(누가복음 1:30-31).

성경은 사라와 한나와 그 밖의 여인들을 통해, 태의 문을 여시는 분이 하나님이심을 가르쳐 준다. 아기 예수가 잉태되는 순간에도 역시 하나님의 전적인 개입이 있었다. 이 세상에 우연히 아무런 목적 없이 잉태된 아기는 한 명도 없다.

예수님은 "볼지어다 내가 문밖에 서서 두드리노니 누구든지 내 음성을 듣고 문을 열면 내가 그에게로 들어가 그와 더불어 먹고 그는 나와 더불어 먹으리라"(요한계시록 3:20)고 약속하신 대로, 예수님을 받아들이는 임산부에게 들어와 태중의 아기까지 먹이며 사랑하신다. 엄마 학교에 입학하여 가장 복된 일은 예수 그리스도를 영접하고 그분과 더불어 먹고 마시는 것이다.

하나님은 구하는 자에게 반드시 그 답을 주신다. 하나님은 산모가 구하는 것을 말씀으로, 상황으로, 예배로, 찬송으로, 또 여러 가지 인간관계 속의 사건들을 통해 답해 주고 가르쳐 주고 동행해 주고 인도해 주신다. 자녀를 어떻게 양육해야 하는지 하나님께 질문하면, 하나님이 길을 인도하실 것이다.

아기를 키우는 일은 신앙생활의 중요한 영역이다. 아기에게 찬송과 기도와 성경을 들려주는 일은 신생아 때부터 소중히 해야 할 중요한 선교다. 모든 부모는 자녀에게 가장 소중한 선교사다. 하나님이 임명하신 첫 번째 선교사다.

신생아 때부터 한 살이 될 때까지의 양육

갓난아기는 혼자서는 아무것도 할 수 없지만, 울음소리 하나만으로 부모를 움직이는 능력을 타고난다. 대부분의 부모는 이때부터, 즉 연애 기간과 신혼 기간이 끝나고 첫 아이를 낳고부터 당황하기 시작하고 혼돈에 빠지게 된다. 태어난 아기는 자신의 몸과 낯선 세계를 익혀 가느라 필사적으로 노력하고, 부모도 그 아기로 인한 기쁨과 혼돈 속에서 부모가 되는 과정을 겪는 것이다.

2007년 7월에 발표된 연구 결과에 의하면, 아기가 남을 속이는 법을 배우는 시기는 생각보다 훨씬 빠른 생후 6개월부터다. 지금까지 많은 심리학자들은 만 네 살이 되기까지는 남을 속이는 것과 같은 복잡한 일을 할 두뇌 능력이 없다고 생각해 왔다. 그러나 포츠머스 대학의 바수데비 레디 박사는 50여 명의 아기들을 관찰하고 많은 부모들과 면담한 결과, 생후 6개월부터 3년 사이의 아기들이 습득하는 속임수의 종류가 일곱 가지나 된다는 사실을 밝혀냈다. 이미 우리 부모들이 충분히 경험해 온 사실이 연구로 밝혀진 사례다.

레디 박사의 관찰에 따르면, 아기들은 태어난 지 얼마 안 되어서부터 거짓 울음과 거짓 웃음으로 관심을 끌 수 있다는 사실을 재빨리 배우게 된다. 그리고 8개월쯤 되면, 금지된 행동을 하고 감추거나 부모의 관심을 다른 곳으로 분산시키는 등, 더욱 복잡한 속임수를 보였다. 아기들은 이런 간단한 훈련을 통해 나중에 더욱 복잡한 속임수를 사용하는 능력을 키우는데, 만 두 살쯤 되면 벌을 주겠다는 위협에 허세로 맞서는 등 상당히 진진된 기술까지 구사하게 된다.

거짓 울음은 아기들이 최초로 보여 주는 속임수 형태다. 아기들은 아무 문제가 없을 때도 이런 기술을 사용해 공연히 관심을 끌려고 한다. 아기들이 엄마의 반응이 어떤지 보려고 잠깐 멈췄다가 다시 울기 시작하는 걸 보면 알 수 있다. 이는 아기들이 자신의 행동이 어떤 결과를 가져올지 분간하는 능력이 있음을 말해 준다. 어른들이 거짓말할 때의 행동과 다를 바가 없다. 차이라면, 어른들은 더 큰 도덕적 의무를 진다는 것뿐이다.

레디 박사는 어린이들이 아주 어릴 적부터 약간의 속임수를 쓰면서 특정 상황에서 어떤 종류의 거짓말이 먹혀 들어가는지 알아내고, 거짓말을 너무 많이 할 때 돌아오는 부정적 결과에 대해서도 배우게 된다고 밝혔다. 이러한 연구 결과는, 모든 인간이 100% 죄인으로 태어난다는 성경의 말씀과 일치한다. "내가 죄악 중에서 출생하였음이여 어머니가 죄 중에서 나를 잉태하였나이다"(시편 51:5).

인본주의적 사고를 가진 사람들은 인정하기 어렵겠지만, 우리 인간은 모두 죄인이다. 인간은 누구나 거짓을 배우지 않고도 거짓 행동을 할 수 있는 능력을 타고나는 것이다. 죄의 나무에서 죄의 가지가 움트는 것은 이미 아기 시절부터 시작된다. 죄를 짓기 때문에 죄인이 아니라 죄인이기 때문에 죄가 자연스럽게 나타난다.

그러므로 주교양 양육법의 궁극적 목표는 자녀가 "그리스도 예수 안에 있는 믿음으로 말미암아 구원에 이르는 지혜가 있게 하고"(디모데후서 3:15) "하나님의 사람으로 온전하게 되며 모든 선한 일을 행할 능력을 갖추게 하기 위한"(디모데후서 3:17) 것이다. 예수 그리스도로 인하여 의롭게 되는 구원과 예수 그리스도의 장성한 분량에 이르도록 자라는 성화에 있다.

사랑스런 내 아이도 죄인임을 깨닫는 것이 은혜다. 최근에 일대일 성경공부를 진행하면서 있었던 일이다. 나는 구원의 확신 과정을 인도하면서 이렇게 전했다.

"집사님, 죄송한데요. 저도 죄인이고 제 아들 승호도 죄인이고요. 집사님도 죄인이고 집사님의 아들과 딸도 모두 죄인이에요. 성경이 그렇게 말씀하고 있어요."

그러자 갑자기 집사님이 눈물을 쏟기 시작했다. 자신이 죄인이라는 말까지는 어떻게 동의할 수 있는데, 사랑하는 아들과 딸까지 모두 죄인이라는 말을 처음 들어서 그 충격이 너무나도 컸던 것이다. 집사님은 그 후 자녀의 입시에만 관심을 갖던 태도를 바꾸어, 자녀의 영혼 구원에도 비로소 관심을 갖고 기도하기 시작했다.

두 살부터 세 살까지의 양육

이때는 자율성을 배우는 시기다. 이 시기에 자율성을 형성하지 못하면 의심과 수치심이 생긴다. 아기는 걷기 시작하면서부터 본격적으로 부모와 힘겨루기를 한다. 어린 자녀는 본능적으로 부모가 자기를 바르게 이끌어 주기를 원한다. 그래서 부모가 일관된 태도로 안정감 있고 단호할 때 아이들도 안정감을 누린다. 삶이 놀이고, 놀이가 곧 배움이던 어린 시절에 생활 속에서 배운 경험들은 일평생 무의식 속에 좋은 습관으로 남기도 하고, 지울 수 없는 앙금으로 남기도 한다.

지금 와서 생각하면 자녀양육에서 내가 근심했던 것은 주로 네 가지였다. 어릴 때는 밥 안 먹어서 걱정, 좀 크니까 제 시간에 집에 안 와서 걱정, 좀 더 크면서는 자발적으로 공부 안 해서 걱정, 그다음에는 공부 아닌 딴 거 더 열심히 해서 걱정이었다. 나중에 보니 시간이 흐르면서 자연스럽게 해결된 것도 있지만, 기도하며 각고의 노력을 기울여도 오래도록 해결되지 않는 것도 있었다.

억지로 밥 먹는 애들, 억지로 공부하는 애들은 공통점이 있다. 밥 먹는 일과 공부하는 일을 자신을 위한 일이 아니라 엄마를 위해 해 주는 일로 착각하는 것이다. 팔삭둥이로 태어난 내 아들은 아기 때부터 우유나 이유식을 먹는 일에 도통 흥미가 없어 보였다. 간식이나 주식을 잘 안 먹고 자주 아프기까지 하니, 먹이는 일은 어려서부터 큰 스트레스였다. 우유를 너무 안 먹고 우유 외엔 다른 걸 먹일 수 없던 한 살이 지날 때까지, 잠결에 얼렁뚱땅 우유병을 물리는 궁여지책까지 발휘했다. 의사는 억지로 먹이지 말고 오히려 더 배가 고파질 때까지 기다리라고 말했지만, 그냥 굶게 할 수만도 없어서 내게는 진퇴양난의 시절이었다.

결국 초보 엄마인 나는 아이가 우유를 안 먹고 아플 때마다 쩔쩔맬 뿐이었지만, 세 자녀를 키우고 육아에 노하우가 있던 내 어머니는 피나는 노력을 하며 내 아이의 양을 늘려 놓으셨다. 어릴 때부터 먹는 양을 적절하게 조절해 놓아야 아이가 커서 비만이 되거나 또는 지나치게 안 먹어서 성장이 불균형하게 되지 않는다는 것이 어머니의 지론이었다. 성장기에도 몸이 건강해야 다른 일을 할 수 있으니 백번 맞는 말씀이다. 세 살 이전에 아이의 평생 식성이 결정된다는 연구는 어린 시절의 경험이 얼마나 중요한지 여실히 보여 주고 있다.

시부모님은 기도로 양육해 주시고, 친정어머니는 승호의 식습관과 어린 시절의 기초 체력을 길러 주셨다. 하나님은 내 부족한 부분들을 부모님들을 통해 공급해 주셨다.

두 살이 된 아기의 뇌는, 어른 뇌의 3/4 정도 크기가 된다. 이와 함께 체중이 늘고 키가 자라고 몸의 각 부분이 자란다. 건강한 아기는 자란다. 특별히 아기 시절은 외적으로 내적으로 활발히 자라는 시기다. 신체와 함께 언어 능력도 비약적으로 발달하는 시기다. 18개월 정도가 되면 아이들은 언어의 폭발 시기를 맞는다. 하나님의 은혜는 예수님의 어린 시절에만 국한되는 것이 아니다. 하나님의 형상대로 창조하신 우리의 자녀들에게도 주시는 은혜다.

예수님의 어린 시절에 대한 성경의 기록은 아기의 성장에서 어떤 요소가 중요한지 잘 보여 준다. 하나님은 모든 사람을 단 하나밖에 없는 특별한 존재로 창조하셨다. 우리의 원형은 하나님의 형상대로 창조된 모습이다.

세 살의 힘겨루기

승호는 고집이 센 편이다. 나는 승호의 나쁜 고집을 꺾기 위해 아주 어릴 때부터 되는 일과 안 되는 일을 꼭 말로 설명을 했다. "되는 건 되는 거구, 안 되는 건 안 되는 거야."라고 단호하게 말했다. 아무리 울고 떼를 써도 일관성 있게 되는 일과 안 되는 일을 구별해 주면 고집 센 아이도 차츰 적응한다.

승호는 잠이 오거나 무료할 때면 손가락을 심하게 빨았다. 처음에는 '그냥 두면 다른 아이들처럼 언젠가 고치겠지.' 했다. 그런데 손가락을 빠는 정도가 점점 심해졌다. 손가락에 군살이 박혔고, 빠는 힘이 점점 더 강해지면서는 손가락이 갈라지고 피도 자주 났다. 손가락을 심하게 빠는 아이들은 조금만 심심해지면 손가락 빨기에 열중하기 때문에 두뇌 발달에도 지장이 있다.

쓴 약, 빨간 약도 발라 보았지만 소용이 없어서 결국 정말 눈물겨운 힘겨루기를 하게 되었다. 나는 몇 달 동안 사투를 벌였다. 승호가 손가락을 입에 넣으면 말로 설명하면서 곧장 빼고, 또 집어넣으면 계속해서 설명하고 손가락 빼기를 반복했다. 울고 보채는 과정이 너무 힘겨워서 엄마인 나도 같이 울면서 중간에 포기하고 싶은 마음이 간절했지만, 한 번 안 된다고 했고 고치기로 작정한 일이기에 끝까지 밀고 나갔다. 그 일은 고집 센 아들과 나의 관계 설정에 크게 도움이 되었다.

우리는 주위에서 생각보다 많은 부모들이 자녀들에게 끌려 다니는 모습을 볼 수 있다. 나면서부터 순종적인 성향의 아이들도 있지만, 제멋대로 고집을 부리는 아이들이 더 많다. 아이들이 노는 모습을 보면 그들 부모가 어떻게 지내는지, 그 가정에서는 주로 어떤 대화를 하는지 금방 알 수 있다. 고집 부리고 떼를 쓰는 이유는 이미 부모가 힘겨루기에서 아이에게 일관성을 잃거나 연약한 모습을 보였기 때문이다. 부모가 한 번 안 된다고 한 일을 하겠다고 고집을 부렸더니 할 수 있었다든지, 떼를 쓰니까 자기 뜻대로 움직여지는 것을 알게 되면 아이는 부모를 자기 뜻대로 하려고 한다.

아이들이 배우는 걸 도와주자

승호가 갓난아기일 때부터 잠자는 시간 외에는 자주 말을 걸고 승호가 반응을 보일 때마다 칭찬해 주었다. 처음 젖을 먹일 때부터 짧은 식사 기도를 했다. 우유를 먹을 때도 우유병을 앞에 놓고 기도 먼저 하면서 아이를 키웠다. 이유식을 먹일 때도 음식을 앞에 놓고 기도하고 먹였다. 말을 시작했을 때는 "아멘, 감사합니다." 등 짧은 기도를 따라 하게 했다. 밤에 잠들 때와 아침에 일어날 때도 짧게 감사기도를 가르쳤다.

　말을 배울 때부터 물건과 글자를 함께 보도록 도와주었다. 책꽂이, 책상, 의자, 냉장고, 전화, 텔레비전 등 집에서 보는 물건들 위에 글자를 붙여 줬다. 그 때문인지 글씨를 매우 빨리 익히고 쓰게 되었다. 돌이 지나면서는 말도 아주 많아졌는데, 길을 다닐 때 광고를 보고 크게 소리를 질러서 사람들이 다 놀란 적도 있다. 사실 글자를 안 것이라기보다 그냥 통문자로 인식하면서 그림처럼 기억했던 것이다.

　승호가 어린 시절 집에서 했던 중요한 놀이는 그림 그리기였다. 벽을 붙잡고 일어나면서 벽에 낙서를 시작하는 것을 보고, 방 한쪽에 커다란 종이를 붙여 주었다. 그리고 언제나 승호의 그림이나 낙서나 글씨를 보면 높임말로 설명을 해 주었다.

　한 살 때부터 천자문도 갖고 놀게 했는데 노래처럼 운율을 붙여서 글자와 함께 외우게 했다. 가정예배를 보면서 찬송가에 관심을 갖자, 찬송가 찾기로 숫자를 가르쳐 주었다. 성경의 각 장 역시 좋은 학습 도구였다.

　유대인은 "배움은 달고도 맛있다."는 것을 아이들이 먼저 몸으로 배우게 한다. 가정에서뿐만 아니라 학교에서도 공부의 달콤함을 선생님이 학생들에게 가르친다. 초등학교에 갓 입학한 학생들이 글자를 맛있게 배울 수 있도록 선생님은 손가락 끝에 꿀을 묻혀서 히브리어 22자를 써 보인다. 그리고 아이들도 손가락에 꿀을 묻혀 글자를 쓰고 손가락에 묻은 꿀을 먹도록 한다. 어떤 학교에서는 꿀 대신 히브리어로 장식된 맛있는 케이크를 주기도 한다.

　나는 이 방법을 그대로 적용했다. 어린 승호의 손가락에 꿀을 묻히고 '하나님', '예수님', '아빠', '엄마', '최승호', 이런 글자들을 쓰게 했다. 승호가 글자를 배우는 일을 달콤하게 여기고, 하나님과 예수님과 아빠와 엄마를 꿀처럼 단 존재로 느끼게 했다. 또한 자신의 이름을 쓰게 해서 승호가 하나님과 우리 가족 모두에게 꿀처럼 달고 소중한 존재라는 것을 알려 주었다.

　나는 승호가 실수하거나 실패하는 것에 대해서는 별로 두려워하거나 조급증을 내지 않는 편이다. 발음을 잘 못하거나 성장 속도가 느려도 기다렸다. 17개월이 지나서야 걷게 된 승호를 보면서도, 평생 걸을 건데 몇 개월 늦는 게 무슨 문제가 되겠느냐고 생각했다. 다만 고열이 나고 응급실로 갈 때는 생명에 직결된 문제라서 많이 울었다.

　승호는 아기 때부터 신중한 편이었다. 달리 말하면 겁이 많은 편이었는데, 그런 아이는 금지 사항이 너무 많으면 소심한 겁쟁이가 될 수 있다. 나는 집안을 최대한 아이에게 허용하는 분위기로 꾸몄다. 아기가 만져서는 안 될 물건을 아예 깊숙이 집어넣거나 높이 올려놓았다. 승호는 자신의 행동반경에 있는 모든 물건들을 다 만져도 됐다. 위험한 물건이나 어른 전용 물건을 너무 많이 두고 아기에게 못하게 하는 것은 바람직하지 않다. 아직 어린 자녀가 어른처럼 행동하길 바라는 것은 어리석다. 부모의 관심과 노력으로 아이는 위축되는 기회보다 적극적이 되는 기회를 가질 수 있다.

　승호가 어릴 때 교회 예배 외에는 다른 집에 데리고 가지 않는 걸 원칙으로 했다. 왜냐하면 다른 집에서는 우리 집에서처럼 마음대로 물건을 만져서는 안 되기 때문이다. 승호에게 "만지지 말아라. 하지 말아라." 하지 않기 위해서, 다른 집에 가서도 물건을 만지지 않을 나이가 될 때까지는 데리고 외출하지 않았.

　시부모님 댁이나 큰형님 댁이나 가족들이 모이는 명절에 외출을 했고, 승호가 어린 시절에 유일하게 자주 방문했던 승호의 이모할머니 댁에 갈 때를 빼고는 거의 집에서 데리고 놀았다. 승호는 넓은 마루와 잔디밭이 있고 공기가 맑은 그 집 마당에서 꽃과 풀을 보며 노는 걸 좋아했고, 고맙게도 승호의 이모할머니는 승호를 유난히 예뻐하며 늘 대환영해 주셨다. 승호에게도 나에게도 좋은 추억이다.

부모가 금지보다 허용하는 분위기를 통해 아이들이 배우는 걸 도울 때, 아이들은 앞으로 더 자신 있게 넓은 세계를 만나게 될 것이다.

놀이로 시작하면 배우는 일이 즐겁다

점점 믿음이 자라게 되자, 나는 부담을 갖고 아이를 키우는 엄마가 아니라 함께 아파하고 울어 주고 놀아 주는 엄마가 되었다. 생각을 조금 바꾸면 우리들의 삶은 여러 가지 놀이들의 연속이다. 노는 법을 터득하게 되면 아무리 힘든 일에서도 즐거움을 찾는 능력이 길러진다. 게다가 어린아이들은 놀이의 대가들이다. 하나님이 원래 인생 가운데 놀이를 선물하신 걸 아이들은 잘 알고 있는 것 같다. 어떤 의미에서 나이를 먹어 가는 것은 점차 놀이를 잃어버리는 것과 같다. 함께도 잘 놀고, 혼자서도 잘 놀 수 있어야 행복을 누릴 수 있는 게 우리들 인생이다.

아이들이 유치원에 가기 전까지 각종 놀이를 잘 터득하면 행복해진다. 함께 놀기도 배우고 혼자 놀기도 배우는 것이 중요하다. 배움의 즐거움은 영·유아기의 놀이 경험에서 비롯된다. 아이의 성향에 맞도록 함께 놀아 주는 것이 필요하다. 앞으로 학교에서 배우게 될 모든 과목들과 자연스럽게 연결이 되기 때문이다. 놀면서 흥미를 가졌던 지식은 학교 교과목으로 배우게 되어도 무리가 없다.

특히 유아기 때는 소근육과 대근육이 고루 발달한다. 부모가 아이와 피부 접촉을 하며 목욕을 시키거나 스트레칭을 해 주는 것이 매우 중요하다. 유아들에게는 적절한 놀이가 중요한 운동이 된다. 지금은 핵가족 시대가 되어 특별히 신경을 써서 해야 하는 신체발달 놀이들이, 사실 대가족 안에서는 자연스럽게 해 온 것들이다. 아기들을 위한 전통적인 놀이가 자녀의 신체뿐 아니라 두뇌 자극에도 아주 좋다는 것이 각종 연구를 통해서 밝혀지고 있다. 이러한 놀이로는 죔죔·곤지곤지·짝짜꿍 놀이, 까꿍 하며 어르기, 다리와 팔을 눌러 주기, 부모의 배에 아기를 올려놓고 비행기 태우기, 부모의 발등 위에 아이 발을 올려놓고 걷기, 숨바꼭질 놀이 등이 있다. 아이들은 아빠가 목마를 태워 주는 것도 아주 좋아한다.

유아기는 글자나 숫자를 깨우치는 일도 놀이처럼 집에서 빈둥거리면서 배워야 하는 시기다. 그런 의미에서 요즘의 조기교육은 자녀를 병들게 하는 부분이 많다. 전업 엄마라면 자녀와 함께 음식을 만들어 먹고, 같이 청소하고, 집안 정리도 하고, 동네 놀이터를 나가고, 시장 놀이·소꿉놀이·인형 놀이·부엌 놀이도 할 수 있다. 실제로 이렇게 하면 아이가 행복하게 자란다.

세 살이 되면 신체 활동이 더 활발해지는데, 유치원 이전까지 실컷 놀아야 키도 잘 크고 몸도 튼튼해져서 정작 공부할 시기가 되면 공부에 재미를 붙일 수 있다. 집에서는 작은 고무공이나 탁구공도 좋은 장난감이 된다. 승호에게는 아빠와 함께했던 캐치볼과 엄마와 함께했던 볼링 놀이가 지금도 즐거운 추억 거리다. 볼링 놀이와 블록 쌓기는 아이들의 집중력 향상에도 큰 도움이 된다. 볼링 놀이는 페트병에 콩이나 쌀 등을 적당히 담아서 중심을 잡게 한 후에 고무공을 굴려서 쓰러지게 하는 것이다.

승호가 해외에 있는 아빠와 외삼촌을 기억하도록 하기 위해 나는 안방 벽에 커다란 세계지도를 붙여 놓고 수시로 리비아와 서울과 파리를 찾으며 함께 놀았다. 프랑스에 유학 중이던 승호의 외삼촌이 잠시 귀국했을 때 자기가 있는 파리를 알려 주고 싶다며 지구본을 사 왔다. 덕분에 승호는 한 살도 되기 전, 글자를 배우기도 전부터 벽에 붙여진 평면으로 된 세계 전도와 커다란 공같이 생긴 지구본을 갖고 놀면서 세상에는 눈에 보이지 않지만 수많은 나라가 있다는 것을 배운 것 같다. 승호는 아빠가 있는 리비아와, 엄마와 자기가 사는 서울과, 외삼촌이 있는 파리를 제일 먼저 배웠다.

"승호 아빠 어디 있어요?" 하면서 지구본을 돌리면, 지구본이 팽그르르 도는 걸 보고 껄껄 웃으면서 대답했다. "여기요, 리비아요."

"순성 삼촌 어디 있어요?" 하면 낄낄대면서 "여기요, 파리지요." 했다.

"그럼 승호랑 엄마는 어디 있어요?" 하면 자기가 돌린 지구본이 돌아가는 걸 재밌어 하면서 "여기요. 서울입니다." 하고 놀았다.

이게 우리 모자의 중요한 일과였다. 우리는 팽그르르 돌리면서 하루에도 수십 차례 지구본을 갖고 놀았고, 누가 빨리 찾는지 온 가족이 게임을 했다.

승호는 커 가면서 점점 더 많은 나라들을 궁금해 했다. 나중에는 수도, 강, 바다, 산 찾기까지 했다. 글자를 읽게 되면서는 어른들이 듣지도 못한 여러 곳의 이름과 위치를 혼자만 알고 있다가 찾았다. 어른들은 신기하니 자꾸 물어봤고, 아이는 대답하는 게 재미있으니 별별 지명과 위치를 다 외우고 말았다.

초등학교부터 수능에 이르기까지 지리 과목의 기초가 튼튼히 쌓인 셈이 되었다. 또한 사회, 역사, 세계사 같은 과목들에도 큰 흥미를 느낄 수 있었다. 나는 단지 너무 멀리 떨어져 있는 아빠와 연결해 주고, 첫 조카가 보고 싶어 프랑스에서 안달이 난 삼촌이 있는 곳을 알려 준다고 한 것인데 훗날 보니 교육적 효과가 이만저만이 아니었다. 또한 남편이 해외에 근무했던 건, 승호가 어린 시절에 세계를 마음으로 보는 눈을 가질 수 있도록 하신 하나님의 선물이었다.

아이에게 먹을 것을 나눠 먹게 가르치면서 뺄셈, 덧셈, 나눗셈, 분수까지 자연스럽게 놀이처럼 배웠다. 나눠 먹는 놀이를 통해 양보심도 배우고, 산수의 기본 개념도 배우게 된다. 사과 반쪽이나 빵 반쪽으로 시작해서 3등분, 4등분, 5등분으로 나누거나, 땅콩을 세며 개수를 더해 가면서 먹으면 아이들이 즐거워한다. 일곱 조각으로 여러 모양을 맞추는 '7교놀이'는 상상력과 추리력까지도 키워 주었다. 아이들은 놀이를 통해 인내심과 협동심도 배운다.

그리스도인 가정이라면 여기에 덧붙여서 반드시 성경암송과 가정예배를 드리는 것이 중요하다. 우리 집은 매일 가정예배를 드렸기 때문에 승호의 일과 중 하나는 예배 순서지를 만들며 노는 거였다. 승호는 가정예배 주보를 만들고 헌금위원을 하고 대표기도를 했다. 언젠가 꼭 헌금을 하자고 졸라서 처음에는 웃어 넘겼지만 생각해 보니 좋은 헌금 습관이 될 것 같아서 우리는 가정예배나 구역예배 때도 거의 헌금을 했다. 지금도 웃음이 나는 소중한 추억이다. 승호가 커 가면서 공부를 놀이처럼 즐기게 된 건 순전히 어린 시절에 아빠를 위해 기도했던 가정예배 덕분이다.

찬양과 율동과 성경암송은 즐겁게 놀면서 믿음까지 자라게 하는 데 큰 도움이 된다. 우리 집에서는 주일학교에 못 다녀 본 나보다 남편이 어린이 찬양을 더 많이 알았기 때문에 주로 잠들기 전이나 자동차 운전할 때 같이 많이 불러 주었다.

어느 가족이나 막히는 차 속에서 긴 시간을 함께 있을 때가 있게 마련이다. 이때 가족만의 놀이를 개발하면 짜증 낼 필요가 없다. 우리 가족은 간식도 먹고 게임도 하면서 그 시간도 즐겼다. 평소에 아빠와 엄마가 함께해 주는 시간이 짧았더라도, 밀리는 차 안에서의 시간을 잘 활용하면 아이에게 많은 놀이 추억을 만들어 줄 수 있다. 우리는 시댁이 온양에 있어서 명절이면 귀성 인파에 합류하는데, 이때 막히는 차 속에서 원도 없이 한 놀이가 찬양 부르기, 끝말잇기, 스무고개, 수수께끼, 속담과 사자성어 알아맞히기 등이다.

재미있게 해 주면 아무리 어려워도 도전하려고 하는 게 아이들 속성이다. 처음 한두 번만 아빠나 엄마가 운을 떼어 주면 곧 아이가 신나서 한다. 이러한 놀이는 자녀의 어휘력과 사고를 늘리는 데 더할 나위 없이 좋다. 우리 가족은 한 차를 타고 가면서 틈만 나면 자주 놀이를 하니까 당연히 만나면 낄낄 깔깔대는 가족이 되는 장점이 있었고 대화하는 법도 배우게 되었다. 나중에는 자기가 알게 된 지식을 책상 앞이 아니어도 여기저기 활용할 수 있게 되었다. 덕분에 새로운 것을 배우는 기쁨에 흠뻑 빠진 것 같다.

호기심을 갖는 순간 가르쳐야 한다

아이들은 한 가지라도 흡족하게 잘 알고 나면 다른 모르는 것을 새로 배울 때도 자신감을 갖는다. 승호를 키우면서 공부를 염두에 둔 것이 아닌 데도, 어른들의 세계를 궁금해 할 때마다 아이 수준에 맞도록 대답해 준 것이 지속적인 호기심을 자극하고 끝없이 알고 싶은 학습 동기를 불러 일으켰던 것 같다.

　나는 승호의 호기심보다 절대로 앞서서 가르치지 않았다. 아무리 온 동네가 영어를 가르쳐도 기다렸다. 모든 아이들이 태권도 도복을 입고 다니면서 기합을 넣어도 내 아이가 관심이 없으면 시키지 않았다. 아무리 내 아이만 뒤처지는 것 같고 갑갑증이 나고 조바심이 나도 기도하면서 기다렸다. 꼭 필요한 것이면 하나님이 반드시 아이의 마음을 다스리셔서 호기심을 보이도록 해 주실 것을 믿었기 때문이다.

　아이가 자발적으로 알기를 원하는 것이 있으면 최선을 다해 가르쳐 주고 그 분야에 관해서 최고의 수준까지 맛볼 수 있도록 도와줬다. 예를 들면, 승호가 한참 여러 가지 곤충들에 관심을 보였을 때의 일이다. 개미를 키우고 싶어 해서 아이와 함께 놀이터에 나가서 몇 날 며칠 동안 함께 개미를 잡았다. 그러자 개미집이 필요했다. 개미에게 무엇을 먹여야 하는지 지식도 필요했다. 개미에 관련된 책을 사 주고, 아파트 베란다를 아예 승호의 개미 연구실로 만들어 주었다. 승호는 자고 깨면 제일 먼저 개미를 살펴보고 개미가 잘 잤는지, 집을 얼마나 지었는지, 온통 개미 생각만 했다.

　처음에는 곤충채집과 자연 관찰 수준의 책을 읽더니, 나중에는 개미에 관한 문학과 과학을 넘나들면서 제 나이보다 훨씬 이른 탐독을 했다. 베르나르 베르베르의 소설 《개미》 시리즈에 이르기까지 모든 걸 섭렵하는 수준이 되었다.

　또한 호기심이 생기고 알고 싶은 일들을, 자기가 흡족해질 때까지 취미 삼아 깊이 있게 알아 가는 일을 즐거워하게 되었다. 배움에 대한 욕구가 있는 아이로 키워 달라는 기도가 그대로 응답되었다.

가르침의 적기는 아이가 자발적으로 호기심을 보이는 순간이다. 호기심은 아이가 경험하는 환경 안에서 발생한다. 보는 것이 매우 중요하다. 무엇을 보고 자랐느냐 무슨 소리를 듣고 자랐느냐는, 무엇을 먹고 자랐느냐보다 더 중요할 수 있다.

아이의 질문에 높임말로 대답해 주자

승호의 기저귀를 갈아 줄 때마다 눈을 맞추고 말을 건넸는데, 거의 높임말을 사용했다. 어린애 말을 일컫는 '베이비 톡(baby-talk)'을 절대 사용하지 않고 높임말로 가르쳤다. 승호의 손가락을 가리킬 때도, "이건 승호 손가락이지요?"라고 말했다. 승호에게 꼭 높임말을 해서 그런지, 승호는 거의 7~8개월부터 말을 했고 간단한 단어들을 많이 알았다. 돌이 지나고 더 많은 말을 배울 때마다 정확한 높임말로 대꾸해 주었다.

세 살 무렵부터는 동네 외출도 꼭 같이 했는데, 특히 집 앞의 은행과 책방에 가는 걸 무척 좋아했다. 책방에 가면 주인 아주머니가 반가워하면서 "승호 왔니?" 하시고, 승호 이름으로 된 통장을 가지고 은행에 가면 은행원이 "최승호 씨!"라고 불러 주었기 때문이다.

아는 단어가 많아질수록 승호의 생각이 확장됐다. 두세 살이 되면서 "이게 뭐야?"를 입에 달고 다녔는데, 그때마다 아무리 바빠도 하던 모든 일을 멈추고 정확히 가르쳐 주었다. 나는 기도와 말씀과 교통신호와 위험한 물건 외에는 내가 먼저 뭘 가르치려고 시도한 적이 거의 없다. 아이가 호기심 보이고 질문할 때만 열심히 가르쳐 줬다. 내가 모르는 단어의 뜻이나 일을 물어보면, 승호와 함께 어린이 국어 사전이나 어린이 그림백과사전을 찾아서 읽어 주었다. 아이가 물어 오는 것을 무시하지 않고 열심히 가르쳐 주기만 해도 아이들은 질문의 대가가 된다.

듣는 능력을 최고로 개발해야 하는 때다

아이들은 어휘력이 좋을수록 생각하는 능력이 향상된다. 그러므로 부모의 눈에는 쓸데없는 수다같이 보여도 맘껏 수다를 떨도록 두는 게 좋다. 수다는 좋게 말하면 왕성한 표현력이다. 자기의 생각을 표현하다 보면 점차 조리 있게 말하는 법도 배우게 된다. 그러려면 먼저 잘 듣는 훈련, 잘 생각하는 훈련이 되어야 한다.

잘 듣고 잘 생각할 줄 알아야 믿음 생활도 잘하는 아이가 된다. 들을 줄 알고 생각할 줄 아는 아이는 공부를 하는 목적도 깨달아 가게 된다. 배움에 대한 즐거운 기억이 많을수록 커 가면서 더 열정적으로 공부하게 된다. 새로운 것을 배우는 일을 즐겁게 느끼게 하려면, 아이들이 실수해도 기다려 주어야 한다.

승호가 생후 1개월이 지날 때부터 찬송가 테이프와 동요와 성경 동화 테이프 등을 매일 들려주었다. 해외 근무 중이던 남편의 편지도 아이에게 꼬박꼬박 읽어 주었다. 아이가 아빠와 친근해지고, 새로운 자극을 받아들이고, 아름다운 음악 소리와 찬송 소리를 들으며 자라게 하기 위함이었다.

어린아이라고 무시하지 않고 음악은 언제나 최고의 연주가와 찬양대의 음반을 들려주었다. 싱싱한 과일과 깨끗한 물을 먹이듯, 음악도 그렇게 깨끗하고 좋은 것을 골랐다. 생후 24개월 정도가 되자 아이는 카라얀과 같은 포즈로 지휘 흉내를 내고, 때로는 요요마와 같은 자세로 첼로를 켜는 흉내를 냈다. 아이들은 흉내 내기의 귀재들이다. 지금도 주일이면 교회 성가대에서 승호가 첼로 반주를 하는데, 어느 순간에는 어릴 적 요요마 흉내를 근사하게 내던 승호의 모습이 보이는 것 같다.

승호를 키우던 20년 전만 해도 음반 문화가 대단했다. 지금은 자취를 감춘 전축에 음반을 걸고 세계적으로 유명한 오케스트라의 연주를 들으면, 음반 재킷을 갖고 놀면서 뚫어지게 쳐다보며 진지했던 승호의 표정이 생각난다. 귀에 익숙해진 연주곡을 들으며 여러 가지 다른 악기의 소리나 연주하는 자세를 진지하게 흉내 내곤 했다.

나중에 음악을 전문으로 연주하는 분들께 들어 보니 정말 잘한 일이라고 했다. 절대음감은 대부분 타고나지만, 어려서부터 이렇게 정확한 좋은 소리를 들으면 개발도 할 수 있다고 했다. 어릴 때 계발된 음악적 감성은 자연스럽게 음악에 관심을 갖게 했다. 사법시험을 준비하던 시절에도 음악회를 챙겨 갈 만큼 음악을 좋아하는 사람으로 성장할 수 있는 요인이 된 것이다.

게다가 초등학교 5학년 때부터 첼로를 배워서 중학교 2학년 때부터 지금까지 교회에서 반주를 하는데, 특히 초견이나 청음이 좋다고 하는 걸 보면 어릴 때 들은 찬양과 연주곡이 큰 도움이 되었던 것 같다.

사실 음악뿐 아니라 미술을 가까이 하게 되면 자연스럽게 감성을 기를 수 있고, 한두 가지 운동을 꾸준히 하면 질풍노도의 사춘기 시기를 거치면서도 격해지는 감정을 다스리는 능력을 키울 수 있다.

익숙해지면 정말 즐거워지는 책 읽기

책은 어디서나 읽을 수 있다는 장점이 있다. 버스에서, 차에서, 기차에서, 엄마 무릎에서, 몸이 아파 입원한 병원에서도 읽을 수 있다. 문제는 흥미를 붙이는 일이다. 책이 좋다는 걸 모르는 사람은 거의 없다. 그러나 일평생 책을 꾸준히 읽는 사람은 드물다.

성경도 마찬가지다. 나는 어른이 되어 교회에 나가기 시작했기 때문에 교회 다니는 사람들은 다 성경을 열심히 읽는 줄 알았다. 나만 모르고 다른 사람들은 다 성경의 내용을 훤히 안다고 생각했다. 그러나 교회 생활의 해를 거듭하면서, 생각보다 훨씬 많은 사람들이 성경을 전혀 읽지 않는다는 놀라운 사실을 알게 되었다. 아니, 성경을 전혀 읽지 않고도 얼마든지 교인 행세를 할 수 있다는 사실을 알았다.

책에 흥미가 있는 사람은 책을 보는 것이 즐겁다. 아기들에게 책은 정보를 주는 도구가 아니라 장난감이다. 그러므로 나이가 어릴수록 장난감처럼 갖고 놀게 하는 것이 좋다. 책을 숨겼다가 '까꿍!' 하며 보여 주는 놀이도 좋다. 잡지나 신문 같은 것을 좀 찢으면서 놀아도 좋다. 오히려 가위질을 하면서 글자 찾기 놀이를 할 때 더 좋은 교재가 된다. 책을 너무 경외시하다가 아예 책과 멀어지는 것보다는, 활자로 된 것을 무엇이든 갖고 노는 것이 좋다.

책에 나오는 주인공 이름을 따서 노래처럼 부르거나 이야기를 만들어 보는 것도 좋다. 동요와 자장가는 아이의 두뇌 발달에 아주 좋다. 아이의 언어능력을 향상시켜 주고 집중력에 도움을 준다. 바쁜 부모가 책을 읽어 주기에 가장 좋을 때는 잠들기 직전이다. 그때 아이를 안아 주고 몸을 만져 주면서, 베갯머리에 앉아 읽어 준 성경 이야기는 일평생 가장 값진 재산이 될 것이다.

아무리 바빠도 누구나 잠자기 전 몇 분은 아이와 함께할 수 있다. 엄마나 아빠가 성경책을 읽어 주는 것은 아이와의 최상의 데이트 코스다. 이때 자녀는 편안한 마음을 갖고 부모의 사랑을 느끼게 된다. 마음과 시간만 내면 되니까 돈이 전혀 들지 않는다. 자녀가 어릴수록 그 효과는 매우 크다.

이처럼 성경책 읽어 주기에 시간과 정성을 조금만 투자해도 나중에 자녀의 독해력과 논술 실력의 기초가 된다. 아이에게 부모와 하나님의 사랑을 동시에 안겨 줄 뿐 아니라, 공부의 기초를 단단하게 다지는 효과까지 덤으로 준다. "먼저 그의 나라와 그의 의를 구하라 그리하면 이 모든 것을 너희에게 더하시리라(덤으로 주시리라)"(마태복음 6:33). 자녀에게 성경을 가르치라는 말씀대로 따라 했다가, 어린 승호가 언제나 또래의 아이들보다 언어능력이 우수하다는 이야기를 듣게 되었다. 하나님의 약속은 언제나, 어느 일에나 적용이 그대로 된다. 물론 자녀양육에서도 마찬가지다. 하나님은 약속을 어기지 않는 신실한 분이시다.

몇백 년 전까지 우리 조상들은 자녀들이 세 살이 되면, 천자문을 떼게 하고 책거리를 한 후 《명심보감》을 읽게 하며 사람 사는 이치를 가르쳤다. 그런데 나는 한자교육 폐지 세대라서 한자를 못 배웠으니, 아이와 함께 한자 공부를 하기로 마음먹었다. 그 당시에 샀던 7권짜리 《따개비 한문숙어》라는 만화책은 나중에 승호의 사자성어 한자 지식의 근간이 되었으니, 놀면서 배우는 공부의 효력은 아무리 강조해도 지나침이 없다.

생각은 누구나 자신의 모국어로 한다. 우리나라 언어를 제대로 알려면 한자를 아는 것과 모르는 것은 큰 차이가 있다. 마치 영어를 모국어로 하는 사람이라도 라틴어를 배우고 어원을 알면 영어를 더 잘 알 수 있는 것처럼, 중국·일본·한국과 같은 동양권 아이들은 한자를 알아야 생각의 깊이가 더해진다. 처음에 승호는 천자문에 운율을 넣어 그냥 놀이 삼아 노래처럼 따라 부르게 했다. 그 후 아이가 글을 쓰면서부터는《그림으로 배우는 한문 쓰기》와《재능한자 시험지》를 날마다 조금씩 했다. 승호는 나중에 유치원 시절에 웬만한 한자들을 읽고 쓰는 수준이 되었다. 한자를 배우니 성경에 나오는 어려운 단어들도 제법 그 뜻을 알게 되었다.

일상생활에서 배움의 기회를 찾자

요즘 젊은 엄마들은 자녀가 서너 살이 되면 특수한 교육용 교재를 가지고 가르치는 학원을 보내는데, 학원비가 몇십만 원이라고 한다. 승호가 자랄 때도 유행하는 교재가 있었고 그것 역시 가격이 매우 비쌌다.

이럴 때 엄마의 중심이 중요하다. 모든 아이들이 다 한다고 불안해 하지 말고, 조금만 진정하자. 그러면 일상생활의 모든 사물들이 그런 고액 교재보다 더 좋은 공부 교재가 된다는 것을 알 수 있을 것이다. 대부분 그런 특수교재들은 연구개발비가 들어가고, 그 외에도 외국에서 들어온 수입품이므로 불필요한 가격이 많이 붙어 있다. 자녀가 특수한 교육을 받아야 하는 특별한 상황이 아니면 일상생활의 사물들로도 충분히 양육할 수 있다.

이 시기에는 부모들이 '영재병'에 걸리는 경향이 있다. 그런 부모들의 마음을 이용해 상업적 목적으로 비싼 완구류와 별 효과가 없는 교재를 고가에 파는 사람들에게도 문제가 있지만, 우선적으로는 당장 사지 않으면 자기가 지금 뒤처지는 건 아닌가 하며 착각하고 조급해 하는 부모도 문제다.

전집류도 마찬가지다. 내가 승호에게 전집을 사 준 것은, 10권짜리 어린이 백과사전 딱 한 질밖에 없다. 다른 사전은 좀 더 자란 후에 도서관에서 보면 되지만, 너무 어릴 때는 집에 한 질 정도 비치해 둘 것을 권한다. 궁금한 게 나올 때마다 아이와 함께 찾아보면 엄마도 상식이 늘고 재미있다.

수학공부 시킨다고 아이에게 비싼 교재를 사 줄 필요가 없다. 공부용으로 나온 교재들은 일상생활에서 사용하는 물건이 아니기 때문에 엄마가 억지로 가르쳐야 한다. 오히려 공부가 지겨운 것이라는 잘못된 경험만 주는 역효과를 내기에 충분하다.

조금만 눈을 돌리면 아이에게 숫자를 가르칠 수 있는 도구들이 우리 주변에 널려 있다. 계단을 오를 때도 '하나, 둘, 셋' 숫자를 세고, 목욕을 할 때도 플라스틱 컵을 여러 개 갖고 놀면 '많다' '적다'의 개념도 쉽게 배운다. 특히 계단은 음계를 가르칠 때 좋다. 높은 음을 가르칠 때는 계단을 올라가게 하고, 낮은 음을 가르칠 때는 계단을 내려가면서 '도시라솔파미레도'로 노래하면 음악 이론의 기본도 저절로 배운다.

승호는 엄마가 음식을 준비하거나 설거지를 할 때면 자기도 언제나 부엌의 갖가지 조리기구들을 갖고 오래도록 놀곤 했다. 깨지거나 날카롭거나 위험한 물건만 아니면 무엇이든 갖고 놀도록 배려했다. 가끔은 이상한 요리도 하겠다고 우겼는데, 나는 밀가루 반죽도 한 움큼 떼어 주고 배추도 한 잎 떼어 주고 콩나물도 다듬게 해 줬다. 물론 승호가 만진 요리 재료들은 실망할까 봐 승호가 보지 않을 때 모두 쓰레기통으로 직행했지만, 승호는 자기도 큰일을 한 것처럼 부엌일에 한동안 진지하게 참견을 했다. 엄마의 후한 인심 덕분에 우리는 부엌에서도 훌륭한 파트너였다.

일상생활에서의 놀이와 호기심은 위대한 발명으로 이어지기도 한다. 2007년 3월 28일 포항공대신문에서 발견한 흥미 있는 기사를 소개한다. 부엌에서 매일 설거지를 하면서 가사 일을 돌보다가 여성 과학자가 된 사람에 관한 기사다.

아그네스 포겔스(Agnes Pockels, 1862-1935)는 '부엌에서 과학하기'라는 전설을 낳은 이탈리아 북부 베니스 출신의 여성이다. 그녀는 과학에 관심이 많았지만, 여성에게는 제한된 교육 기회 때문에 대학에 갈 수 없었다. 괴팅겐 대학에서 물리학 교수가 된 남동생의 과학 교과서와 논문들을 독학하면서 배움의 욕구를 충족할 뿐이었다. 그녀는 병든 부모님의 병수발을 들어야 했는데, 날마다 설거지를 하면서 재미있는 현상을 발견했다. 세제의 거품에서 생기는 비눗방울들이 다양한 색을 내고 물에 닿으면 빠르게 움직이는 것들을 보았다. 물에서 나타나는 현상들에 관심을 가지게 되었다.

그녀는 '기름 한 방울은 액체 표면에서 얼마나 넓게 퍼질 수 있을까?'라는 질문을 갖게 되었고, 설거지를 매일 하면서 던진 열여덟 살 소녀의 의문은 단순한 호기심으로 끝나지 않았다. 부엌은 그녀만의 실험실이 되었다. 부엌이라는 실험실에서 표면과학의 역사가 새로운 방향을 찾게 된 것이다. 그녀는 부엌에 있는 조리도구들을 이용해서 실험하고 측정한 것을 기록으로 남겼다.

그녀는 표면장력 측정법을 발견했다. 자신이 고안한 싱크대에서 단추를 이용해 힘의 균형을 측정하는 '포켈 수조(tin water trough)'를 통해서였다. 1891년, 그녀는 레일라이 경(Lord Rayleigh)에 의해 세상에 알려졌다. 10년 동안의 연구를 묶어서《네이처》에 게재했고, 총 16편의 논문을 쓰며 연구 결과들을 발표했다. 부엌에서 일평생 실험을 계속한 그녀는 말년이 되어서야 연구 활동을 인정받고, 70세 때 브라운 슈바이히 대학에서 명예박사 학위를 수여받았다. 독일에서는 그녀의 과학 방식을 교육에 적용하여 '아그네스 포켈스 학생실험실(Agnes Pockels pupil laboratory)'을 운영하고 있다고 한다.

그녀의 삶은 자녀양육에 대해 많은 힌트를 준다. 공부는 학교나 도서관이나 학원에서 책을 펴놓고 한다는 고정관념을 버리는 순간, 이 세상 모든 환경이 새로운 발명과 배움의 장소임을 알 수 있다. 자녀의 일상생활은 여러 가지 신비한 일들이 공공연하게 숨겨진 보물창고다. 평범한 사람의 호기심과 진지한 질문에서 얼마든지 새롭고 놀라운 사실을 발견할 수 있도록 하나님은 이 세계를 창조하셨다.

인격체로 대우해 주는 것이 좋다

영·유아들의 미래가 곧 우리들의 미래다. 영·유아들을 인격체로 대해 주는 것은 어른들의 몫이다. 유아교육자 코메니우스는 어린아이들을 미숙한 존재로 여겨 무성의하게 대하지 말고, 미래를 이끌어 나갈 귀중한 존재로 여기고 최선의 것을 주어야 함을 강조했다. "이 작은 어린이들을 지금과 같은 작은 아이로 보지 말고 앞으로 우리에게 가르침을 전해 줄 위대한 사람들로 보자. 밀이나 겨와 같은 것에 쌓여 있는 아이들로부터 확실히 지도자들이 나올 것이다."

한번은 지하철을 타는데, 승호가 갑자기 울음을 터뜨리며 "나도 헤치고 가고 싶어요." 하며 자신을 지하철 출입구로 안고 들어가는 엄마 품에서 버둥거리며 떼를 썼다. 처음에는 아이가 무엇 때문에 그러는지 잘 알아듣지 못했다. 헤치고 가다니 뭘 헤치고 가겠다는 건가?

아이 눈에는 지하철 표를 낸 사람에게만 출입구가 열리는 걸 보면서, 엄마만 표를 내고 자기는 엄마가 안고 들어가거나 아래로 기어들어 가는 게 싫었던 거다. 드디어 아이 말을 알아들었지만 "너는 아직 어리니까 이렇게 타도 괜찮아."라며 윽박질렀다. 그러나 집이나 교회나 은행이나 음식점에서 자기 자리와 자기 몫이 따로 있는 걸 유난히 좋아하는 승호를 생각하니, 어린이 지하철표 값이 아깝더라도 승호 몫으로 따로 사 주는 게 좋겠다는 생각이 들었다. 그 후 승호 몫으로 어린이 표를 따로 사 주자, 자기 표를 내고 스스로 헤치고 지하철 타는 일을 얼마나 좋아했는지 모른다. 아무리 어려도 인간은 스스로 할 수 있는 일을 기뻐한다. 승호에게 자기 몫의 지하철 표를 일찍부터 사 준 일은 제법 교육적 효과가 좋았던 것 같다. 승호는 커 가면서 나이보다 언제나 조금씩 앞서서 독립적 아이로 성장했다.

이와는 대조적인 일을 나는 어렸을 때 겪었다. 내가 초등학교 1학년 때의 일이다. 당시에는 전차가 있었는데 할머니는 엄연히 초등학생인 나를 단지 키가 작다는 이유 하나만으로 아직 학교에 안 다닌다고 전차 운전기사에게 말하며 무임승차를 시켰던 것이다. 나는 그때 할머니의 거짓말을 보면서 가슴이 콩닥거리고, 전차에서 내리는 순간까지 초등학생이라는 사실이 발각나서 창피를 당할까 봐 마음을 졸였다. 이 기억은 다섯 살 승호가 자기 몫의 지하철 표를 사 달라는 마음을 이해하는 데 큰 도움이 되었다. 아이들은 아주 사소한 일에 큰 감동을 받고 자기의

168

존재를 확인한다.

어른이 되었다는 이유로 우리는 너무 많은 어린 시절의 기억들을 잊고 사는 것 같다. 어릴 때는 그토록 중요했던 일이 어른이 되었다고 사소한 일이 되는 것이 아닌 데도 말이다. 아이 입장에서 생각해 보면 우리들의 어린 시절이 금방 생각나지만, 우리들은 너무 빨리 그걸 잊어버린다.

돈의 개념도 훈련할 수 있다

교회 예배 시간에 본 대로 가정예배를 드릴 때도 헌금하는 순서를 넣자고 떼를 썼던 승호는 교회에서도 어려서부터 헌금봉투에 늘 자기 이름과 헌금을 따로 넣어 달라고 졸랐다. 대여섯 살이 되니까 가정예배 주보를 만들고, 자기가 헌금위원 노릇을 하는 걸 매우 즐거워했다.

아이들은 엄마가 도와주기만 하면 나이가 어려도 십일조와 감사헌금을 시작할 수 있다. 생활 속에서 저금하는 일도 즐겁게 배우면 일평생 좋은 습관이 되는 것을 승호를 키우면서 경험했다. 세 살 정도가 되면 아이들은 은행에 가서 저금하는 일도 아주 즐거워한다. 다음은 1988년 신한은행 창립 6주년 기념 '고객 수필·꽁트 공모'에서 〈최연소 대출자〉라는 제목으로 최우수상을 수상했던 글이다.

"얼마 찾으러 오셨어요?"
"400원 드릴게요. 도장도 찍어 드려야지요."

"또 아빠는 얼마 드릴까요?"
"500원 드릴까요? 여기 있어요."

이는 요새 들어 숫자도 조금 알게 되고 은행 놀이에도 관심이 많아진 세 살박이 아들 승호가 즐겨 하는 놀이다. 특히 이 놀이의 매력은 리드미컬하게 찍어 주는 도장 소리에 있다.
"승호야, 도장은 왜 그렇게 두 번을 찍는 거니?"
"신한은행 누나들이 그렇게 해요."

하얀 메모지에 겨우겨우 알아보게 쓴, 아들이 발행한 우리 집 지폐에는 그래서 꼭 두 개의 도장이 찍혔다. 어른들은 무심히 보아 넘기는 행동이 아이에겐 예사로운 것이 없나 보다.
또 한번은 작은 손에 부득불 볼펜을 두 개나 쥐고 글씨를 쓰겠다고 우겨서 말리다 못해 그 이유를 물었다.
"승호야, 볼펜은 한 개씩 손에 쥐고 써야 하는데 왜 그러는 거니?"
"엄마, 은행에서 누나가 그랬는데 승호는 잘 안 돼요."

곰곰 생각해 보니 낮에 들른 은행에서 직원이 빨강과 파랑 볼펜을 테이프로 붙인 것을 사용했는데 승호가 그것을 기억한 것이다. 요새 들어 부쩍 말투며 행동이 어른스러워지고, 또 뭐든지 따라 하려는(특히 해외 근무에서 돌아온 아빠의 행동을 더 유심히 보고 따라 했다) 승호가 그 볼펜 두 자루의 기억을 흘려보냈을 리가 없었다.

토끼들은 무리를 지어 늘 같은 길로만 다닌다고 했던가. 만약에 토끼 모자가 우리 동네에 산다면 우리 모자가 영락없는 토끼의 모습일 게다. 세상이 험하다 보니까 혼자 내보내는 것은 엄두도 못 내고 엄마의 외출 코스가 언제나 아들과 함께 다니는 외출 코스가 되었다.

놀이터도 좋아하지만 신한은행은 승호가 좋아하는 외출 코스다. 왜 좋아할까 생각해 본 적이 있는데, 가장 큰 이유가 나지막한 창구와 상냥한 누나, 그리고 늘 앉고 싶어 하는 회전의자 때문인 것 같다. 아이 쪽에서 보면 그만큼 자기 시야에 확연하게 드러나는 어른들의 세계도 드물었을 테니 이해가 가는 일이다.

승호가 백일이 되던 때의 일이다. 친가 쪽으로나 외가 쪽으로나 사랑을 듬뿍 받다 보니 생각지 않던 선물과 축의금이 제법 모였다. 한편으론 엄마의 직권으로 다 써 버릴까 하는 생각도 있었다. 미숙아 아들을 낳으며 고생도 많이 했는데, 그 축하금은 모두 엄마 선물이란 생각도 들었다. 그러나 생각은 다시 한곳으로 모였다. 그냥 의미 없이 써 버릴 것이 아니라 승호 이름으로 된 승호 몫의 적금을 들겠다는 것이다.

딱히 뭘 어떻게 하겠다는 생각은 없었지만, 굳이 명분을 세우자면 아이가 자라 아름다움에 눈을 뜨게 되면 멋진 피아노를 한 대 선물하면 어떨까…. 여느 엄마처럼 미래의 피아니스트를 꿈꾸는 게 아니라 단지 아들이 살아가면서 기쁠 때나 외로울 때 음악이 곁에 있으면 좋겠다는 작은 바람이었다. 사춘기를 맞이하고 그 벅찬 감정이 음악에 용해되어도 좋겠고, 성인이 된 후에라도 절절히 사랑하고픈 여인이 생기면 그가 아끼는 곡 하나 연주해 주면 좋겠다는 바람이었다. 하나님이 주신 가장 아름다운 선물을 소유할 수 있는 영혼으로 성장해 준다면 더 바랄 게 있을까….

그렇게 해서 시작된 승호 이름의 적금은 여인네의 달거리처럼 매달 거르지 않고 3년 가깝게 계속 중이다. 맨 처음 백일짜리 아들 이름의 통장과 도장을 손에 들었을 때 그것은 묘한 기분을 자아냈다. 그런데 3년 만기 적금을 시작한 지 1년가량 되었을 때 갑자기 시동생의 결혼 비용을 돕는 명목으로 백만 원 가량의 목돈이 필요하게 되었다. 평생 목회를 하신 시아버님께 목돈이 없던 터라, 우리는 가정에 대소사가 생기면 형제들이 돈을 모아 목돈을 마련하곤 했다. 이 궁리 저 궁리 끝에 나는 아들의 적금 통장을 기웃거렸다. 처음 적금을 들면서는 달걀이 병아리가 되고 병아리가 씨암탉이 되고 그 닭이 알을 낳고 다시 병아리가 되는 꿈을 꿨는데, 막상 기한도 못 채우고 적금을 해약하려니 병아리도 낳아 보지 못하고 미래의 씨암탉을 날려 보내는 기분이 들었다.

은행에 가서 기어드는 목소리로 직원에게 적금을 해약하겠다고 말을 꺼냈다. 해약 이유를 묻던 은행 직원은 해약보다는 적금 대출을 받으면 어떻겠냐며, 불입액의 90%까지 대출을 받을 수 있다고 했다. 그때까지만 해도 은행 대출은 사업하는 사람들이나 받는 걸로 알았던 내 상식이 무너지는 순간이었다. 그날로 나는 원하는 금액을 손에 쥐게 되었다.

엄마는 보증인이 되고, 이제 겨우 생후 15개월의 승호는 은행 설립 이래 최연소 대출자가 되었다. 그 후 나는 승호 이름으로, 또 내 이름과 남편 이름으로 여러 개의 적금 통장을 만들었다. 집안의 대소사에 여러 가지 다양한 용도로 대출을 더 받고 나중에 갚기도 했다. 그때부터 시작된 적금 중에는 만기가 15년 후인 2000년대에 이르는 것도 있다.

"엄마, 신한은행 누나가 승호 보고 '최승호 씨!' 하지요?"
"엄마, 은행 가서 찾은 돈은 다시 저금하는 거지요?"
엄마 덕분에 최연소 대출자가 된 승호는 은행에 가는 일도 놀이로 알고 있다. 집에서 도장을 타당 두 번 찍고, "최승호 씨." 하고 이름을 불러 주는 은행에 자기가 만든 돈도 저금한다며 집을 나선다. 승호는 자신을 어른 대접해 주는 상냥한 누나가 있는 은행을 아주 좋아한다. 갈 때마다 귀여움을 듬뿍 받고, 어른처럼 대우해 주는 은행을 어른이 돼서도 즐거운 놀이 장소로 기억할 것 같다.

은행에서 재미있던 기억은 승호가 저금을 즐거워하는 사람으로 자라게 해 주었다. 십일조와 감사헌금을 자연스럽게 몸에 배게 한 시기도 이 때다. 십일조로 물질을 구별할 줄 아는 아이로 자라야, 이 땅을 살면서 하나님이 약속하신 풍성함을 누리며 물질 사용하는 방법도 배우게 된다.

어린 시절부터 십일조의 약속을 체험한 승호는 지금까지 십일조 생활을 잘하고 있다. 사법연수원에서 첫 월급을 받았던 2007년 3월에는 첫 열매로 월급 전부를 하나님께 드리며 감사했다. 록펠러의 어머니가 말씀에 순종하여 자녀에게 십일조 생활을 가르쳤듯이, 그리스도인 부모에게는 자녀의 헌금 생활도 어려서부터 가르칠 의무가 있다.

요즘 세상에는 많은 문제가 물질로부터 발생하는데, 성경적 물질관은 자녀의 나이가 어릴수록 몸에 습관화되기가 쉽다. 자녀가 진정 하나님이 책임지시는 사람으로 자라기 원한다면, 십일조와 감사와 헌금 생활을 힘써 가르쳐야 한다. 자녀가 물질에서 자유로운 사람이 되길 원한다면, 부모가 먼저 본을 보이며 성경적 경제 원리를 몸에 배게 가르쳐야 한다. 하나님의 약속은 언제나 동일하다. 순종하면 체험한다. 어린 시절에 가르친 하나님의 방법은 늙어도 그 자녀를 떠나지 않는다고 약속하셨다. 세상은 부자가 되라고 권할때, 성경은 "부자 되기를 애쓰지 말고 네 사사로운 지혜를 버리라"(잠언 23:4)고 말씀하신다. 돈과 재물에 대한 성경적 교훈을 정리해 보면 다음과 같다.

1. 자족하는 법을 배우라.
"우리가 먹을 것과 입을 것이 있은즉 족한 줄로 알 것이니라"(디모데전서 6:8).
2. 수입에 맞게 살고 빚지지 말아라.
"아무에게든지 아무 빚도 지지 말라"(로마서 13:8).
3. 돈에 대해 정직하라.
"속이는 저울은 좋지 못한 것이니라"(잠언 20:23).
"속이는 말로 재물을 모으는 것은 죽음을 구하는 것이라"(잠언 21:6).
4. 주는 것을 가르쳐라.
"흩어 구제하여도 더욱 부하게 되는 일이 있나니 과도히 아껴도 가난하게 될 뿐이니라"(잠언 11:24).
5. 물질의 청지기가 되고, 보증 서지 말아라.
"모든 것이 주께로 말미암았사오니 우리가 주의 손에서 받은 것으로 주께 드렸을 뿐이니이다"(역대상 29:14).
"지혜 없는 자는 남의 손을 잡고 그의 이웃 앞에서 보증이 되느니라"(잠언 17:18).

꼭 외워야 할 말씀

태교
내가 모태에서부터 주를 의지하였으며 나의 어머니의 배에서부터 주께서 나를 택하셨사오니 나는 항상 주를 찬송하리이다 시편 71:6
주께서 내 내장을 지으시며 나의 모태에서 나를 만드셨나이다 시편 139:13

아이의 질문에 높임말로 대답해 주자
경우에 합당한 말은 아로새긴 은쟁반에 금 사과니라 잠언 25:11
사람은 그 입의 대답으로 말미암아 기쁨을 얻나니 때에 맞는 말이 얼마나 아름다운고 잠언 15:23

듣는 능력을 최고로 개발해야 하는 때다
내 사랑하는 형제들아 너희가 알지니 사람마다 듣기는 속히 하고 말하기는 더디 하며 성내기도 더디 하라 야고보서 1:19

돈의 개념도 훈련할 수 있다
만군의 여호와가 이르노라 너희의 온전한 십일조를 창고에 들여 나의 집에 양식이 있게 하고 그것으로 나를 시험하여 내가 하늘 문을 열고 너희에게 복을 쌓을 곳이 없도록 붓지 아니하나 보라 말라기 3:10-12

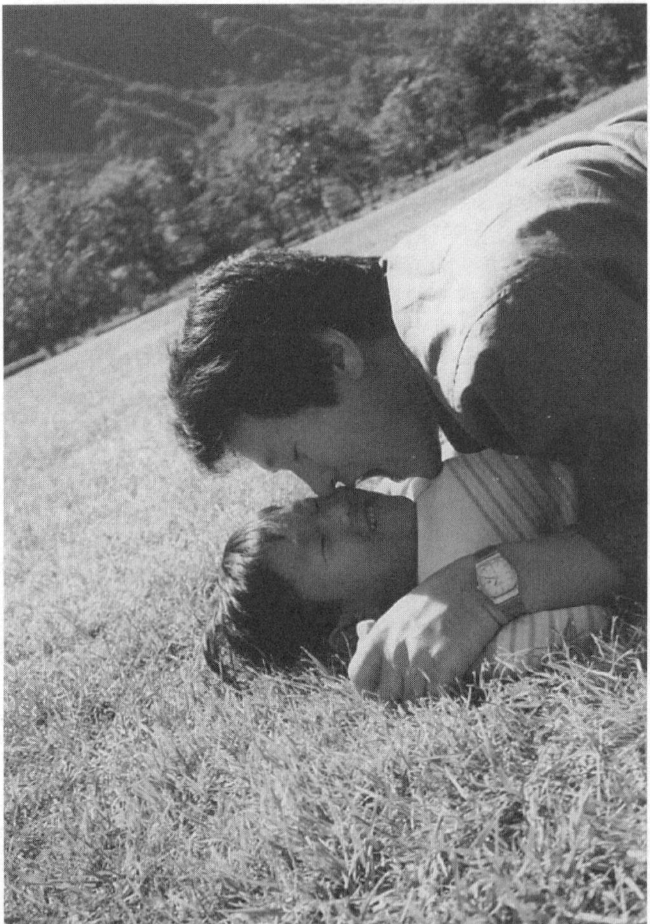

2. 지혜가 충만하며 하나님의 은혜가
   그의 위에 있더라: 4~6세

내 아이 혼자만 잘 돼서는 안 된다

과거에 중요시했던 IQ, EQ에 이어 21세기는 NQ(Network Quotient, 공존 지수)를 강조한다. NQ는 다른 사람과 더불어 살아가는 능력을 말한다. 정보화 시대에는 혼자보다는 여럿이 잘할 수 있는 능력이 성공의 관건이다.

그러나 아무리 새로운 학설이나 현상이 나와도 알고 보면 성경에 이미 기록된 사실들이다. 다만 이 시대의 언어로 아직 해석을 못하고 적절한 현대어로 풀어내지 못했을 뿐이다. NQ에 대해서도, 성경에서는 이미 "네 이웃을 네 자신같이 사랑하라"(마태복음 22:39)는 최고의 진리를 제시해 주셨다.

전에는 가정 안에서 배우고 익히던 인간관계의 기술이, 이제는 의도적으로 배워야 하는 덕목이 되었다. 은둔형 외톨이들이 양산되는 사회문제를 살펴보면 요즘 들어 NQ가 왜 각광을 받는지 쉽게 이해할 수 있다.

내 자녀만 잘 키우려고 노력해서는 좋은 결과를 수 없는 게 자녀양육이다. 정말 그렇다. 어느 정도의 어린 나이까지는 무균실에서 자라듯 내 집에서만 잘 키울 수 있을지 모르지만, 아이들은 곧 세상으로 나가서 또래 친구들이나 환경에서 더 많은 것을 배운다. 내가 자라 온 지난날만 살펴봐도 그렇다. 부모님 말보다 친구 말을 더 신뢰하고, 친구들 말에 더 많이 영향을 받았다.

　내 아들이 유치원을 다닐 때 일이다. 하루는 뭔가 혼자서 중얼중얼하는 모습을 보게 되었다. 무슨 말을 반복하나 싶어 주의 깊게 들었더니, 놀랍게도 저속한 욕이었다. 욕이나 나쁜 행동을 시작했을 때 그 말이나 행동이 습관이 되지 않도록 설명하고 가르치고 훈계하고 기도하는 일이 부모의 몫이라 생각한다. 나는 그날 이후 비로소 승호가 다니는 미술학원의 다른 아이들을 위해 중보기도를 하게 되었다.

　기도를 시작하고 얼마 지나지 않아, 내가 실천할 수 있는 작은 일이 생겼다. 마침 학원의 원장이 교회의 집사였다. 원장 선생님 입에서 먼저, 아이들을 믿음으로 지도하고 싶지만 마땅한 대안이 없다는 말이 나왔다. 당시 미술학원은 토요일에는 수업을 안 했는데, 동네 놀이터도 가깝고 마당에 그네가 있어서 아이들이 토요일에도 자주 들른다는 이야기도 듣게 되었다.

　그 이야기를 듣고 나서, 나는 매주 토요일마다 학원에 놀러 오는 아이들에게 성경 구연동화를 들려주고 간식도 준비해서 자원봉사를 하겠다고 제안을 했다. 당시 성우들이 낭독하는 구연동화 방식의 《이야기 하늘나라》라는 열 몇 권의 테이프와 책을 승호와 함께 거의 날마다 들었기 때문에 나는 거의 외우다시피 했다.

　많은 아이들 앞에서 구연동화를 해 본 경험은 없지만, 승호에게 들려주던 대로, 모든 아이들을 내 아이처럼 생각하고 복음을 전한다는 마음으로 시작했다. 거의 몇 달 동안 그 책을 다 읽어 줄 때까지 나는 간식까지 사 들고 가서 일주일에 한 번씩 무보수로 그 일을 자청해서 했다. 제일 좋아했던 건 승호와 미술학원 원장님이었다. 성우 목소리를 흉내 내며 성경을 들려주고 간식을 주니 아이들도 정말 신나서 모여들었다.

캐나다로 이민을 갔던 승호의 유치원 동창이 작년 여름에 갑자기 찾아오기 전까지, 우리는 16년 전의 그 일을 까맣게 잊고 있었다. 승호의 동창은 승호와 싸이에서 연락이 되면서 여름방학 동안 잠시 귀국해서 우리 교회를 다녔다. 그때 그 친구가 하는 말이 이랬다.

"사모님, 그때 미술학원에서 성경 동화 들려주셨던 거 저 지금도 기억나요. 재미있었어요, 그때."

"어머, 그랬구나. 정말 그때 그런 일이 있었어.《이야기 하늘나라》를 읽어 준다고 내가 열심히 갔는데, 그때 너도 들었구나…. 네가 있었구나."

승호의 친구들에게 구연동화를 해 준 계기를 통해, 나는 승호의 친구들과 승호가 다니는 유치원, 초등학교, 중학교의 선생님들을 위해 거의 날마다 잊지 않고 중보기도를 해 왔다. 연세대를 위해 기도했고, 사법시험을 준비하면서는 이 나라 법조계와 사법연수원을 위해 기도하고 있다. 또한 서울을 위해 기도하다 보니, 결국에는 이 나라와 민족을 위해 중보기도해야 하는 필요성을 절감하게 되었다.

내 아이가 잘된들 나라가 엉망이면 다 소용없는 게 역사고 우리들의 인생이다. 나라가 아무리 부강하고 안정된들 인구가 점차 줄어들고 자녀들이 바르게 성장하지 못하면 국가의 미래까지도 어두운 게 역사가 주는 교훈이다.

아버지가 먹은 신포도가 아들의 이를 시게 할지라도, 예수님의 복음으로 새로운 피조물이 되면 조상의 신포도가 더 이상 우리에게 영향력을 미치지 못하는 게 성경의 약속이다.

이상하게도, 똑같은 내용을 똑같이 정성껏 가르쳐도 결과는 다 다른 게 교육이다. 아마도 가정 배경이 다르고 성격이 다르고 공부 습관과 듣는 습관이 달라서 그런 것 같다. 주일학교, 어린이집, 유치원, 학교, 학원, 과외를 통해 받는 교육은 지식을 더해 주지만, 가장 중요한 인격과 성품의 형성은 가정에서 일어난다.

이웃 사랑을 가르쳐라

승호는 다섯 살 무렵이 되자 길에 앉아 있는 거지 아저씨를 보면 멈춰 서곤 했다.
"엄마, 돈 주세요."
"왜 그러니?"
"저 아저씨 주려구요."
비록 아이 입에서 나온 말이었지만, 불쌍한 사람을 지나치지 않는 마음이 기특해서 돈을 주었다. 그 후 줄곧 누가 시키지 않아도 거지만 보면 마치 자기가 해야 할 일을 만난 듯 엄마에게 돈을 받아 갔는데, 놀라운 일은 승호가 거지 아저씨에게 돈을 주는 자세였다. 언제나 공손하게, 마치 세배하는 자세처럼 무릎을 꿇고 조심스럽게 바구니에 돈을 놓고 일어났다. 어린아이지만 그렇게 진지할 수 없었.
어려서부터 기도와 말씀으로 키운 은혜는 아이의 일평생에 거쳐 나타난다. 대학생이 된 어느 날의 일이다.
"엄마, 아빠, 우리 학교 근처에 유명한 거지 아줌마가 있어요. 한여름에도 모자를 쓰고 겨울 옷 같은 걸 입고 다니는 아줌마예요. 신호등을 건너면, 그 여자가 나타나서 히죽히죽 웃으며 손을 내미는데요. 다들 정신이 나간 여자니까 거들떠보지도 않고 지나치는 거예요. 저도 처음엔 그랬는데, 갑자기 마음속에서 그럴 수 없다는 생각이 든 거예요. 마음속으로 학교를 졸업할 때까지 저 여자를 보면 돈을 줘야겠다고 결심했어요.

근데 오늘은 두 번이나 만나서 지나치려고 하는데 이 말씀이 생각나는 거예요. '내가 주릴 때에 너희가 먹을 것을 주었고 목마를 때에 마시게 하였고 … 너희가 여기 내 형제 중에 지극히 작은 자 하나에게 한 것이 곧 내게 한 것이니라'(마태복음 25:35-40). 두 번을 주려니 좀 그랬지만, 또 천 원을 줬어요."

가난하고 소외된 이웃에게 뭔가 작은 일을 하고 싶어하는 습관은 어릴 때부터 형성되는 것 같다. 특별히 가르치지 않았어도, 승호가 무릎을 꿇고 거지에게 돈을 주었던 일은 하나님이 아이에게 그런 마음을 부어 주셨기에 가능했던 일이라 생각한다.

부모의 감정 다스리는 방법

부모 이전에 우리 모두는 누구나 죄의 경향성이 있는, 구원받아야 할 하나님의 자녀다. 부모도 하나님께 인도받아야 할 연약한 존재다. 인간은 누구나 자신의 감정을 다스리기 어려울 때가 있다. 나는 예수님을 믿으면서도 예수님의 오래 참음과 온유함을 배우기는커녕, 아이에게 나의 분노를 폭발하는 나쁜 습관이 있었다. 다른 사람 앞에서는 비교적 감정을 잘 조절하는데, 연약한 자녀에게는 다른 일로 생긴 스트레스를 언어폭력이나 신경질로 풀 때가 있었다. 내 자녀를 하나님이 주신 인격체로 보지 못하고, 내 소유물로 착각한 것이 가장 큰 문제였다. 말과 머리로는 자녀를 하나님의 기업이고, 인격체라고 하면서 내 습관과 사고방식은 아직 변하지 않았던 시절이다. 내가 실천하면서 변화된 과정을 정리하면 이렇다.

1. 먼저 자녀를 내 기분대로 대한 일을 회개하기 시작했다.
2. 자녀에게도 엄마가 이유 없이 화내고 신경질 부린 일들에 대해 구체적으로 용서를 구하고 사과했다. 아이들은 의외로 마음이 아주 넓고 빨리 용서한다.
3. 지나치게 내 몸이 피곤하지 않도록 시간 사용이나 일의 분량들을 조절했다. 피곤함도 감정을 다스리지 못하게 하는 중요 요인이다.
4. 자녀에 대한 지나친 욕심과 비전을 구별하고, 자신이 가장 화를 내는 상황이 언제인지를 파악하는 중요한 작업을 했다.
5. 부모가 자신의 감정대로 폭력과 폭언을 하면 아이는 분노가 쌓이고 부모의 눈치를 보는 사람으로 성장하고, 마음속에 쓴 뿌리가 자라 병들어 간다는 사실을 기억했다.

너무 큰 목표를 잡거나 다른 아이와 비교해 조급해지면 실패하기 쉽다. 하나님은 자녀양육에서도 일용할 양식만을 허락하신다. 날마다 자녀와 함께 있는 시간을 최대한 사용하자. 자녀의 나이가 어릴수록 자녀양육에 많은 시간이 필요하지만, 자녀가 20세만 되어도 부모에게 허용된 시간은 불과 몇 분밖에 되지 않는다.

하나님은 자녀의 나이가 몇 살이든 개의치 않으신다. 부모가 돌아오지 않으면 자녀를 먼저 부르시기도 한다. 그러나 부모가 먼저 회개하고 하나님께 돌아와서 말씀에 순종하고 기도하면, 그 자녀는 하나님이 성경에 약속하신 많은 축복을 누리게 된다. 부모가 먼저 하나님의 말씀을 마음 판에 새기고 어린 자녀에게 부지런히 가르쳐야 할 것이다.

하나님을 만난 사람은 고통도 축복임을 배운다. 하나님 앞에서 늦은 나이는 절대로 없다. 어제까지도 몰랐다가 오늘 깨닫게 되었으면 오늘이 가장 정확한 하나님의 때다. 나의 불순종을 회개하고 내가 죄인임을 고백하고, 예수 그리스도의 보혈의 은총으로 하나님의 은혜를 구하면 '축복 시작, 불행 끝'이다. 그 축복은 세상의 축복 개념과는 다르지만, 진짜 축복이다. 교만을 깨닫고 겸손을 간구하니 축복이고, 질투를 발견하고 열등감을 고침받으니 진짜 축복이다.

공부 습관 들이기

공부는 배우는 습관이며, 기술이다. 결국 공부를 잘하고 못하는 것은 배워 가는 과정에서 생긴 공부 습관의 결과물이라고 할 수 있다. 어떤 아이가 공부를 잘한다면, 그 아이는 자신의 발달단계에 따라 공부 기술을 잘 개발하고 터득한 것일 뿐이다. 아주 특별한 천재를 제외하고 사람의 능력은 대개 엇비슷하다. 나는 대학 시절부터 개인 과외지도를 많이 하면서 터득한 진리가 하나 있다. 모든 인간은 자신이 흥미를 갖는 분야에서는 더 깊이 배우고자 하는 욕구가 있다는 사실이다.

어린아이는 엄마를 자주 부른다. 새로운 일에 대한 호기심이 생길 때도 제일 먼저 엄마를 부르고, 어려운 일이 생기거나 원하는 일이 생길 때도 엄마를 부른다. 승호도 어렸을 때, 질문이 아주 많았다. "엄마, 이게 뭐예요?"라는 질문을 입에 달고 살았다. 자녀가 어릴수록 엄마가 무언가 다른 일을 할 때 궁금한 게 많아지는 것 같다. 아마도 자신에게 관심을 기울여 달라는 표시일 수도 있다. 여러 가지 이유로 아이가 엄마를 불렀을 때, 엄마의 듣는 태도가 중요하다. 호기심이 생겼을 때 교육의 효과가 가장 높은데도, 많은 부모들이 자녀가 호기심을 갖고 질문을 할 때는 막상 소홀이 하는 것 같다. 부모가 반응을 안 하거나 귀찮아하면 아이들은 점차 질문이 줄어든다.

나는 승호가 무엇인가 물어볼 때마다 성의껏 대답하려고 노력했다. 설거지나 다른 집안일을 하는 도중에 질문을 하면 하던 일을 멈추고 대답해 주었다. 나중에 알려 주겠다고 했으면 기다리게 했다가 잊지 않고 꼭 나중에 알려 주었다. 그렇게 성의껏 대답을 해 주면서 스스로 혼자서 책을 찾아 알게 하는 방법도 가르쳐 주었다. 주로 어린이용 국어사전이나 그림백과사전처럼 한 가지 사실에 관해 집중적으로 설명해 놓은 책들을 사용했다.

여섯 살 무렵이 되자 승호는 책을 아주 좋아하는 아이로 자라고 있었다. 기억에 남는 승호의 독서 습관은 '본 책 또 보기'다. 요즘에도 《why?》란 제목으로 계속 나오는 학습용 만화책인데, 당시에는 《왜?》 시리즈로 10권을 단행본으로 팔았다. 《우리 몸은 왜?》《컴퓨터는 왜?》《우주는 왜?》《곤충은 왜?》 등 어른이 보아도 궁금증이 생기는 재미있는 책이다. 하드커버였는데 어찌나 마르고 닳도록 들고 다니며 읽었는지, 나중에는 책이 다 뜯어질 정도였다. 초등학교 고학년까지도 심심하면 그 책을 읽으며 각종 지식과 상식을 풍부하게 채웠다. 지식의 근간은 하루아침에 쌓이는 게 아니다. 자연스럽게 놀면서 배우는 습관이 들어가는 것은, 기본기가 이미 튼튼한 상태로 새로운 운동을 배우는 것과 같다.

꼭 외워야 할 말씀

내 아이 혼자만 잘 돼서는 안 된다
구제를 좋아하는 자는 풍족하여질 것이요 남을 윤택하게 하는 자는 자기도 윤택하여지리라 잠언 11:25
네 이웃을 네 자신 같이 사랑하라 마태복음 22:39
그러므로 우리는 기회 있는 대로 모든 이에게 착한 일을 하되 더욱 믿음의 가정들에게 할지니라 갈라디아서 6:10
마땅히 행할 길을 아이에게 가르치라 그리하면 늙어도 그것을 떠나지 아니하리라 잠언 22:6
우리가 이 계명을 주께 받았나니 하나님을 사랑하는 자는 또한 그 형제를 사랑할지니라 요한일서 4:21

부모의 감정 다스리는 방법
유순한 대답은 분노를 쉬게 하여도 과격한 말은 노를 격동하느니라 잠언 15:1
주 안에서 항상 기뻐하라 내가 다시 말하노니 기뻐하라 너희 관용을 모든 사람에게 알게 하라 주께서 가까우시니라 아무 것도 염려하지 말고 다만 모든 일에 기도와 간구로, 너희 구할 것을 감사함으로 하나님께 아뢰라 그리하면 모든 지각에 뛰어난 하나님의 평강이 그리스도 예수 안에서 너희 마음과 생각을 지키시리라 빌립보서 4:4-7
그는 훈계를 받지 아니함으로 말미암아 죽겠고 심히 미련함으로 말미암아 혼미하게 되느니라 잠언 5:23

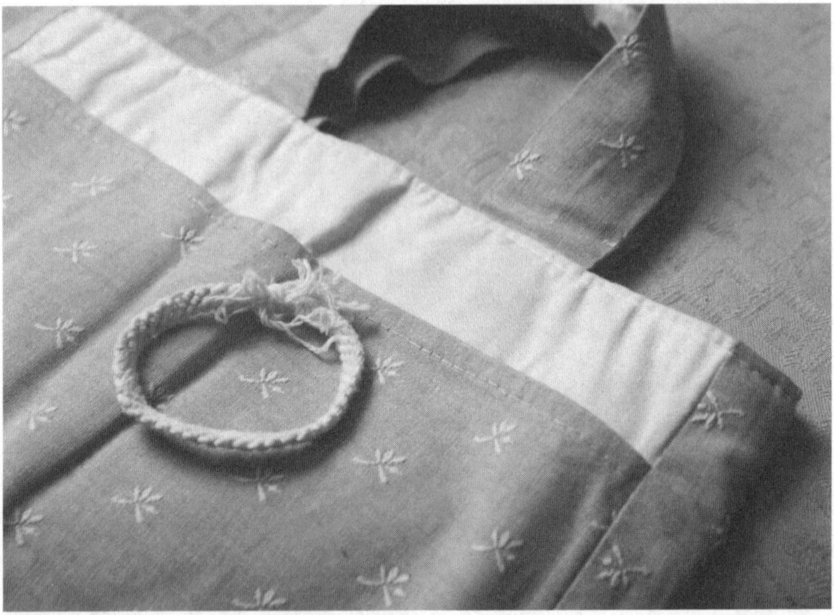

3. 내 아버지 집에 있어야 될 줄을: 초등학교

평생 은사는 초등학교 때 결정된다

 초등학교 시기는 자녀를 가장 가까이서 사랑하고, 중요한 가치관과 좋은 습관을 가장 많이 가르칠 수 있는 마지막 시기다. 청소년기에 진입하기 전 단계로서 매우 평온하고 모든 가능성이 열린 시기다. 또한 호기심이 많은 자녀에게 성교육을 시작해야 하는 시기이기도 하다. 운동과 악기를 몸에 익히기에 가장 적합한 시기이며, 신체적·정신적·영적·인격적 건강의 기초가 되는 시기다.

 자녀가 초등학교 1학년에 입학하는 것은 부모에게도 가장 설레는 통과의례다. 호기심과 기대가 가득 찬 아이와 달리, 엄마는 내 아이가 과연 학교생활을 잘 적응할지 두려움부터 생기기 쉽다. 공부를 잘 따라갈 수 있을지, 또래 아이들에게 뒤처지는 건 아닌지, 선생님이 내 아이에게만 차별대우를 하는 건 아닌지, 아직 일어나지 않은 여러 가지 일들을 엄마들은 두려워한다. 특히나 첫째 아이의 경우는 출산의 두려움만큼이나 긴장하는데, 이런 엄마 때문에 아이까지 덩달아 긴장하게 된다. 이 시기에는 엄마의 말 한마디가 학교 선생님과 아이 사이의 관계를 결정하는 큰 변수가 된다.

학교 적응은 선생님 적응이다

학교에서 아이들이 공부에 흥미를 잃는 경우는 크게 두 가지인 것 같다. 하나는 학교에서 배우는 공부 내용이 아이의 학력과 지나치게 차이가 나는 경우다. 너무 어렵거나 너무 쉬울 때 아이들은 학교 수업에 흥미를 잃는다. 또 하나는 인간관계 때문에 공부까지도 흥미를 잃는 경우다. 담임선생님이나 특정 교과목의 선생님을 싫어하거나 친구들과의 관계에 어려움을 겪을 때 학교가 싫어지고 공부도 덩달아 싫어지게 된다. 자신의 학교생활을 더듬어 보면 쉽게 수긍할 수 있을 것이다.

자녀가 어떤 과목을 좋아하거나 싫어하고, 잘하거나 못하는 게 반드시 적성 때문만은 아니다. 적성도 알고 보면 불변의 것이 아니다. 아이들은 자신이 흥미를 가진 과목을 잘하게 되는데, 대부분 적성보다는 공부 기술이나 선행 학습을 통한 이해도에 달려 있다. 그러니 너무 이른 나이에 한 적성검사를 지나치게 염두에 두는 일은 위험하다. 자신의 학창 시절을 기억해 보자. 선생님이 좋으면 그 과목도 공연히 좋고, 선생님이 싫으면 학교까지도 싫었던 기억이 누구에게나 있을 것이다.

내가 승호의 학교생활에 대처한 일 중 되돌아봐도 참으로 잘한 것이 한 가지 있다. 두고두고 생각해도 하나님의 은혜다. 어느 날, 승호가 처음 선생님께 지적을 받고 돌아와 이야기했다.

"엄마, 선생님한테 야단맞았어요."

무슨 큰일이라도 난 것처럼 "왜?" 하고 다그치듯 아이를 향해 달려들다 말고 나는 생각했다. 앞으로 아이에게 매우 중요한 영향을 미칠 선생님과 아이의 관계를 위해 엄마인 내가 어떤 역할을 해 줘야 하는지 기도하는 마음으로 이야기를 들었다. 아이는 선생님께 많은 것을 배워야 하고, 선생님과의 관계가 좋아야 학교생활을 행복하게 할 수 있기 때문이다. 승호의 이야기를 듣고 보니 유난히 키가 커서 그러잖아도 눈에 띄는데, 뒤에 앉아 얼쩡거리다 야단을 맞은 것 같았다.

"승호네 반에 친구들이 많지?"

"네. 많아요."

"모두 몇 명이나 되니?"

"35명인가? 40명인가? 그쯤 될 거예요."

"근데 너 한 사람만 야단맞은 거니?"

"네. 저만 혼났어요. 공부 시간에 돌아다닌다고요."

막 터지려는 화를 참기 위해 냉수부터 마시고 차분히 말했다.

"엄마는 선생님이 너무 고맙구나."

엄마 입에서 무슨 말이 나올지 기다리는 아이를 향해 나는 입을 열었다.

"선생님은 너네 반 아이들 모두를 가르치시는데 너만 야단친 걸 보면 선생님이 너를 특별히 사랑하시는 거구나. 엄마는 너 한 명 기르기도 이렇게 힘든데, 너희 선생님은 아들딸이 40명이나 되는데 그중 너만 혼낸 건 너무 사랑하신다는 증거야. 원래 관심 없는 사람은 야단치지 않거든. 승호처럼 반에서 키도 가장 크고 공부도 제일 잘하는 학생이 선생님 말씀까지 제일 잘 듣는다면 너희 선생님 너무 행복하시겠다."

아무튼 그 일 이후 아이는 야단맞는 걸 무슨 훈장이나 받은 것처럼, 집으로 달려와 자랑하는 푼수가 되었다. 야단맞는 게 자기를 사랑하는 거라고 했더니 야단맞아도 만날 그 타령인 부작용도 만만치 않았다. 속이야 누구보다 쓰리고 아팠지만 처음 대면한 학교와 선생님과의 관계가 공부보다 중요하다고 생각한 나머지, 아픈 가슴을 쓸어내리며 나는 아들에게 야단치는 선생님께 고마워하는 걸 가르치느라 무던히도 애를 썼다.

내 아들은 선생님께 꾸중을 들어도 언제나 학교를 좋아하고 공부를 좋아하고 즐겁게 생각했다. 선생님은 엄마처럼 자기를 사랑하시니까, 아무리 야단을 맞아도 다음부터 잘하면 되는 일이었다. 그러니 내 아이의 입장에서 학교는 날마다 신나고 새로운 일이 생기는 즐거운 장소가 되었다. 학교생활을 진정으로 즐거워했고, 생일 초대를 하면 반 아이들 전체가 집에 올 만큼 친구들과도 잘 지냈다. 그런 아이를 보며, 나는 아이가 놀기만 좋아할까 봐 마음을 졸이며 기도했다. 배움의 욕구와 기쁨을 주시고 공부 시간에 선생님 말씀을 집중해서 열심히 듣는 학생이 되게 해 달라고 말이다.

물론 이 방법 때문에 승호가 나이와 덩치에 비해 눈치가 없는 아이라고 힘들어하던 선생님도 있었다. 그러나 설령 학기 초에는 적응 단계라 힘들었을지 몰라도 언제나 승호와 선생님들의 관계는 아주 좋았다. 승호는 선생님을 신뢰했다.

배우기를 기뻐하는 아이

자녀들이 학습하는 동기는 평가 목표와 학습 목표 두 가지로 구분할 수 있다.
자신이 잘하는 것을 재미있다고 말하는 아이들은 공부하는 동기가 주로 평가 목표에 있다. 평가 목표가 강한 아이들은 결과에 대한 칭찬이나 점수에 연연한다.

부모나 선생님의 칭찬 여부에 따라 배움에 대한 동기를 갖는 것이다. 우리나라 부모들은 주로 평가 목표를 아이에게 심어 주는 경향이 있다고 한다.

그런데 평가 목표가 동기가 되면 점수가 낮게 나오거나 칭찬을 받지 못할 때, 흥미를 잃게 되고 더 이상 문제 해결을 하지 않으려는 경향이 있다. 평가 목표가 강할수록 모르는 것에 대해서는 아예 외면하는 경향이 강해지는 것이다.

반면에 학습 목표가 동기인 아이들은 새로운 것을 배우는 일 자체를 즐거워한다. 이들의 특징은 자신이 이미 해결한 문제보다는 아직 해결하지 못한 문제에 도전하려는 것이다. 이런 부류의 학생들은 공부를 즐거워한다. 이런 아이들은 스스로 공부하는 방법을 많이 터득하게 된다.

초등학교 저학년까지 읽고 쓰고 말하고 듣는 능력을 집중해서 훈련하면, 초등학교 고학년이 되면서 자연스럽게 생각하는 능력과 문제를 해결하는 능력이 길러진다. 또한 지식의 근본은 여호와를 경외하는 것이므로 성경을 암송하고 말씀대로 순종하는 훈련 역시 중요하다.

이때를 지나면 아이들은 자신의 정체성 찾기와 인생의 목표 세우기에 관심을 갖게 된다. 이른 아이들은 이미 초등학교 4학년 때부터 이런 생각을 한다. 어려서부터 배워 온 인내가 빛을 발하는 시기다. 성경적으로 생각하고 성경적으로 말하고 실천하는 습관을 갖게 되면, 대학에 가서도 세상의 가치관 때문에 겪는 혼란이 최소화된다. 어릴 때부터 기독교적 가치관을 형성하는 것은 정말 중요하다.

공부를 잘하려면 어릴 적부터 들을 줄 아는 아이로 키워야 하는데 듣는 훈련은 가장 먼저 가정에서 시작된다. 엄마 아빠가 아이의 말을 잘 들어줄 때, 아이도 부모의 말을 잘 듣는 아이가 된다. 아이의 말을 귀담아 듣지 않는 부모를 두면, 그 아이 역시 부모의 말을 듣지 않는 사람으로 커 가기 쉽다. 듣는 일은 상호작용 안에서 배우는 능력이기 때문이다.

어린 시절부터 가정에서 잘 듣는 훈련이 되면, 학교에 가서도 선생님의 설명을 잘 듣게 된다. 학교 공부의 대부분은 수업 시간에 듣는 것으로 이루어진다. 듣기 능력을 통해 지식이 쌓이기 시작한다. 또한 암기력도 중요하다. 암기한 내용이 많으면 잘 들리고, 잘 들으면 암기력이 좋아진다. 결국 잘 들을 줄 아는 아이가 공부도 잘하게 되는 것이다. 믿음도 복음을 들음에서 시작된다.

그 다음은 읽기 능력이다. 어린아이에게 책을 읽어 주고, 아이가 읽은 내용을 말할 수 있도록 도와주는 것이 배움의 욕구를 길러 가는 좋은 방법이다.

듣기, 읽기, 말하기, 쓰기의 기능을 나이에 맞게 골고루 익힐 때 가장 공부를 잘하게 된다. 수학이나 과학 과목도 국어의 독해력에 따라 이해도가 달라진다. 수학 공식을 이해하고 암기하는 것도 언어 능력이 뒷받침되어야 한다. 학년이 올라갈수록 독해력은 모든 과목에 크게 영향을 미친다. 독해력은 어휘력을 통해 나날이 증가한다. 마치 많은 돈을 모으려면 종자돈을 먼저 만들어야 하는 것과 같은 이치다. 갑자기 큰돈을 모을 수 없는 것처럼 어휘력도 갑자기 향상될 수 없다.

아들과 딸의 역할 고정 양육법에서 벗어나자

어린 자녀에게는 여성성과 남성성이 동시에 내재되어 있다. 아동심리학자들도 사춘기의 성징이 나타나기 전까지는 남녀가 비슷한 모습을 보인다고 말한다.

중요한 것은 아들이나 딸을 대하는 부모의 고정관념과 양육 태도다.

　세상이 말하는 남녀의 성 차이는 원래 속설도 많고 연구 결과도 시류에 편승해 온 느낌이 들 정도다. 여성과 남성의 차이에 관한 논쟁은 지치지 않고 등장하는 주제다. "여성과 남성은 서로 다르다. 여자 아이들은 원래 수학이나 과학을 못한다. 남자 아이들은 언어 능력이 뒤떨어진다." "아니다. 서로 다른 게 없다." 등 많은 속설과 이론이 있는 게 여성과 남성의 차이에 관한 연구 결과다.

　한 신문에서는 여성들이 각종 시험에 강세를 보이는 이유를 분석한 기사를 실었다. 첫째, 21세기에 그 가치가 더욱 높아진 언어 감각·창의력·감성적 소통 능력에 관한 여성의 유전자가 더 우월하다는 생물학적 우성론이 있다. 둘째, 고도의 집중력과 안정성이 여성 호르몬의 영향을 받는다는 성호르몬 관련설도 있다. 셋째, 사회환경요인설은 그동안 여성에게 주어진 차별적 환경이 오히려 여성의 생존력을 키웠다는 주장이다. 모두 일리가 있고 어쩌면 맞는 말일 것이다.

　그러나 이런 분석 속에는 한 가지 중요한 요인이 빠져 있다. 요즘 두각을 나타내는 여학생들을 키워 낸 부모 세대에 관한 분석이다. 부모의 양육 태도는 자녀의 학업 성취도와 밀접한 관계가 있다. 여학생들이 우수해진 현상은 여성주의가 태동한 지 40여 년이 지나면서 결실을 맺은 당연한 결과라고 생각한다.

　20세기에 두 차례의 세계대전이 끝나면서, 현대 여성들은 역사 속에 견고했던 가부장 제도의 억압과 속박을 필사적으로 탈피해 왔다. 심한 차별을 받고 자란 그 딸들은 부모가 되자 아들 못지않은 당당한 여자 아이를 키우는 게 지상 목표였다. 가정이나 사회에서 남녀 차별을 심하게 당한 사람일수록 딸만 낳으면 모두들 "너는 나처럼 살면 안 돼."가 공공연한 슬로건이었을 정도다.

나도 그렇게 자란 세대다. 할머니가 신여성이던 나의 친정은 일찍이 남녀평등을 넘어서 여자들이 더 우선권이 있고 대접을 받는 첨단을 달리던 집이었다. 그러다 보니 아들들은 유약하고 의존적인데 반해, 딸들은 진취적이고 독립적이다.

실제로 내가 학부형 시절에 만났던 1990년대의 엄마들을 관찰한 바에 의하면 자녀의 성별과 자녀수에 따라 양육 태도가 흥미로웠다. 나의 개인적 관찰이었지만, 가장 진취적이고 호전적인 스타일의 엄마는 딸만 두 자녀 이상 둔 엄마들이었다. 이들은 교육에서도 매우 앞서 가는 경향이 있다. 딸이기 때문에 남자 아이들에게 지거나 불이익을 당하면 절대로 참지 못하는 교육 태도를 보였다. 남자 아이들이 여자 아이들을 손끝이라도 건드리면 곧장 큰 문제가 되기도 했다.

반대로 시대의 변화를 감지하지 못하고 과거의 사회구조에 익숙한 엄마는 아들만 두 자녀 이상 둔 엄마들이었다. 이들은 과거처럼 모든 남성이 이미 차지한 사회의 여러 영역이 여전히 자기 아들들에게도 돌아갈 것이라고 막연히 믿으며, 남아 선호 사상과 남성 우월주의에 젖어 있는 편이었다.

자녀가 한 명인 나의 경우에는 아이에게 성별의 차이보다 양성성을 골고루 표현하는 기회를 가정에서부터 자연스럽게 줄 수 있었지만, 자녀를 과잉보호로 키우는 함정에 빠지기 쉬웠다.

승호는 유치원에서 사법연수원에 이르기까지 남녀공학에서 성장해 왔다. 외아들로 태어났지만 사촌들은 모두 누나와 여동생들이었다. 그러니 명절만 되면 인형 옷을 입히고 공기놀이를 하면서 자랐다. 승호는 타고난 기질도 조용하고 섬세했지만, 자라 온 환경도 친정어머니와 엄마, 여자 사촌들과 여자 선생님들에 쌓여 자랐다. 남자 형제가 없는 승호에게 남성으로서의 유일한 역할 모델은 아빠와 삼촌들뿐이었다. 남자 아이들은 치고받고 몸싸움을 하고 자라는 게 낙인데, 승호는 주로 가만히 앉아서 수다를 떨면서 놀다 보니 남자 친구들도 터프한 아이들보다는 앉아서 뭔가 만들며 놀거나 함께 이야기하기를 좋아하는 친구들과 주로 어울렸다.

초등학교 1학년 때는 로봇도 좋아했지만, 여자 아이들이 갖고 놀던 미미의 집 소꿉놀이 세트도 너무 좋아했다. 축구와 야구도 좋아했지만, 인형 옷 갈아입히기와 스킬자수도 좋아했다. 나는 그때마다 말리지 않고 충분히 놀 기회를 주었다. 성경에는 남편과 아내의 구분이 있을 뿐이지 여자 어린이와 남자 어린이의 양육에 관한 구분이 따로 없는 것을 알았기 때문이다. 하나님은 남자와 여자 딱 두 종류의 인간만을 창조하시고 에덴동산에서 기뻐하셨다. 그러나 창세기 3장 이후 죄가 들어온 뒤에 남자와 여자에게는 서로 다른 역할이 주어졌다.

여성성과 남성성에 관한 교육 견해에서도 성경이야말로 가장 최신의 교육원리가 분명하다. 우리나라도 1990년대는 학교교육 방향이 양성성을 추구하는 바여서 남학생들도 요리와 바느질이 포함된 가정 과목을 배웠다.

승호는 초등학교 5학년과 중학교 1학년 가정 시간에 바느질로 휴지 케이스와 보조 가방을 가장 잘 만들어서 여학생을 제치고 최우수상을 탔고, 교내 학예회에 전시됐을 정도다. 여학생이 남학생보다 바느질을 더 잘할 거라는 통념이 깨지는 순간이었다. 두 가지 다 수업 시간에 만들었으니 승호의 바느질 실력은 자타가 공인했다. 너무 정교하고 꼼꼼하게 바느질을 잘해서, 나는 승호가 옷을 만드는 일이나 수술을 주로 하는 외과의사가 적성에 맞는 줄 알았다. 그러나 자라나는 아이들은 성장 과정에서 취향도 여러 번 변하고 관심도 다양해진다. 한두 가지 행동을 보고 섣불리 특기나 적성을 정할 일이 아니다. 오히려 어린 자녀일수록 교과과정에 충실하면서 특기나 적성에 대해서는 서서히 탐색하는 게 실패를 줄이는 일이다.

축구를 잘하는 딸이나, 바느질을 잘하는 아들이나 둘 다 귀한 일이다. 잘 울고 병약한 아들이나 꿋꿋하고 용감한 딸이나 둘 다 귀하다. 잘하는 부분은 더 북돋아 주고, 부족한 부분은 교육을 통해 도와주면 되는 것이다. 부모가 조심해야 할 일은 '여자가~' 또는 '남자가~' 라는 말로 어린 자녀를 부모의 선입견이나 문화적 편견의 틀 속에 넣으려는 일이다. 성 정체성을 갖도록 해야 하지만, 자녀양육에서 남녀 사이의 지나친 구별이나 차별은 바람직하지 않다. 여자라고 다 억압만 받거나 또는 나약하지도 않거니와, 남자라고 다 군림만 하면서 여자를 무시하는 것도 아니다. 우리가 말하는 여성성과 남성성은 생물학적 차이를 제외하고는 문화의 산물이며, 각자의 성향과 자라 오면서 몸에 밴 성품이다. 외향성과 내향성도 상대적 성향일 뿐이다.

성경에는 남자 아이와 여자 아이를 어떻게 키워야 한다는 언급은 전혀 없지만, 남편과 아내의 역할, 부모와 자녀의 역할에 대한 구별은 구체적이다. 남자가 여자를 억압하고 차별한 역사는 죄된 인간의 역사일 따름이다. 따지고 보면 차별과 억압이 어디 남자가 여자를 향해서만 행했던 일인가? 이 순간에도 남자가 남자를, 여자가 여자를, 여자가 남자를, 부모가 자녀를, 장성한 자녀가 부모를 각각 부당하게 대하고 억압하고 갈등하는 일이 인간들의 삶이다.

이 시대에는 20여 년 전에 미래학자들이 예견한 대로 최상층의 알파걸이 등장했다. 알파걸은 하버드대 댄 킨들론 교수의 《여자의 탄생—알파걸(Alpha Girls: Understanding the New American Girl and How She is Changing the World)》이라는 책에 등장한 신조어로, "전통적인 성 역할에 구애받지 않고, 능력이 뛰어난 엘리트 여학생"을 일컫는다. 그러나 그들 역시 아주 극소수이기 때문에 알파걸을 가진 부모도 불안하기는 마찬가지다. 그리스도인이 키워야 할 자녀는 극소수의 알파걸도 아니고, 유치원 시절부터 찌질이로 불리는 베타보이(알파걸의 반대 의미로, 공부나 심리적인 면에서 알파걸에 밀리는 나약한 남자를 뜻한다)도 아니다. 이제 10년 후면 한국에는 아들들이 설 자리가 없다고 예언을 하는 사람들도 생겨났다. 이미 각 가정에서는 여성이 더 주도적이고 딸의 목소리가 더 큰 편이니, 당연한 결과일 것이다. 그리스도인조차 '아내가 남편에게 순종하라'는 성경 말씀에 심한 알레르기 반응을 보이는 시대이니, 이 세상은 더 말할 나위가 없다.

그리스도인 부모는 시대의 흐름을 파악하면서 자녀에게 허락하신 달란트를 귀하게 여기고 기도해야 한다. 나는 하나님의 기준으로 자녀를 키우면서, 나 자신도 '남편에게 순종하라'는 말씀을 지금까지 지키고 있다. 처음에는 심한 반발감에 마음고생도 많았지만, 승호가 순종하는 자녀가 된 것은 내가 남편에게 순종하는 모습을 통해 하나님이 주신 은혜다. 또 하나, 내 남편은 성경의 약속대로 나를 생명을 내어 놓을 만큼 사랑한다. "남편들아 아내 사랑하기를 그리스도께서 교회를 사랑하시고 그 교회를 위하여 자신을 주심같이 하라"(에베소서 5:25). 이 모든 것이 하나님의 기준에 순종한 결과다.

세상 문화는 하나님의 창조 질서를 거스르지만, 기업으로 주신 아들과 딸을 하나님이 원하시는 믿음의 인물로 키우는 일은 우리들의 몫이다.

소망과 꿈이 있는 아이

1969년에는 인류 역사상 처음으로 인간이 지구가 아닌 달에 발을 내딛었다. 그 주인공 닐 암스트롱은 어릴 때부터 꿈꾸었다. '저렇게 새처럼 하늘을 날고 싶어.' 그는 열 살 때 공동묘지의 잔디 깎는 일을 했다. 더 크고 새로운 모형 비행기를 만들려면 돈이 필요했기 때문이다. '신비한 달나라에 가면 얼마나 좋을까?' 닐은 잠자리에 누워 달나라에 가 있는 자기의 모습을 떠올리는 상상을 할 때마다 가슴이 벅찼다. '그래, 커서 꼭 우주비행사가 되는 거야! 달나라에 내가 처음 가 보고 말 거야!' 닐의 마음속은 온통 달나라에 대한 꿈으로 가득 찼다. 한 사람이 꿈을 갖고 마침내 실현하게 됐을 때, 온 인류도 함께 그 꿈을 이루게 되었다.

어른이든 아이든 꿈을 꾸려면 시간이 필요하다. 요즘 아이들이 꿈을 잃어버리는 이유는 너무 많은 학원 스케줄에 매여 있기 때문이다. 소망이 절망이 되지 않으려면 아이들의 시간에도 여백이 있어야 한다. 빈둥거리며 노는 시간이 있어야 한다. 이런 시간은 특히 학령전기 아동과 초등학생들에게 필요하다. 컴퓨터 모니터와 학원 칠판 앞이 아니라 학교 운동장이든 집 앞 골목길에서든 생각할 여백이 있어야 한다.

꿈과 소망을 갖는데 구약의 성경 인물들을 배우는 것만큼 좋은 도전은 없다. 사실 구약 인물들의 일생은 도전과 모험으로 가득 차 있다. 물론 위인전도 좋다. 판타지 소설이나 일본 만화에 빠질 때가 아니다. 우리 역사 속에도 얼마든지 본받을 인물들이 많다. 요즘 초등학생들은 너무 빨리 어른들의 일상에 빠져든다. 꿈을 잃었기 때문이다.

우리의 자녀들은 꿈을 심어 주고 동기부여를 해 주는 부모의 도움에 목말라 하고 있다. 공부할 이유와 목적을 모르면서, 공부에 전념할 수는 없다. 초등학교 때부터 꿈과 비전이 없는 자녀들은 자신의 인생을 허비하며 중·고등학교 시절까지 갈팡질팡하는 삶을 살기 쉽다. 부모가 자녀에게 먼저 말씀을 가르친다면, 스스로 하나님이 주신 비전을 발견하게 될 것이다. 영혼에 말씀이 심겨진 아이는 공부해야 하는 이유를 깨닫는다. 부모가 못해도 성령님이 인도해 주신다.

아무리 바빠도 하나님의 자녀를 키우는 그리스도인 부모는 남의 손에만 자녀의 교육을 맡겨서는 안 된다. 부모가 먼저 자녀에 대해 하나님이 주시는 비전을 가져야 한다. 사명을 발견한 자녀는 절대로 인생을 허비하는 일이 없다.

성경에는 자녀에 대한 원대한 꿈을 가진 부모들로 가득하다. 모세의 어머니 요게벳은 남자 아이를 낳으면 모두 죽여야 하는 이집트의 법 앞에서도, 목숨을 걸고 하나님이 주신 자녀에 대한 꿈을 잃지 않았다. 석 달 동안 숨겨 키우다 더 이상 키우기 힘들어졌을 때도, 갈대상자에 숨겨 나일 강에 띄우면서 꿈을 잃지 않았다. 모세의 유모가 되어 젖을 먹이며 신앙 교육을 시킨 어머니 요게벳이 없었다면, 모세는 이 세상에 존재할 수 없었을 뿐 아니라 하나님의 손에 쓰임 받는 인물이 될 수도 없었을 것이다.

고집 다스리기

아이가 몇 살이든 고집을 부리고 떼쓰는 일을 고질적 습관이 되도록 방치해서는 안 된다. 옳지 못한 일에 고집을 부리고 떼를 쓸 때, 자녀의 나이가 어리다고 부모가 항복해서는 절대로 안 된다. 작은 일에 고집을 부리면서 부모를 자기 뜻대로 끌고 다니기 시작하면 점차 모든 일을 제멋대로 한다. 그야말로 막 간다.

요즈음은 자녀가 부모를 협박하는 일도 많은 시대다. 카드 빚을 지고 부모에게 책임을 전가하는 자녀는 어릴 적 습관에 그 원인이 있다고 생각한다. 저축해서 돈을 모은 후에 자기가 사고 싶은 물건을 사도록 가르쳐야 하는데, 힘겨루기에서 부모가 밀려난 거다. 아무리 떼를 써도 절대로 돈을 모으기 전에 사 줘서는 안 된다. 부모부터 대책 없이 카드로 빚을 지는 일을 삼가야 한다. 아이가 원하지도 않는데 아이의 기를 살려 준다고 계획 없는 소비를 하면 아이가 보고 배운다. 아이가 사 달라면 그 물건이 꼭 필요한 건지, 가정 형편에 맞는 물건인지 꼼꼼히 살펴야 한다. 형편과 상관없이 사 주는 일은 훗날 카드 빚도 대수롭지 않게 생각하는 무책임한 성인으로 자라게 하는 원인이 된다.

나는 승호가 어릴 때부터 되는 일이 있고, 안 되는 일이 있음을 분명하게 가르쳤다. 또 하기 싫어도 꼭 해야 할 일이 있고, 아무리 하고 싶어도 절대로 해서는 안 될 일들도 구별해서 가르쳤다. 물론 이 규칙을 부모도 최선을 다해 지켜야 한다. 부모는 거짓된 삶을 살면서 자녀에게 정직한 삶을 살라고 가르칠 수 없는 이치다. 자녀가 어릴 때부터 가족과 함께 혹독하게 배운 일들은 아름다운 결실이 있다.

하나님은 부모와 자녀에게 동일하게, 되는 일과 안 되는 일들을 구별하도록 하셨다. 부모든 자녀든 그리스도인이라면 하나님의 명령에 따라 그분이 하라고 하신 일을 하고, 하지 말라고 하신 일을 안 하고, 하나님을 경외하는 사람이 되어 가는 것이다. 마땅히 행할 길을 성경 말씀에 따라 부모가 먼저 배우며 그것을 자녀에게 가르칠 때, 부모도 자녀도 날마다 새로운 피조물로 함께 자라 가는 은총을 누리게 된다.

역전, 주도권 싸움

승호는 태어나면서부터 여섯 살 때까지는 솜씨 좋으신 친정어머니표 음식들 때문에 전통 음식으로 입맛을 길들일 수 있었다. 워낙 자주 아프니까 인스턴트 식품도 전혀 입에 대지 않고 자연식으로만 키웠다. 초등학교 3학년 때까지 햄버거나 콜라를 먹을 줄 모르는 아이로 자랐다.

얼마나 정성들여 음식을 만들었는지, 그 당시 우리 집에 놀러 왔던 한 친구 말에 의하면, 콩알만 한 아들 하나를 놓고 두 모녀가 밥상 위에 반찬을 열 가지는 넘게 한가득 차려 놓고 먹이느라 정신이 없었다고 한다. 나는 몰랐지만 남이 보면 희한한 광경이었던 거다.

아이가 병약하니 더욱 먹이는 일에 신경을 썼고, 아픈 고비마다 육아에 어설픈 나보다는 친정어머니에게 주도권이 넘어갔다. 그러나 친정어머니의 육아법은 아이가 성장해도 여전히 아기 취급을 하시는 일이었다. 승호도 응석 부리는 걸 즐기는 눈치였다.

승호는 먹기 싫은 음식 앞에서는 언제나 "엄마, 저 배불러요." 하면 끝이다. 그러나 나는 못해도 친정어머니는 승호의 마음을 움직이는 초능력이 계신지 밥 한 그릇을 다 먹이실 정도로 정성이 지극하셨다. 승호가 스스로 밥을 먹지 않는 버릇을 고쳐야 하는 건 알았지만, 어린 시절부터 병치레를 하도 많이 하다 보니 겁이 나고 그나마 더 밥을 먹지 않게 될까 봐 그냥 넘어간 것이 그만 습관이 된 것이다.

그러던 어느 날, 나는 남편의 조언으로 전략을 바꿨다. 남편은 언제까지 승호가 억지로 엄마를 위해 밥을 먹어 주는 얼굴을 하는 걸 볼 거냐며 승호가 밥 먹는 습관을 고쳐야 한다고 말했다. 내게 진지하게 문제의 심각성을 설명했다. 크면 다 알아서 혼자 할 거라며 밥 안 먹으면 아플까 봐 먹여 주기 시작했던 것을, 이제는 이 버릇을 고치기 위해 팔을 잘라 내는 아픔을 겪는 노력을 기울여야 했다.

그러다 보니 나는 자꾸 엄격한 엄마가 되었다. 아이가 아파서 응급실로 달려가면 상황은 반전됐지만, 어쨌든 나는 승호가 아프더라도 버릇없이 무례하게 굴거나 고집을 부리고 떼쓰는 일을 용납하지 않았다.

그런데 말이 쉽지, 사람이 자신의 습관이나 성향을 바꾸기란 목숨을 잃는 것처럼 어렵다. 과보호로 자란 나 자신이 또 내 아이를 과보호하고, 먹을 것을 들고 따라다녔다. 남이 하면 당장 고쳐야 할 일이라고 지적할 수 있을 텐데. 자신의 모습을 직시하는 건 왜 이리 힘든지, 안 되는 줄 알면서 왜 그다지도 못 고치고 연연했는지 모를 일이다. 습관은 정말 무섭다. 내 습관대로 하는 게 편해서 못 고치다가, 남편의 응원과 기도로 드디어 주도권을 잡기로 결심했다. 친정어머니께도 설명을 잘하고 협조를 단단히 구했다.

첫 번째 노력은 '무심함' 작전이었다.

"엄마, 배불러요."

"그래?"

나는 승호의 대답과 거의 동시에 아이 앞에서 먹을 걸 순식간에 치워 버렸다.

한두 번은 눈치를 못 채더니 아이는 곧 엄마 눈치를 살피는 기색이다.
"엄마, 배고파요."
자신의 말이 떨어지기 무섭게 엄마가 밥을 먹여 줄 거라고 승호는 생각했을 것이다. 그러나 나는 단호하게 말했다.
"네가 직접 먹어!"
"배고프다니까요."
"그래? 그럼 기다려, 저녁 때까지…."
여기서 중요한 건 절대 무심하고 평온한 얼굴로 화내지 않는 거다. 남편의 응원과 훈수를 받은 나는 절대로 화나지 않은 음성으로 승호에게 말했다. 사실 몸이 약한 아이라 겁도 났지만, 기도하면서 남편의 응원을 받으니 성령님의 도우심으로 조금씩 화려한 변신을 할 수 있었다.
"아까 점심 준 거 네가 안 먹었잖아. 엄마는 분명히 밥을 줬는데."
"…."
이런 일을 몇 차례 겪고 나서야 승호는 스스로 밥을 먹겠다고 했다. 결국은 역전이 되었다. 기도와 일관성 있는 노력은 반드시 결실이 있다.
두 번째는 공부도 엄마 위해 해 주는 것처럼 오만불손하던 초등학교 4학년 무렵의 일이다. 밥 먹이기에 한 번 성공하니 이번에는 좀 더 확신에 차서 다부지게 실천할 수 있었다. 어느 날 저녁, 남편과 나는 아들을 불러 종이 한 장을 펴 들고 마주 앉았다. 그리고 당시 승호가 다니던 학원 이름들부터 시작해서 학교 이름까지 차례로 적었다.
"너 이거 배우고 싶은 거니?"

"아니요."

"그럼 이거 지우자."

그렇게 하나씩 지워 나갔다.

"또 이 시험지 밀리는 건 어쩔 거니? 하기 싫은 거지?"

"네."

요즘 오락실에 맛을 들이고 온 동네를 천방지축 돌아다니던 아들이 홀가분한 얼굴로 기대에 차서 우리 부부를 보고 있었다.

"그럼 이것도 그만두고…."

그래서 없어진 게 한문학원하고 산수 시험지였다. 이제는 운동으로 하던 수영도 그만둔단다. 순식간에 승호는 방과 후 할 일이 하나도 없는 아이가 되었다.

"이번엔 학교! 학교는 어쩔 거니? 학교도 그만 다닐래?"

눈이 휘둥그레지며 이제 사태 파악을 했다.

"엄마, 왜 그래요?"

"아니다. 별일 없어. 그냥 이제부터 네가 하겠다는 것 외엔 안 시키려고 해. 엄마가 공연히 욕심이 과했어. 내 아들은 그릇이 요만한데 넘치도록 자꾸 부어 넣은 것이 엄마 실수야. 돈도 낭비고. 아깝잖아…."

"엄마, 잘할게요."

"아냐, 못해도 돼. 너 공부하는 거 엄마랑 별 상관없어. 너가 앞으로 어떤 인생을 살든 나와는 상관없어. 이제부터는 네가 도와 달라고 하는 것만 엄마가 도와줄 거야."

절대로 화나지 않은 음성으로 의기양양하게 말했다. 사실 겁은 조금 났지만.

그로부터 어리둥절한 채로 우리 아들은 방과 후 백수로 신나게 한 1년 정도 놀았던 것 같다. 공부와 관련된 건 일절 안 하고 싶어 하더니 그래도 첼로 하나는 배우고 싶단다. 친구네 할아버지가 너무 멋있다며 배우고 싶어 했다. 아이의 원대로 첼로 하나 달랑 남기고 모든 걸 끊었다.

학원 다 끊고 홀가분하게 놀던 어느 날, 승호가 말했다.

"엄마. 애들이 다 수학 학원에 시험 보러 가요."

"그런데?"

"아니, 그냥요. 나도 가 볼까 해서요."

"더 놀지. 왜 학원은 가려고 그러니?"

"…"

엄마가 변해도 너무 변했다 싶은지, 전혀 예상 못한 엄마의 반응 때문인지, 승호는 갑자기 잔뜩 겁을 먹은 얼굴로 무릎 꿇고 애원했다.

"엄마 잘못했어요. 다시는 안 그럴게요."

"너 잘못한 거 없어. 정말이야. 엄마도 너만 할 때 공부하는 거 싫어했어. 안 해도 돼. 이만큼 살아 보니까 몸이 부지런하면 밥 세끼는 누구나 먹더라. 워낙 네가 맛있는 걸 좋아해서, 나중에 너 먹고 싶은 걸 제때 못 먹을 게 마음은 좀 아프다만, 뭐 그것도 다 자기가 선택한 결과지. 어느 부모가 자기 아이 보고 불행하게 살고 고생하라고 가르쳤겠니? 아무리 악한 사람도, 이 세상 누구라도 태어날 때는 축복받고 자기 부모가 기대하면서 키웠을 거야. 아마 부모가 밥은 굶어도 자식은 공부시키고 했을 거다."

"…"

"다 자기 탓이야, 부모 탓도 아니고 환경 탓도 아니야. 나쁜 환경에서 태어나도 자기 하나 정신 똑바로 차리고 반듯하게 사는 사람도 많아. 위인전에 나오는 그런 사람들 이야기 진짜야."

그 사건 이후로 우리 집은 승호가 원하는 것만큼만 뒷바라지를 하는 중대한 변화가 있었다. 할렐루야! 하나님의 도우심은 언제나 세심하시다. 문제는 일관성과 결단력이다.

초등학생의 학원 고르기

초등학교 4학년은 특히 사춘기와 맞물린 매우 중요한 시기다. 어떤 사람들은 초등학교 4학년 실력이 대학의 수준까지 결정할 만큼 중요하다고 말한다. 평생 실력이 이때 결판난다는 것이다. 좀 과장된 면은 있지만 이 말은 많은 사람들의 경험에서 나왔으므로 어느 정도는 일리가 있다.

초등학교 저학년이 지나면 아이의 관심과 학습 능력에 따라 깊이 있게 배울 수 있는 학원을 선택하는 것이 중요해진다.

승호는 한문학원에 다니며 《명심보감》과 《추구집(推句集)》과 《사자소학》을 배웠다. 한문학원에 다니게 된 건, 이문열의 《삼국지》에 빠져 있던 승호가 한문에 대한 궁금증이 많아졌기 때문이다. 초등학교 1학년 때부터는 60권짜리 《만화 삼국지》에 빠져 있었고, 당시에는 이문열의 10권짜리 《삼국지》를 끼고 살았다. 아마 20번은 족히 본 것 같다. 게다가 승호는 어릴 때 천자문을 놀이처럼 외운 탓인지 한문을 좋아했는데, 내가 한문 실력이 턱없이 부족하니 승호의 한문에 대한 배움의 욕구를 채워 줄 수가 없었다.

결국 어느 날, 승호가 요청했다.

"엄마, 이 책에 나오는 한시(漢詩)가 너무 좋아서요, 한문을 더 많이 배우고 싶어요. 한문 학원 보내 주세요."

"어디가 좋은데?"

"학교에서 집에 오다 보면 서예하고 한문하고 가르쳐 주는 학원이 보여요. 거기 한번 가 봐요. 내 친구는 거기서 서예를 배운대요."

사실 친정어머니가 서예를 배우셨는데, 승호는 친정어머니를 따라 서예실을 몇 번 따라가더니 유치원 때부터 서예실을 무척 좋아했던 것이다.

5학년이 되면서 승호가 원하는 것 외에는 아무것도 배우지 않던 어느 날, 승호는 강남에서 유명한 수학 전문 학원의 반 편성 고사를 보게 됐다. 그 학원은 수학을 잘하는 아이들이 이미 다 다닌다고 해서 그 명성이 자자했다. 반 편성 고사를 세 달에 한 번씩 휴일에 중학교를 빌려서 보는 정도였으니 그 유명도와 참가 열기는 입시를 방불케 했다.

그런데 승호는 학교에서 배우는 수학은 탄탄히 다 알고 있었지만, 일찍부터 수학경시를 준비한 아이들과 같이 시험을 치르고 보니 중간 정도의 실력밖에 되지 않았다. 언제나 학교에서는 최상위권이었다 해도 특별히 선행 학습을 하지 않았으니 성적이 나쁜 건 당연한 결과였다. 초등학교 4학년 실력으로 중학교 2~3학년 수준의 문제를 배우지도 않고 잘할 수는 없는 것이다. 그러나 결과적으로는, 같은 학년 아이들에 비해 수학 실력이 많이 뒤처진 셈이었다.

이런 상황일 때 엄마가 지혜롭게 반응하는 것이 매우 중요하다. 말 한마디가 앞으로 자녀의 학습 동기에 확연한 영향을 미치기 때문이다. 나는 엄마로서 아이에게 그건 당연한 결과니 속상할 것이 없다며 격려했다. 지금까지 학교만 다녔고, 제 학년 것만 공부했기 때문이다. 현재 어느 수준에 해당하는 실력이 되건 그건 별로 중요하지 않으니, 학원을 다녀야 하는 이유만 분명하면 얼마든지 보내 주겠다고 약속했다. 같은 학년 아이들의 현재 실력이 아무리 좋아도 끝까지 배우고 도달하는 사람만이 진짜 자기 실력을 인정받는 것이니까 염려할 것이 없다고 했다.

다행히 엄마가 당장의 점수에 연연하지 않는 걸 보면서 승호는 6학년부터 학원을 다니는 게 좋겠다고 말했다. 6학년 1학기가 될 때까지 나름대로 시중에서 파는 수학 문제집을 사다가 수준별로 어려운 문제집에도 도전하게 했다. 너무 어려운 문제집을 풀 때는 잠시 수학 과외도 했다. 방학 때마다 집중적으로 수학 문제집 한두 권을 풀면서 초등학교 수학에 관한 기초가 탄탄히 쌓였던 것 같다. 결국, 승호는 반 편성 고사에서 가장 높은 수준의 반으로 차고 올라갔다. 그 후 6학년 2학기 때 수학학원을 6개월 다니면서 승호가 남긴 명언이 하나 있다.

"엄마, 만일 제가 4학년 때 수학학원을 다녔다면 수학 실력이 꼭 뽕뽕(우리가 연근을 부르는 말) 김치처럼 여기저기 구멍이 숭숭 뚫렸을 거예요. 여기서 보니까 어려운 문제를 아주 잘 풀면서 막상 교과서에 나오는 쉬운 문제를 못 푸는 애들이 있어요."

당시의 경험은 중학교 2학년을 자퇴하고 학원에 다닐 때 학원 선별의 큰 기준이 됐다. 이런 기준으로 학원을 선택한 결과는 대만족이었다.

막연히 내 아이가 잘할 거라며 현실을 적당히 받아들일 수 없게 만든 경험을 한 적이 있다. 그 경험을 지금도 잊을 수 없다.

그 무렵 임신한 교사 친구 대타로 중학교에서 잠시 강사를 하게 되었다. 어느 날 중학교 1학년 영어 시험 감독을 했는데, 공부를 하는 몇 학생을 제외하고는 대부분 일찌감치 엉터리로 답안을 써 놓고 엎드려 자는 것이 아닌가! 다른 과목도 여전히 같은 모습이었다. 온 나라가 영어 열풍이고 학교에서건 학원에서건 아이들이 영어를 달고 살아도, 실상은 그렇지 않았다. 아이들은 국어를 못하니 수학도 어려웠고 다른 공부도 마찬가지였다. 결국 공부와는 담을 쌓았다. 그런 아이들이 양산되고 있었다. 전국에서 몇 번째 하는 실력 있는 아이부터, 한글도 제대로 모르고 공부를 아예 포기한 아이들까지 모두 한 교실에 있었다.

방학을 하게 된 후, 나는 개학 때 다시 학교에 출근을 하겠다고 도저히 말할 수 없었다. 교사의 입장보다는 학부모의 입장에서 학교의 실상을 체험한 결과 발길이 떨어지지 않았던 것이다.

부모는 자신의 자녀를 가장 잘 안다고 생각하는 경향이 있다. 그러나 그건 심각한 함정일 수도 있다. 나는 대학 시절부터 개인 과외지도를 하면서 절실히 깨달았다. 실제로 공부를 하는 것이 중요하고, 시험 성적이 좋고 나쁜 건 둘째 문제다. 공부를 하는 척하는 것과, 실제로 공부를 하는 것은 아주 다른 결과를 가져온다.

부모가 믿은 만큼 자란다

'믿음의 원'이란 게임이 있다. 여러 사람이 손을 잡고 선 후, 가운데 서 있던 한 사람이 눈을 감고 빙글빙글 돌다가 뒤로 넘어지는 게임이다. 실은 게임이라기보다는 신뢰를 경험하는 일종의 심리치료 놀이다. 우리가 다른 사람이 자신을 받아 줄 것을 믿고, 믿은 대로 몸을 던지는 것이 그리 쉽지만은 않기 때문이다.

승호가 5학년 때 일이다. 사춘기였던 대부분의 애들이 부모와 힘겨루기를 했고 우리 아들도 그 시기였다. 심리적 변화도 당황스럽고 반응도 심각해서 힘들고 걱정도 되었지만 되돌아보면, 남들 겪을 때 같이 겪어 주는 것이 고마운 일이다.

승호네 반의 한 여학생이 반에서 일어난 일을 일기에 써서 발각된 사건에 우리 아들이 끼어 있었다. 격분한 선생님은 집집마다 전화를 걸어 만행을 알렸고, 문제 아들들 덕에 머리를 조아리며 사과를 거듭한 엄마들은 서로 이 노릇을 어째야 하느냐며 전화에 매달려 아우성이었다.

사건은 한 아이가 부모님이 통신 판매로 주문한 피임 기구를 몰래 학교에 가지고 오면서 시작되었다. 개구쟁이 녀석들은 알고 그랬는지 모르고 그랬는지(내 생각엔 알고 그런 녀석과 모르고 그런 녀석들이 반반이었던 것 같다.) 신기한 풍선이라면서 불고 던지고 뛰어 놀았다는 것이다. 야단치기도 민망한 일이었다. 보수적이던 담임선생님은 노발대발했고, 풍선 주인인 부모는 외국 생활을 오래 했던 탓인지 담임선생님을 더 화나게 만들었다.

하필 그런 걸 갖고 놀다니…. 그 '이상한 풍선' 사건은 우리 집에서도 성교육을 시작해야 할 필요가 있음을 알려 주는 시작종이었다. 이 일을 계기로 우리 부부는 아들에게 적절한 성교육과 순결교육을 해 주는 시간을 가졌다. 이때 유익한 성경 이야기는 보디발의 아내 때문에 도망가는 요셉의 이야기다. 다윗과 간음한 밧세바의 이야기도 좋은 재료가 된다.

아이를 키우다 보면 별의별 돌발 상황이 생긴다. 그때마다 내 아이도 믿고 선생님도 믿어야 한다. 여기서 중요한 것은 아이가 억울한 상황인지, 정말 훈계를 받아야 하는 상황인지를 지혜롭게 살펴야 하는 것이다.

자녀를 위해 기도하면 하나님이 그 상황을 볼 수 있는 눈을 주신다. 기도는 아이들의 학교생활에도 역시 위력적이다. 엄마가 일일이 학교생활을 알 수 없지만 하나님은 다 알고 계신다. 지혜가 부족할 때 구하면 하나님은 꾸짖지 않고 지혜를 주겠다고 약속하셨다. 나는 그 말씀을 그대로 믿고 아이에게 위기가 생기고 억울한 일이 생길 때마다 하나님께 지혜를 구했다. 정말 약속대로 내 생각을 뛰어넘는 지혜를 주셨다. 위기는 번번이 좋은 기회로 바뀌는 걸 경험한다. "너희 중에 누구든지 지혜가 부족하거든 모든 사람에게 후히 주시고 꾸짖지 아니하시는 하나님께 구하라 그리하면 주시리라"(야고보서 1:5).

아이가 성장하며 위기를 겪을 때마다 당장 부모가 하고 싶은 대로 말하고 행동하면 좋은 교육의 기회를 잃는 것이다. 최근에 일어난 재벌 아버지의 폭력 사건은, 부모가 가르칠 건 가르치고 일관성을 가져야 한다는 중요한 교훈을 준다.

이왕 벌어진 과거의 일을 주워 담을 수 없다. 또한 내 아이만을 무균실에서 키울 수도 없다. 하지만 어떤 경우든 부모의 일관된 태도는 화를 복으로 바꾸며 모든 것을 합력하시는 하나님의 도구가 되는 것 같다.

신앙 안에서 이뤄진 일들

선교사들에게나 해당한다고 생각했던 성경 말씀이 내 마음을 두드리는 일이 일어났다. "오직 성령이 너희에게 임하시면 너희가 권능을 받고 예루살렘과 온 유대와 사마리아와 땅 끝까지 이르러 내 증인이 되리라 하시니라"(사도행전 1:8). 이 말씀을 듣는데 난데없이 어릴 적 동네를 누비며 불렀던 "지구는 둥그니까~." 하는 동요가 머릿속을 뱅뱅 돌기 시작했다. 지구는 둥그니까 내가 선 땅에서 지구를 한 바퀴 돌면 다시 내가 선 곳으로 돌아오게 되어 있다. 그러니까 내가 선 땅이, 내가 사는 동네가 바로 땅 끝임을 깨닫게 된 것이다.

나는 승호의 친구와 그 부모들의 이름을 거의 외우면서 기도했다. 애들 키우는 이야기로 친하게 된 학부형들에게는 성경이 말하는 자녀양육법과 내가 무엇을 실천하며 어떤 결과를 얻었는지를 나눴다. 그래서 예수님을 믿어야 한다는 생활 속 전도를 열심히 했다.

이런 나를 본받은 내 아들이 유치원 때부터 초등학교 때까지 주일 아침이면 친구들에게 전화를 했다.

"나 승혼데, 8시 반까지 우리 집에 와라. 교회 가게."

매주일 아침마다 우리 집은 승호의 전화 통화로 하루를 시작했는데, 그 단순한 말에 성령님이 놀라운 위력을 주셨다. 우리 집이 있던 구반포에서 교회가 있던 잠원동까지 주일 아침마다 남편과 나는 번갈아 '셔틀버스 기사' 노릇을 하며 아이들을 날랐다. 차 한 대를 채워 먼저 교회에 보내고, 다 모일 때까지 우리 집 거실에서 남은 아이들은 승호 아빠의 허리를 붙잡고 꼬리에 꼬리를 물고 뺑뺑 돌며 기차놀이를 하고 놀았다. 적게는 서너 명, 많게는 열 명 가량의 아이들이 모였으므로 승용차로 두 번씩, 네 번이나 왕복을 해야 주일을 마칠 수 있었다.

하나님이 부족한 나와 내 아들을 사용하셔서 많은 학부형들과 어린 친구들에게 복음을 전하게 하셨던 시절이다.

아기 때부터 눈에 보이지 않는 하나님을 찬송하고 기도하는 분위기에서 자란 아이와, 드라마와 유행가와 텔레비전과 컴퓨터게임을 보고 자란 아이는 배움의 기술을 익히는 방법이 다를 수밖에 없다.

예배를 배운 아이들은 보이지 않는 하나님을 보는 눈을 갖게 된다. 찬양을 통해 음악을 배운 아이들은 영혼이 숨을 쉬는 법을 배우게 된다. 기도를 통해 대화를 배운 아이들은 영혼이 대화하는 법을 배우게 된다.

우리 부부는 승호가 어릴 때부터 사춘기를 지낼 때까지 베이스 파트와 알토 파트에서 10여 년 넘게 성가대원을 했다. 성가대원의 자녀들은 일주일에 서너 시간은 부모와 함께 성가 연습을 한 때문인지 대부분 찬양을 좋아했다. 여호와를 찬양하는 성가대원의 자녀들은 수준 높은 피아노 반주와 거듭 연습하는 남녀 성가대원들의 다듬어진 목소리를 들으며 음악적 재능까지도 잠재적으로 키워 가는 셈이다. 음악적 환경을 접하고 성경과 악보를 반복해서 보는 훈련을 하게 되니, 아이의 입장에서는 교회 생활만큼 좋은 본보기가 없다.

우리 부부가 섬기던 성가대는 예배 시간 전후로 연습이 혹독한 편이었다. 대부분 아마추어였지만, 연습의 결과는 놀라웠다. 교회 찬양대도 얼마나 믿음으로 연습하느냐에 따라 찬양의 음악적 수준이 달라진다는 걸 그때 배웠다.

그렇게 점차 찬양의 수준이 높아지면서 나중에는 현악기의 실내악대가 구성됐다. 피아노 반주만 있던 성가대에 현악기를 도입하려니 처음에는 믿음이 없어도 첼로와 바이올린 연주를 잘 연주하는 음대생들이 합세했다. 그러나 그들은 음악적 수준은 높았지만 연주 안에 하나님을 향한 믿음의 고백이 없었고, 연습 시간에도 빈번히 지각을 하기 일쑤였다.

믿음 생활 가운데 가장 난감한 경우가 이때다. 여러 가지 능력은 많은데 믿음이 없는 사람과, 믿음은 좋은데 필요한 능력이 준비되지 않은 경우다. 세상 학식이 높다고 성경을 잘 이해하고 믿음이 좋은 게 아닌 것처럼, 단지 음악적으로 연주만을 잘한다고 하나님을 찬양하는 연주를 할 수 없는 이치다. 새로 만든 실내악대가 뜻대로 되지 않자, 당시 지휘자가 연습 도중 푸념 섞인 소리를 하는 것을 들었다.

"집사님들, 돈 벌어서 뭐하세요. 자녀들한테 악기도 하나씩 배우게 하고, 악기 연주를 통해 교회 봉사도 믿음으로 하게 하면 얼마나 좋아요."

그때까지 나는 피아노 말고는 특별히 악기를 배우게 할 생각이 없었는데, 그 소리를 들으며 마음속으로 기도했다.

"하나님, 만일 승호가 음악을 좋아하면 악기 하나 연주할 수 있도록 배우게 해 주세요."

하나님은 그렇게 순간적으로 드렸던 기도까지도 잊지 않고 승호가 커 가면서 놀랍도록 세심하게 인도하셔서 첼로를 배우게 하셨다.

승호가 3학년 때의 일이다. 동네에서 가까이 지내는 승호의 유치원 동기생 엄마가 걱정을 털어놓았다. 대학에서 학생들을 가르치는 일을 하지만, 막상 산수 실력이 부족한 자기 딸을 돌봐 줄 시간이 없다는 것이다. 둘 다 대학교수인 그 부부는 아주 느긋한 교육철학을 갖고 있어서 자기 딸이 영어나 그 밖의 과목들은 잘하니까 언젠가는 산수도 잘할 거라고 믿고 있었다. 하지만 교육열이 남달랐던 시어머님이 너무 많은 염려를 하신다고 했다. 전도하려고 유치원 때부터 정성을 기울이며 기도하고 있었던 그 직장 다니는 엄마를 도울 절호의 기회가 왔음을 직감했고, 곧 실행에 옮겼다.

"제가 대학 때부터 중고등학생 수학과 영어 과외를 많이 했거든요. 실력은 없었지만 제가 성실과 책임감 하나로 가르쳐서 서울대·연대도 보내고, 공부와는 담쌓던 학생도 대학에 보냈으니까 저한테 보내세요. 제가 제법 고액 과외 선생이었지만, 과외비는 안 받을게요. 분명히 어디선가 막힌 데가 있을 텐데 제가 그거 찾아서 100점 맞게 해 줄게요."

"너무 고마워요, 근데 과외비 안 받으면 절대 못 보내요."

평소에 친하게 지냈던 우리는 과외비로 실랑이를 벌이다가 동네 속셈 학원 수준의 학원비만 받기로 하고 산수 과외를 시작했다. 승호와 그 친구를 놓고 초등학교 산수를 방과 후에 우리 집에서 시작한 지 몇 달이 지나지 않아 약속대로 100점을 받기 시작했고, 그 댁에서는 누구보다 아이의 할머니가 가장 기뻐하셨다. 승호는 엄마 덕분에 졸지에 그 집에서 할아버지 할머니까지 알아주는 아이가 됐다. 승호 엄마가 산수 선생 노릇을 잘하게 해 주신 하나님 덕분이었다.

그 친구의 할아버지가 우리 집과 같은 아파트 단지에 있었는데, 두 아이는 일주일에 두세 번씩 공부가 끝나면 그 할아버지 댁에 함께 가서 노는 게 중요한 코스가 되었다. 그런데 평범한 할아버지 댁인 줄 알았는데, 하루는 승호가 이렇게 말했다.

"엄마, 우리 집에는 목사님이 많은데, 그 집에는 리스트가 많아요. 할아버지는 첼리스트시고 할머니는 피아니스트시래요. 삼촌도 바이올리니스트래요. 우리가 놀러 가면 할아버지한테 학생들이 첼로 배우러 늘 와 있어요."

그러던 어느 날이다. 전화가 왔다.

"승호 어머니, 우리 아버님이 음대 교수님이시거든요. 그런데 승호가 아버님

댁에 가면 첼로 방에 꼭 들어온대요. 아버님이 보시니까 첼로에 관심이 아주 많고 청음도 아주 좋은 것 같다고 하셔요. 손녀딸 첼로 가르치려고 하시는데 승호도 함께 배우게 하자고 하셔요. 이번에 악기 사러 공장에 가실 건데 승호 것도 같이 장만해서 시작하면 어떨지 물어보라고 하셔서요."

나는 너무 놀라서 전화에 대고 손사래를 치며 말렸다.

"그런 말 마셔요. 그러잖아도 승호가 그 집에는 리스트가 많다고 해서 궁금했는데 악기를 아무나 하나요? 피아노도 아니고 첼로를 어떻게 해요. 그냥 아버님께 너무 감사하지만 사양한다고 전해 주셔요. 게다가 우리 집은 음악을 시킬 형편도 안 돼요. 월급쟁이가 어떻게 현악기를 가르치겠어요."

그로부터 며칠 후, 상냥한 원용성 선생님의 며느리에게서 다시 전화가 왔다.

"우리 아버님께 말씀드렸더니, 그냥 피아노 학원비만 내고 보내시래요. 승호가 아버님 댁에만 가면 첼로가 궁금해서 첼로 곁을 안 떠난대요. 우리 아버님 그런 거 권유 안 하시는데, 승호가 복이 많은 거예요."

정말 그랬다. 승호는 하나님이 공급해 주시는 복이 정말 많은 아이다. 그제야 벌써 7~8년 전에 성가대 지휘자의 푸념을 듣고 기도 아닌 기도를 했던 생각이 났다.

'하나님이 그래서 시켜 주시는 걸까? 이게 웬 분에 넘치는 호사란 말인가…'

결국 승호는 원 선생님의 손녀딸과 함께 첼로를 사서 레슨을 받기 시작했다.

하나님의 선물, 첼로 할아버지와의 우정

승호는 초등학교 4학년 때부터 첼로를 배웠다. 승호의 첼로 선생님은 첼로의 거장이신 원용성 선생님이다. 그런 원 선생님과의 만남은 하나님이 예비하신 드라마라고밖에 설명할 길이 없다. 내가 사방팔방 뛰면서 애썼다 해도 만날 수도 없는 선생님 댁을 내 집처럼 드나드는 승호를 볼 때마다 하나님의 크신 은혜와 원 선생님의 사랑이 그렇게 감사하고 고마울 수가 없었다.

6학년이 되자 승호는 첼로를 학교의 음악 발표회에서 연주할 수 있는 실력이 되었고, 고집을 다스리는 기 싸움을 하느라 학원을 다 그만둘 때도 첼로 하나만은 끝까지 배우겠다고 할 만큼 첼로 사랑이 대단했다. 게다가 원 선생님이 뒤늦게 컴퓨터에 입문하시면서 컴퓨터에 관련해서 사소하게 궁금한 게 생길 때마다 바쁜 대학교수 아들을 제쳐 놓고 집에 있는 승호에게 대부분 전화해서 물어보곤 하셨다. 하루는 원 선생님 사모님이 이런 말씀을 하셨다.

"승호가요. 선생님이 컴퓨터 좀 물어보면 글쎄 '할아버지, 지난번에 가르쳐 드렸잖아요. 벌써 잊어버리셨어요?' 한다고 귀여워하셔요. 맹랑하지요?"

"글쎄, 할아버지가 전화하시면 어찌나 무뚝뚝하게 받는지 제가 다 민망하다니까요, 죄송해요. 승호가 첼로 할아버지 진짜 존경하고 좋아하는데, 컴퓨터 좀 물어보신다고 어떻게 그럴 수 있는지 모르겠어요?"

사실 승호와 원용성 선생님은 거의 우정이 쌓여 가는 것 같았다. 원 선생님의 손녀딸은 도중에 교환교수로 가는 아빠를 따라 미국에 가면서 첼로 배우기를 중단했다. 그런데도 드리기도 죄송스런 피아노 학원비만 처음부터 똑같이 받으시면서, 악보도 사 주고 음악회에도 초대해 주고 컴퓨터도 물어보면서 승호를 곁에 두고 가르쳐 주셨다. 연습이 부족하지만, 첼로에 재능을 보이니 전공으로 시켜도 좋겠다는 극찬까지 해 주셨다. 잠시 생각도 하고 고민도 했지만 그 무렵은 남편이 이미 신학대학원에 뜻을 둔 뒤라 우리 집에서는 엄두도 못 낼 일이었다. 다만 꿈이 있다면 승호가 일평생 성가대에서 첼로 반주를 할 수만 있으면 더 바랄 게 없다는 우리들의 꿈을 말씀드렸다.

    승호가 중학교를 그만두었을 때도 할아버지께 계속 레슨을 받을 수 있었지만, 원 선생님이 분당으로 이사를 가시게 되면서 계속할 수 없게 되었다. 그런데 또 이변이 일어났다. 원 선생님 친구들이 일주일에 한 번씩 외출을 강요하셨고, 일주일에 한 번 놀러만 오면 오다 말 수도 있으니까 승호한테 첼로 레슨을 하러 오시라는 거였다. 세상에 이렇게 황송하고 믿을 수 없는 일이 발생한 것이다! 그 덕분에 승호는 그 후로도 1년이 넘게 선생님이 집에까지 오셔서 레슨을 해 주셨다. 더구나 그 1년은 승호가 중학교를 자퇴하고 집에 있던 시절이니 첼로 선생님의 방문은 천사가 오는 것처럼 눈물겹게 고맙고 반가운 일이었다. 승호가 첼로를 못 배우게 된 것을 너무 안타까워하는 것을 보고 하나님이 만들어 주신 드라마였다.

    대학생이 된 후로 사법시험을 준비하기 전까지 분당으로 일주일에 한 번씩 첼로 레슨을 받으러 가는 것이 승호의 낭만이며 삶의 즐거움이었다. 그러면서 승호의 소원 하나는 원용성 선생님이 예수님을 영접하시는 거다. 처음 첼로를 배울 때부터 지금까지 잊지 않는 기도제목 중 하나다.

꼭 외워야 할 말씀

평생 은사는 초등학교 때 결정된다.
예수께서 이르시되 어찌하여 나를 찾으셨나이까 내가 내 아버지 집에 있어야 될 줄을 알지 못하셨나이까 하시니 … 예수는 지혜와 키가 자라가며 하나님과 사람에게 더욱 사랑스러워 가시더라 누가복음 2:49~52

소망과 꿈이 있는 아이
믿음으로 모세는 장성하여 바로의 공주의 아들이라 칭함 받기를 거절하고 도리어 하나님의 백성과 함께 고난 받기를 잠시 죄악의 낙을 누리는 것보다 더 좋아하고 그리스도를 위하여 받는 수모를 애굽의 모든 보화보다 더 큰 재물로 여겼으니 이는 상 주심을 바라봄이라 히브리서 11:24-26
묵시(guidance from God)가 없으면 백성이 방자히 행하거니와 율법을 지키는 자는 복이 있느니라 잠언 29:18

역전, 주도권 싸움
내 사랑하는 형제들아 너희가 알지니 사람마다 듣기는 속히 하고 말하기는 더디 하며 성내기도 더디 하라 야고보서 1:19
어떤 길은 사람이 보기에 바르나 필경은 사망의 길이니라 잠언 16:25
징계는 다 받는 것이거늘 너희에게 없으면 사생자요 친아들이 아니니라 히브리서 12:8

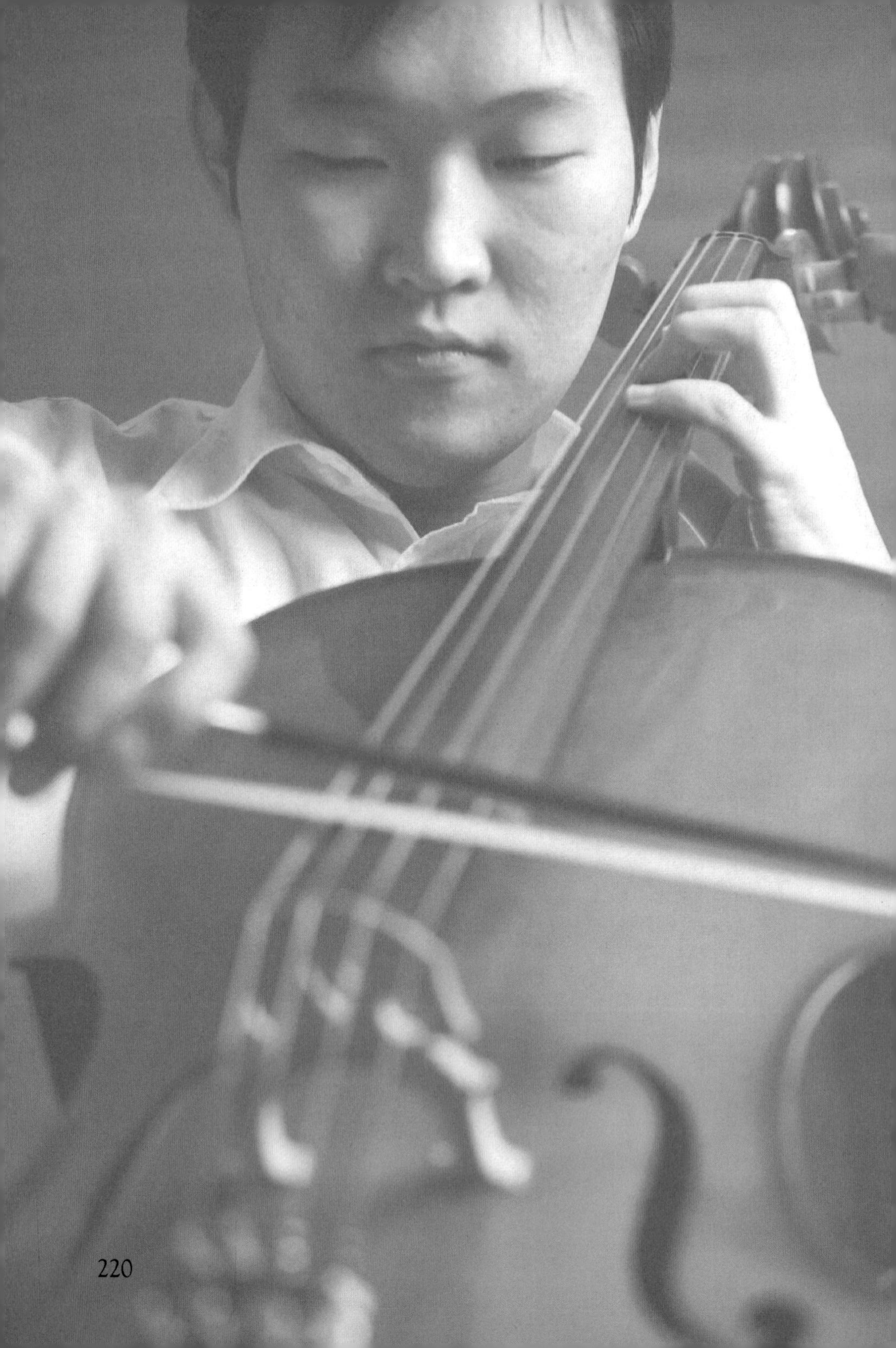

4. 순종하여 받드시더라: 중·고등학교, 대학교

부지런히 자신을 찾아가는 아이들

급격한 신체적 변화와 더불어 새로운 사회적 압력과 요구에 부딪치게 되지만 어떻게 대응해 나가야 할지 몰라서 당황하게 된다. 이전 단계까지는 회의 없이 받아들였던 자기 존재에 대해 새로운 경험과 탐색을 시작하게 된다.

에릭슨은 이 시기의 중심 과제를 자아정체감 확립이라고 했다. 자아정체감이란 자기에 대한 자각인 동시에, 자기의 위치·능력·역할·책임에 대한 분명한 인식이다. 이 시기에 자기 자신의 의문에 대한 해답을 찾으려고 애쓰지만, 그 해답은 쉽사리 얻어지지 않기 때문에 고민하고 방황한다. 이 고민과 방황이 길어질 때 정체감의 혼미가 온다고 에릭슨은 말했다. 맞는 말이다. 모태신앙 자녀는 신앙의 회의도 이 시기에 와서 방황한다.

이처럼 자아정체감을 쉽게 획득하기가 어려우니까, 동료 집단이나 존경하는 위인 중에서 동일시할 대상을 찾으려 애쓴다. 자신을 시험해 보기 위해 여러 모임에 가입해 보기도 하고, 다양한 활동에 참여해 보기도 한다. 신뢰를 형성하는 시기인 0~1세에 못지않은 중요한 시기다. 이 시기에 긍정적 자아정체감을 확립하면 이후의 단계에서 부딪치는 심리적 위기를 무난히 넘길 수 있지만, 그렇지 못하면 다음 단계에서도 계속 방황하고 때로는 부정적 정체감을 형성하기 때문이다.

자녀에게 "엄마가 잘못했어."라고 사과하자

승호가 중학생이 되면서 목소리만 굵어진 게 아니라 생각까지 깊어졌다. 그러나 나는 겨우 유치원 엄마의 수준에서 초등학교 엄마로 업그레이드된 수준이었다. 중학생이 된 아들을 아직까지 초등학생으로 보며 엄마 노릇 하던 나 역시 깊이 고민하며 기도하던 시절이다. '혼자 밥먹기'와 '공부 스스로 하기'에는 하나님의 은혜가 임했지만, 생활 태도에서는 우리 모자 사이에 터닝 포인트가 필요했다.

승호가 초등학생일 때, 나의 훈계하는 자세는 어린아이 입에서 용서를 비는 말을 기어이 듣고야 말겠다는 생각이었다. 완전 모범생과가 아닌 아들이니 학교를 다니면서 늘 소소한 사건들이 따라다녔다. 학교에서 우유팩 던지고 놀다가 반성문 쓰기, 준비물 빠뜨려서 야단맞기, 얼쩡거리다 중간 놀이 마치고 수업에 늦게 들어가기…. 쉬는 시간이 끝나는 종을 쳐도 계속 놀다가 야단맞기 같은 일은 자주 일어나는 아들의 일상생활이었다. 느긋한 승호의 성격은 변하지를 않았다.

"엄마, 이젠 지각 안 할게요. 학교 끝나면 집에 일찍 올게요. 만화책 사 달라고 안 조를게요. 안 떠들게요. 엄마, 잘못했어요. 다시는 안 그럴게요."

초등학교 시절까지 거의 대부분의 협박과 읍소와 체벌의 결론은 이런 식으로 끝을 맺었다.

"제발 담임선생님한테 야단맞을 짓 좀 하지 말라고 했잖아! 반성문 쓴 게 며칠이나 됐다고 또 반성문이냐! 애들 자습하는데 우유팩은 왜 던지고 노냐고! 넌 공부 시간이랑 노는 시간도 아직 구분 못해!"

그러나 얼마나 재미있었을까? 중·고등학교 시절에 공부 시간에 빵 먹다 들킨 일이며, 학교 담 넘어서 떡볶이 사 먹으러 갔던 일들을 우리도 추억하며 깔깔대지 않는가! 그런데 그 즐겁던 시절을 까맣게 잊고, 막상 부모가 되자 내 자녀가 공부만 하기를 바라다니. 이 얼마나 이율배반이고 아이를 숨 막히게 했을까? 지금 후회되는 일이 있다면 승호의 초등학교 시절에 좀 더 대범하게 상황에 대처하지 못한 것이다.

저학년 때는 기도하며 냉정을 잃지 않고 잘 대처한 적도 있지만, 고학년이 되면서는 이미 학교 선생님께 꾸중을 듣고 온 아이를 향해 위로해 줄 생각을 못했다. 오히려 내가 더 서슬이 퍼래서 한바탕 난리를 치며 화를 내곤 했다. 그때는 그런 사소한 일들이 왜 그렇게 속상했는지 모르겠다.

엄마 틀에 맞는 모범생의 모습이 아니라고 필요 이상으로 화를 냈던 모습을 고치기 시작한 것은 순전히 하나님의 도우심이었다. 나는 그때까지도 "너희 자녀를 노엽게 하지 말지니"(골로새서 3:21)라는 말씀과 "마땅히 행할 길을 아이에게 가르치라"(잠언 22:6)는 말씀을 현실에서 자주 헷갈려서 제대로 적용하지 못했다.

'어린애가 그럴 수도 있는 거지. 개구쟁이가 나중에 성격도 좋고 인간관계도 좋은 아이로 자라는 거고, 그렇게 틈틈이 놀면서 학교생활이 얼마나 즐거웠을까? 틀에 박힌 아이보다 놀 줄도 아는 아이가 창의성 있는 아이로 자라는 거지!'

내게는 이런 여유가 전혀 없었다. 작은 일에도 시시콜콜 참견하려는 과잉보호형이었던 내가 내 아들을 얼마나 불편하게 했을지 생각하면 늘 반성이 앞선다.

되돌아보면 이 부족한 엄마에게 순종하는 아들을 주신 하나님의 은혜가 감사할 따름이다. 때로는 두서없는 말로 다그치고 윽박지를 때도, 아예 튕겨 나가지 않고 꼬박꼬박 잘못했다고 해 주는 아들의 말이 얼마나 고마운지 모른다.

승호가 중학생이 되면서, 묵묵히 나를 지켜보던 남편이 중재자로 나섰다. 자기를 이해해 주고 대화가 되는 아빠가 있다는 사실에 아들은 신이 났다. 내가 공부만 하기를 원할 때, 남편은 아들과 함께 만화 보기를 원했다. 남편이 여유를 갖고 자녀양육에 적극적으로 개입하자 나는 드디어 아는 것을 실천할 능력이 조금씩 생기기 시작했다.

"넌 엄마의 실수를 지적하지 않는데, 엄마는 상황도 안 물어보고 무조건 화부터 냈구나. 급히 생각하다 그새를 못 참고 또 잔소리했구나. 승호야, 정말 미안하다."

내 실수를 인정하고 아들에게 사과하면서 아들이 점점 넓은 마음이 되는 것을 보았다. 하나님은 우리에게 부부가 함께 아이를 키우는 은혜를 주셨다. 그때 나는 "하나님이 솔로몬에게 지혜와 총명을 심히 많이 주시고 또 넓은 마음을 주시되 바닷가의 모래같이 하시니"(열왕기상 4:29) 라는 말씀을 붙잡고 기도했다. 내게 특별히 필요한 것은 넓은 마음이었다.

학교교육을 따르자

승호를 가르칠 때 언제나 가장 중요시했던 것은 학교교육이었다. 중학교 2학년 때 자퇴한 상황에서 학교교육을 가장 중요시했다는 말이 이상하게 들릴 수도 있을 것이다. 그러나 자퇴를 하고서도 1년 만에 연세대에 합격하게 된 건 초등학교부터 중학교 2학년 때까지 8년 동안, 정말 학교의 모든 교과과정을 충실히 다닌 덕분이기도 하다. 그만큼 학교에서 교과서를 통해 기초를 탄탄하게 쌓은 결과였다.

승호가 중학교를 자퇴하게 된 배경은 특별한 하나님의 섭리였다. 19년 동안 성실히 직장을 다니던 남편이 하나님의 부르심에 응답하던 때는 승호의 사춘기와 맞물린 시기였다. 아빠가 새로운 일에 도전해 개척교회 목사님이 된 일은 승호에게도 자신의 인생을 새롭게 도전할 힘을 준 것이라고 생각한다.

내 아들은 초등학교 2학년 때부터 미국에 조기 유학을 가고 싶어 했다. 당시 베스트셀러였던 홍정욱 씨의 《7막 7장》이란 책을 읽고는 마음이 온통 조기 유학에 빠져 있었다. 너무 졸라대서 해외 유학원에 알아보았다. 그때 남학생들의 조기 유학은 군대 문제 때문에 위법을 해야 하는 실정이었고, 교육비는 1년에 최소한 5천만 원 이상이 든다는 걸 알게 되었다. 당연히 반대였다.

"승호야, 엄마 아빠는 네가 공부를 아무리 잘한다 해도 법을 어기면서까지 조기 유학을 보낼 생각이 전혀 없단다. 또 아빠 수입을 너 공부하는 데만 쓸 수도 없고. 우리 세 식구가 함께 생활할 돈을 너 혼자만 쓰는 게 불공평하잖니? 아빠 혼자 고생하시는데. 미국 유학이 그렇게 가고 싶으면 네가 대학에 가서 장학금 받고 가는 길을 알아 봐라. 대학을 마치고 미국으로 대학원을 가면 장학금 받고 가는 길도 열릴 테니까 그때까지는 한국에서 공부해라."

어릴 때부터 무슨 일이 있든지 주로 대화로 풀어서 그런지, 합리적으로 설명하니까 아무 말이 없었다. 자기가 생각해도 이치에 맞지 않는 일이니까 그런 것 같았다. 그런데 남편이 건설 회사 부장에서 교육전도사님으로 바뀐 것을 보면서 많은 생각을 했던 것 같다. 아빠가 목사님이 되시면 자기를 뒷받침해 줄 수 있는 건지, 얼마나 가난해지는 건지를 물었다. 우리 부부는 현실을 있는 그대로 설명해 주었다. 어리다고 얼버무려 설명하지 않고 어른처럼 동등하게 대접하며 우리 집 상황과 수입과 지출과 예측되는 미래에 대해 설명해 주었다.

벤처 아버지와 벤처 아들

중학교 2학년 겨울방학이 되자 아들은 마음껏 공부하고 싶다는 이유로 학교를 그만 다니겠다고 했다. 19년째 다니던 직장을 그만둔 남편이 교육전도사로 수정교회를 섬기다가, 대학원 졸업을 한 학기 앞두고 하나교회를 개척하자마자 일어난 일이다. 하늘이 무너지면 그런 기분일 것 같다. 지금처럼 대안학교가 있던 시절도 아니다. 엄마로서 받아들일 수 없어서 반대했다. 하지만 남편은 하나님이 승호에게 주신 소원일지도 모르니까, 일주일 동안 금식기도를 하자고 했다.

나는 울면서, 남편은 기뻐하면서 금식했다. 믿음의 수준이 다른 부부가 함께 사는 일은 이렇게 사건이 났을 때 반응이 다르다는 것이다. 나는 아무 응답을 못 받았지만, 남편은 분명 하나님이 인도하신 일이니 승호의 소원을 들어주자고 했다.

"당신은 지금 벤처기업에 투자하고 있는 거라고…."

워낙 낙천적이고 느긋한 남편은 이렇게 나를 위로했다. 뭘 가르쳐야 하고 뭘 도와줘야 할지 막막했고, 미래는 불투명하기만 했다. 막상 남편과 아들의 뜻에 동의해 놓고도 나는 매일 후회의 연속이었다. 막연하고 불확실한 것을 싫어하는 내가 이런 모험을 하다니, 내가 생각해도 기가 찰 노릇이었.

"엄마, 날 믿어 줘서 고마워요. 너무 걱정 마세요. 잘될 거예요."

"그래, 여보. 그동안 얼마나 고마운 아들이었냐고. 이번에도 잘 해낼 거니까 믿어요, 믿어 보라고요."

승호는 2000년 2월에 중학교를 자퇴하고 그해 4월에 중졸 검정고시를 보고, 또 연이어 넉 달 뒤 8월에 고졸 검정고시까지 보았다. 말 그대로 단숨에 아들은 대입

시험 응시 자격을 얻어 냈다. 아이가 중학교를 그만둘 때는 하고 싶은 대로 해 주고 나서 고등학교에 진학시킬 생각이었다. 5월에 고입 검정고시에 합격하고 영어 공부나 그 밖의 하고 싶은 걸 하다 보면 1년은 금방 갈 거 같았다. 그런데 막상 자퇴 두 달 만에 고입 검정고시에 합격하더니 승호가 말했다.

"엄마, 저 고등학교도 그냥 안 가면 안 되나요? 그냥 또 검정고시로 해 볼래요."

자기가 원하는 일을 도와주니까 그렇게나 게으름을 부리던 애가 변한 것이다. 이제 말리는 것도 지친 나는 철저히 아들을 믿어 주는 것 외에는 다른 방도가 없었다. 2000년 8월 고졸 검정고시 합격 후에는 본격적으로 수능을 준비했다. 한여름에 너무 오래 앉아 공부하다가 아들의 다리는 땀띠로 범벅이 되었지만, 자기가 원한 길이여서인지 즐거운 마음으로 공부했다. 수능 모의고사를 다달이 치르면서 성적이 계속 오르는 기적이 연이어 일어났다. 아들의 신앙심이 더 깊어진 것도 이 일이 계기가 된 것 같다. 불투명한 현실, 미래가 보이지 않는 터널을 함께 지나오면서 우리 가족은 하나님께 더 가까이 가게 되었다.

마침내 2000년 11월에 수능을 치르고 논술 준비를 마쳤다. 그 모든 과정은 하나님의 드라마였다. 드디어 벤처 아버지의 개척교회가 1주년을 맞으면서 벤처 아들은 연세대 사회 계열 최연소 합격이란 감격을 안겨 줬다. 개척교회에 허락하신 하나님의 선물은 이렇듯 상상할 수 없는 모습으로 돌아왔다. 그 일을 시작으로 하나님은 자격 없는 우리 가족 모두에게 감당할 수 없는 선물을 주기 시작하셨다.

01학번 내 아들의 대학 생활은 너무 행복하다 못해 모든 것을 온몸으로 호흡하며 새로운 세계를 향하고 있었다. 준비 없이 대학생 엄마가 된 나와는 달리, 처음부터 대학생으로 태어난 듯 그렇게 신나 보일 수 없었다. 나이가 어려 대학 생활에 적응할 수 있을까 걱정했던 건 완전 기우였다. 연고전, 갖가지 취미 활동과 새로운 인간관계, 동아리 모임 등으로 그러잖아도 행복에 겨운 자유로운 대학생활에 2002년 월드컵 응원이 겹쳐 2년을 훌쩍 보내게 되었다. 사법시험 최연소 합격 수기에서 대학교 2학년 2학기와 겨울방학 동안의 자신의 모습을 방탕이란 단어를 그림으로 그려 놓은 생활이었다고 고백할 정도였으니, 엄마인 내가 도저히 상상도 못한 많은 일들이 있었던 모양이다. 원래 자식 일은 제 부모만 모르고 다른 사람은 다 아는 법이다. 성장하는 통과의례였겠지만 옆에서 지켜보는 부모에게는 더 많은 기도의 눈물을 흘려야 했던 시간이었다.

그러나 그때도 하나님은 내 아들을 잊지 않고 인도하셨다. 글을 쓰고, 사진을 찍고, 새로운 사람들을 만나고, 누군가를 마음 깊이 동경하고, 이것저것을 찾아서 멀리멀리 가던 내 아들의 마음을 하나님이 만지기 시작하셨다. 법대생으로서 사법시험에 마음을 정했는데, 더 이상 시험 준비를 미루다가는 준비 없이 추운 대학 졸업을 맞게 될 것을 깨닫게 하신 것이다. 중학생에서 갑자기 대학생이라는 신분의 자유로움을 누리다가 주일예배 때만 하나님을 살짝 뵙고 평일에는 하나님과 상관없이 제 뜻대로 살던 내 아들. 하나님은 그런 승호를 3학년이 시작되기 하루 전, 휴학을 결정하고 사법시험을 준비하도록 불러 주셨다.

이 시절의 나는 개척교회의 새내기 사모로서, 인생의 후반전에 타의에 의해 주전 선수로 뛰게 된 엉거주춤한 모습으로, 하나님 때문에 행복해 하는 남편과 호흡이 안 맞고 다리가 자꾸 엉키고 넘어지며 지쳐 가던 시절이다. 개척교회 목사가 된 남편과 기약 없는 고시생 대열에 낀 아들을 통해 신앙 훈련을 받으며 나의 숨은 불순종과 불순물을 제거하고 다시금 업그레이드되어 가는 시절이기도 했다.

꼭 외워야 할 말씀

자녀에게 "엄마가 잘못했어."라고 사과하자

하나님이 솔로몬에게 지혜와 총명을 심히 많이 주시고 또 넓은 마음을 주시되 바닷가의 모래 같이 하시니 열왕기상 4:29

만일 우리가 죄가 없다고 말하면 스스로 속이고 또 진리가 우리 속에 있지 아니할 것이요 만일 우리가 우리 죄를 자백하면 그는 미쁘시고 의로우사 우리 죄를 사하시며 우리를 모든 불의에서 깨끗하게 하실 것이요 요한일서 1:8-9

벤처 아버지와 벤처 아들

이르시되 너희의 믿음이 작은 까닭이라 진실로 너희에게 이르노니 만일 너희에게 믿음이 겨자씨 한 알 만큼만 있어도 이 산을 명하여 여기서 저기로 옮겨지라 하면 옮겨질 것이요 또 너희가 못할 것이 없으리라 마태복음 17:20

나는 비천에 처할 줄도 알고 풍부에 처할 줄도 알아 모든 일 곧 배부름과 배고픔과 풍부와 궁핍에도 처할 줄 아는 일체의 비결을 배웠노라 내게 능력 주시는 자 안에서 내가 모든 것을 할 수 있느니라 빌립보서 4:12-13

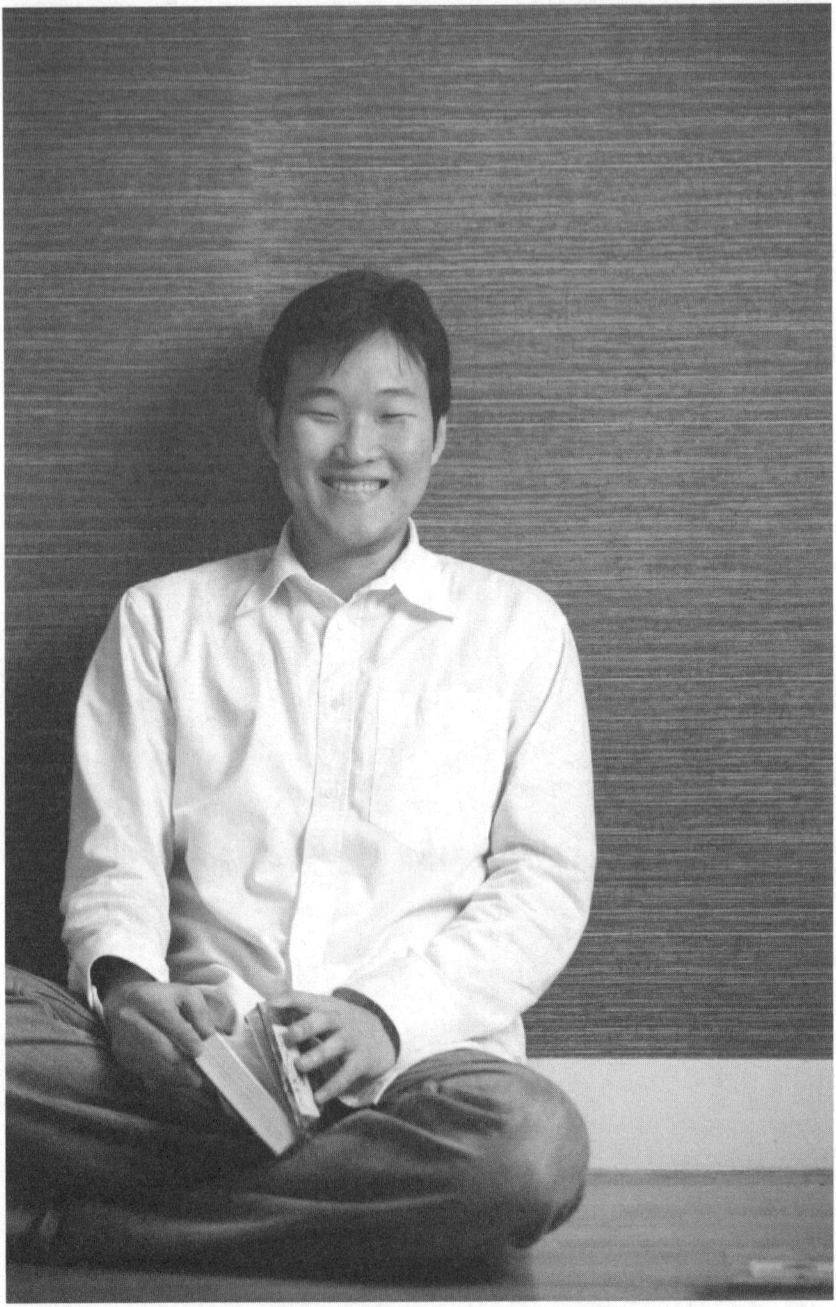

5. 하나님과 사람에게
   더 사랑스러워 가시더라: 청년기

자기를 벗어나는 때

주로 관심의 대상이 자기 자신이던 자녀가, 이제 청년기에 이르게 된다. 앞으로 직업을 선택해야 하고 배우자를 찾아야 하므로, 청년 중기에는 배우자인 상대방 속에서 공유할 수 있는 정체감을 찾으려 든다. 타인과의 관계에서 친밀감을 이루는 일이 주요 과업이 된다. 에릭슨에 의하면, 청년기에 긍정적인 정체감을 확립한 사람만이 진정한 친밀감을 이룰 수 있다고 한다. 정체감을 확립하지 못한 사람은 자기 자신에 대해 자신감을 가지지 못하므로, 타인과의 관계에서 친밀감을 형성하지 못하고 고립되어 자기 자신에게만 몰두하게 된다.

가족이 가족일 수 있는 이유

승호가 신림동 고시원에 있던 시절의 일이다. 워낙 어릴 때부터 만화를 좋아하던 남편과 아들의 우리 집 일상 대화가 다른 집에서도 이뤄지는지 궁금하다. 하루는 내가 아들에게 전화를 걸었다.

"너 지금 어디니?"

"저 지금 만화방이에요. 오늘 모의고사 봤는데요. 기분 좋아서요. 지금 만화 잠깐 보러 와서 쉬는 중이에요."

아들이 만화방에 있다는 말에 남편이 옆에서 거든다.

"너 수험생이니까, 아빠가 39권은 다음에 보라고 하시는데."

"아빠한테 벌써 39권은 다 봤다고 전해 주세요. 낼 전화 드릴게요."

"아빠가 너 나쁜 거 같다는데. 수험생이 만화 챙겨 본다고."

"아빠가 더 나쁜 거 같다고 전해 주세요. 목사님도 만화 챙겨 보신다구요."

만화 보는 취미를 너무 인정해 준 탓인지, 시리즈로 나오는 만화에서 다음 편이 나오면 아들이 먼저 보는지, 남편이 먼저 보는지 은근히 서로 견제하며 즐긴다. 수준이 맞는 대화 때문에 남편도 아들도 행복하다.

교과서가 다 만화였음 좋겠다는 아들의 소원을 출판사들이 들었는지, 진짜로 내 아들이 초등학교 때부터 만화 교과서 시리즈가 줄줄이 나와서 국어, 산수, 사회, 자연뿐 아니라 한문, 삼국지, 축구, 퍼즐까지 하나도 빼놓지 않고 열심히도 쟁여 놓고 만화를 보던 기억이 난다.

지금도 화장실 갈 때, 밥 먹을 때, 일없이 뒹굴 때, 이원복의 만화는 우리 집 남자들 손에서 떠나지 않는 메뉴다. 3년 전 아들이 수능을 마치고 나서 이렇게 말했다.

"엄마, 내 지식의 근간은 이 만화들에 있는 거 같아요. 수능에 너무 도움이 된 거 있죠. 엄마, 고마워요. 만화 많이 사 주셔서요."

이원복의 《데굴데굴 세계여행》, 《이원복 교수의 현대문명진단》, 《사랑의 학교》, 《삼국지》, 《고우영 십팔사략》, 《베르사이유의 장미》, 《바람의 대지》까지 우리

232

집에는 소장해 놓고 매일 보는 만화가 줄줄이 꽂혀 있다. 남편의 생일 선물로 아들이 사 들고 들어온 비장의 선물도 만화 《마스터 키튼》 전집이었다. 아들이 사법시험 공부할 때 머리를 식히며 본 만화는 《슬램덩크》다. 승호가 사법시험 준비하던 시절에 곁에 두고 보던 《슬램덩크》는 사법연수원까지 들고 갔고, 《마스터 키튼》은 소유주가 남편인 관계로 우리 집에 소장 중이다.

  가족이 가족일 수 있는 이유 중 하나는 맘 놓고 무장해제를 하고 망가진 모습을 보여 줄 수 있기 때문이 아닌가 싶다. 말하자면 타인들은 전혀 상상도 못하는 비밀 결사대 같은 웃기는 모습 말이다. 그런 의미에서 본다면 우리 식구는 다들 한 가지씩은 다른 식구들을 배꼽 잡게 해 주는 주특기가 있다. 우리 가족의 멍청한 표정이나 황당한 반응은 글재주가 있으면 대본으로 써서 개그 프로그램에 보내고 싶을 정도다. 남이 보면 하나도 웃을 일이 아닌데 우리끼리 웃는 것이 우리 가족이 가진 재주 중 가장 크다. 만화 챙겨 보기가 두 남자의 특기라면, 내 특기는 그 옆에서 헛소리를 하면서 빈둥거리는 일이다. 우리 집 푸른 초장은 말씀과 기도 외에도, '열심히 공부한 당신, 만화를 보면서 뒹굴 때'다.

시험 전야

"너 지금 어디니?"
"지금 막 이발하고 나오는 중이에요."
"그럼 저녁은 언제 먹니?"

"학원 자리 때문에 지금 저녁 먹을 시간이 애매해서요. 이따 오시게요?"

"그럴까 하는데. 이따 가서 전화할게. 너 정말 애쓴다."

"그러시면요. 학원 끝나고 11시에 오시면 좋겠어요."

"그래 이따 보자."

일주일에 한 번씩 집에 오는 아들의 생활 패턴 덕에 가끔은 우리 부부가 아들이 공부 중인 신림동으로 가곤 했다. 때로는 빨랫감을 가지러 가기도 하고, 때로는 아들의 밤늦은 야식 시간에 오뎅이며 김밥이며 이런저런 고시촌의 메뉴들을 함께 기웃거리며 아들과 밀린 대화를 하고 응원과 격려의 기도를 해 주고 돌아오는 부부 나들이 코스였다. 한 달이면 한두 번은 갖게 되는 모처럼의 한가한 시간이었다.

다행히 공부가 적성에 맞고 공부를 할수록 법 공부가 재미있다며 어느 날은, "엄마, 아빠. 저는 법조문이 꿀송이 같아요. ㅋㅋ…. 아빠도 성경 말씀이 꿀송이 같으신 거죠?"라며 낄낄거렸다. 그리고 "근데 저 없이도 두 분이 재밌게 사시는 거예요? 저 어릴 때 캠프 갔을 때처럼 부부 싸움 하시는 거 아녜요?" 이런 가족만이 나눌 수 있는 말장난과 서로를 향한 격려와 위로를 주고받는다.

2004년 2월 21일, 드디어 1차 시험이 다가왔다. 그동안 컨디션 조절을 한다고 했는데도 어찌된 일인지 내 아들은 마지막 1주일을 남겨 두고 매일 병원을 드나들며 감기 몸살 때문에 주사와 약을 몸에 달고 살았다. 매일 열에 들떠 고생하는 아들을 보며 안타까웠던 마음은 지금도 기억이 생생하다. 그래도 혼자서 병원이며 약이며 챙겨 가며 마지막 1주일까지 그 속에서 버텨 내는 아들을 보면서, 어른이 되어 가는 과정은 아무리 부모라도 대신 겪어 줄 수 없는 몫이라는 생각에 기도 외엔 그 어느 것도 돕지 못한 채 시간이 흘러갔다. 너무 아프면 집에 와서 쉬라는 말에도 아들은 감기약 먹으면서 마지막 정리를 해야 한다며 신림동을 떠나지 않았다.

사법시험 하루 전날의 고시촌은 명절날의 귀성 인파를 방불케 하는 분위기였다. 시험 당일에 일시에 시험장으로 가는 혼잡을 피하기 위해 또 시험 전날은 그래도 집에 가서 잠을 자려는 이동 인구가, 거의 같은 시간대에 골목마다 장사진을 이루기 때문이다. 좁은 골목마다 차들과 사람이 빼곡히 엉켜서 시험의 긴장감과 중압감까지 동시에 느껴지는 분위기였다.

"여기 지금 돌아다니는 사람들이 다 내일 시험 보는 사람이니?"

"행시도 있고 외시도 있고 하니까요, 다는 아닐걸요."

"그동안 고생들 많았는데 다들 합격하면 좋겠다. 너희 스터디 그룹들도 다 오늘 집에 갔니?"

"이틀 전에 간 누나도 있고요. 저처럼 오늘 가는 형도 있어요. 오늘 밤 잠을 잘 자는 게 관건인데요. 작년에 시험 전날 잠 못 자서 시험 망친 사람이 있거든요. 아는 형 하나는 너무 자신 있고 너무 공부도 잘되고 해서 흥분이 가라앉질 않아서 꼬박 뜬눈으로 밤새웠는데, 다음날 시험 완전 말려서 올해 다시 본대요."

"그래. 어서 집에 가서 기도하고 일찍 자자."

"그래야 될 텐데요."

합격을 앞두고

"이번에 떨어져도 너무 낙심하지 마라. 엄마 아빠가 너를 얼마나 사랑하는지 알지? 네가 합격해도 사랑하고 네가 불합격해도 널 너무 사랑하는 거 알지? 하나님도 그러신 거 너도 알지? 떨어져도 넌 그동안 너무 잘한 거니까 꼭 집으로 일찍 와야 한다."

발표를 하루 앞두고 간밤에 잠을 못 이루다 아침에 학교로 나서는 아들을 위해 기도해 주면서 어찌나 마음이 안쓰럽던지 엘리베이터 앞까지 따라나서며 등을 다독거리며 한 말이다. 예정보다 12일이나 빨리 2006년 10월 12일에 제 48회 사법시험의 2차 결과 발표가 있는 날 아침의 일이다.

지난 1년을 되돌아보니 정말 엎드려 기도하고 절망과 겸손이 무엇인지 배우고 또 배운 시간들이 짧은 영상처럼 지나갔다. 막상 발표 날이 다가오자 더더욱 마음이 낮아지고 지난해의 불합격의 악몽도 떠오르고 무엇보다 그동안 고생한 아들이 앞으로 또 1년을 같은 고생을 반복할 걸 생각하니 아무런 말도 아들에게 위로가 될 것 같지 않았다. 다만 하나님이 아들의 마음을 만져 주고 위로해 주시는 걸 간구할밖에….

"엄마, 떨어졌다고 제가 하나님을 안 믿을 것도 아니고, 또 공부를 그만둘 것도 아니잖아요."

이 말을 남기고 학교로 갔던 아들에게서 전화가 왔다.

"엄마, 저 합격했어요. 갑자기 일찍 발표가 났는데…. 엄마, 저 합격했어요."

그날 아들과 나는 전화를 붙들고 제일 먼저 하나님께 감사기도를 드리고 얼마나 울었는지 모른다.

"하나님, 감사해요. 하나님, 죄송해요. 이렇게 좋게 해 주시는 데도 힘들다고 불평했던 거 용서해 주세요. 정말 앞으로 잘할게요. 도와주세요. 하나님. 열심히 공부하고도 불합격한 다른 사시생들도 위로해 주세요. 작년에 우리 아들을 위로해 주고 공부할 힘과 믿음을 주셨던 것처럼 그들에게 지금 이 시간, 낙심과 절망에서 벗어나 하나님이 주시는 위로로 새롭게 공부할 힘을 다시 주세요."

우리 가족의 입학을 허락하셨던 겸손훈련학교에서 이제 한 학년을 무사히 마치게 하셨다. 기쁨으로 충만하고 많은 분들의 축하를 받는 며칠 동안의 방학이 끝나면 또다시 날마다 하나님 한 분만 높임을 받으시도록 또 등교해야 할 학교가 겸손훈련학교다. 일평생 배워야 하는 겸손이다. 우리 가족 모두가 하나님이 허락하시는 겸손을 훈련받을 때 순종함으로 기쁘게 받도록 도와주실 것을 간구했다.

"하나님, 사랑합니다. 그동안 너무 죄송했어요."

2001년 3월 아들의 대학 입학식 날 가족이 함께 연세대 교정의 언더우드 기념 동상 앞에서 손을 맞잡고 머리 숙여 드렸던 기도가 있다.

"하나님의 이름으로 하나님의 뜻 가운데 세우신 학교의 이름을 높여 드리고, 하나님을 기쁘시게 해 드리는 아들이 되도록 해 주세요."

그리고 5년 후에 승호는 연세대 법과생으로서 사법시험 최연소 합격이라는 은혜를 받았다. 하나님이 세우신 학교의 이름을 높여 드리고, 하나님을 기쁘시게 하는 데 사용해 달라는 기도가 그대로 응답되었다. 뿐만 아니라 개척교회 목사의 아들로서도 하나님을 기쁘시게 해 드렸다. 작은 교회 목사님들 가정에 소망이 되는 일에 쓰임을 받았다. 하나교회는 개척 7년 만에 승호의 최연소 합격 이후 직·간접적으로 많은 사람이 전도되는 계기를 얻었다.

아들의 청년기는 만 열다섯에 시작된 셈이다. 육체적인 나이는 고등학교 1학년에 입학할 나이지만 하나님이 인도해 주신 사회적 나이는 이미 청년기를 향해 있었다. 대학 2학년을 지내고 나서 사법시험을 준비하는 동안, 하나님은 아들의 영적 성장까지도 세심하게 인도하고 계셨다. 본인의 입으로 말하는 청년기의 치열한 삶은 《법률저널》에 실린 사법시험 합격 수기에 고스란히 잘 드러나 있다.

떠나보내기

"엄마한테 열쇠라도 주면 좋을 텐데."
"제가 필요하면 말씀드릴게요."
"너 혼자 식사며, 빨래며, 청소며 다 해결하면서 공부하면 시간도 부족하잖아. 연수원 공부가 그렇게 힘들다면서…."
"엄마, 이제 제가 다 혼자 해야 되는 나이예요. 그리고 다들 그렇게 혼자서 해결해요."
"아니, 뭐 자주 간다는 게 아니고, 일주일에 한 번 정도 너 없을 때 가서 먹을 것도 좀 만들어 놓고 청소랑 빨래만 해 놓고 올 건데."
"괜찮아요. 엄마는 교회 일로도 바쁜 일 많은데 기도만 해 주시면 돼요."
"그래. 그러지 뭐. 성경 말씀 읽는 거 잊지 말고 기도도 잘 챙겨서 하고…."
너무도 간단하고 정중하게 거절을 당하고 나니, 아들이 정상이고 내가 비정상인 걸 알면서도 공연히 마음 한구석이 살짝 허전하다. 2007년 3월 1일자로 이용훈 대법원장님께 임명장을 받은 내 아들은 사법연수원 1년차다. 근데 그 임명장이 어떤 위력을 발휘한 건지, 연수원 생활 2주째 접어든 내 아들은 스물두 살의 나이에 이제 엄마하고의 물리적인 관계는 거의 상실되는 중인 것 같다. 자식이 커 가면서 독립적 인간이 되어야 함은 머리로야 백번 지당한 일이지만, 가슴으로는 아직도 군살이 덜 생긴 탓인지 적응하기가 힘에 겹다. 너무 이른 나이에 사회인이 되어 버린 아들의 성장 속도를 따라가기가 난 언제나 숨이 차 헉헉거린다.

아들을 키우면서 언제나 나이에 맞게 떠나보내는 연습을 믿음 안에서 준비하며 살아왔지만 연습과 실전은 늘 속도 차가 난다. 아브라함에게 "고향과 친척과 아버지의 집을 떠나"(창세기 12:1)라고 하신 하나님이 우리의 자녀들에게도 부모의 품을 떠나 홀로 서라 하시는데, 막상 나이에 맞게 적정 거리를 유지하며 떠나보내는 날은 생각보다 늘 빨리 찾아오는가 보다.

오직 하나님께 영광을

승호가 쓴 합격 수기가 2006년 12월 15일자 《법률저널》에 〈제48회 사법시험 최연소 합격기〉라는 제목으로 실렸다. 그때 승호는 연세대 법대 4학년 재학 중이었다.

Soli Deo Gloria(오직 하나님께 영광을)
나는 이제 막 스물한 해 남짓을 살아온 젊은이다. 아직 배울 것이 더 많고, 깨달아야 할 것이 더 많다. 그런 내가 과거를 돌아보는 글을 쓴다는 것은 조심스러운 일이다. 나는 수험생 시절에도 그랬듯, 지금도 여전히 허술하고 부끄러운 점이 많은 사람이다. 사법시험에 합격했다고 해서 그런 내가 달라지는 것은 아니다.
그러나 나는 지금의 불완전함을 못내 끌어안은 채로, 또한 희망으로 가득하다. 수험 생활, 특히 불합격의 시간들을 겪어 내면서, 나는 도리어 나의 밝은 미래를 믿게 되었다. 이것은 사법시험 합격이 아닌, 나의 하나님이 주신 내 마음속 가장 깊은 곳에서 솟아오르는 희망이다. 이것은 결코 꺼지지 않는 희망이다.
나는 과거를 이야기할 수 있을 정도로 충분히 지혜롭지 못하다. 그럼에도 여기에 부끄럽고 불완전한 채로의 나를 남겨 두는 것은, 같은 과정을 겪고 있을 그 누군가에게 미약하나마 도움이 되기 위함이고, 미래의 나를 위해 오늘의 나 자신을 하나의 기준점으로 세워 두기 위함이며, 무엇보다도 지난 수험 기간 동안 내가 겪었던 하나님에 대해 이야기하지 않을 수 없기 때문이다.
그리고 많이 고민한 끝에, 구구한 공부 방법론에 대해서는 쓰지 않기로 했다. 나는 2차 시험을 세 번 봤고, 특별한 공부 방법보다는 일반적으로 통용되는 공부 방법론을 최대한 따르려 노력했던 사람이다. 조금만 노력하면 내가 이야기할 수 있는 것보다 훨씬 훌륭한 공부 방법론을 많이 찾아낼 수 있을 거라고 생각하며, 이 점에 대해서는 고개 숙여 양해를 구한다.
나는 만 열다섯의 봄에 대학생이 되었다. 중학교를 중퇴했던 건, 어떤 특별한 계기가 있었던 것도 아니고, 무슨 비판적 성찰의 결과 같은 건 더더욱 아니었다. 오히려 그것은 특별해지고 싶다는 류의 치기에서 비롯된 일이었다고 보는 게 옳을 것 같다. 2000년 1월, 중학교 2학년의 겨울방학에, 나는 아무런 계획도 준비도 없이 학교를 자퇴했다. 그날로부터의 1년은 상상하지도 못했던 궤도로 거짓말처럼 흘러갔고, 이듬해인 2001년 3월에 나는 연세대에 입학했다(그 1년 동안 내게는 중요한 일들이 많이 있었지만 여기에서는 일단 생략하기로 한다).

살아가다 보면, 정말 중요한 일들은 내 손이 닿지 않는 곳에서 진행되고 결정되어 버린다는 느낌을 받을 때가 있다. 그것은, 내게는 하나님이 다루시는 영역으로 생각된다. 나는 아직 하나님의 뜻을 다 알지 못하지만, 그 1년에 대해서는 정말이지 하나님의 인도하심과 개입하심을 강하게 느끼고 있다. 그건 내가 내 손으로 해냈다고 말할 수 있는 일이 아니었다.

대학교에서 2001년과 2002년, 10대의 후반기를 보냈다. 모든 것을 온몸으로 한껏 호흡하며 살았던 시절이었다. 새로운 사람들을 만나고, 그 만큼의 새로운 세계를 보았다. 첫사랑을 만나 연애에 몰두했다. 누군가를 마음 깊이 동경하고, 그 빛에 매혹되기도 했다. 하나님이 나에게 허락하신 공동체인 '지토JESUS & DITTO'(연세대 법대 내의 그리스도인 모임)를 알았다. 사람이 마음을 담아 만들어 낸 모든 것들을 보고 듣고 느꼈다. 글을 쓰고 사진을 찍고 마음 맞는 사람들과의 대화를 즐겼다. 때로는 요령이 없어 실수도 하고, 누군가에게 상처를 입히고, 상처를 받기도 하고, 후회와 자책도 했다. 그렇게, 처음으로 알을 깨고 세상에 나온 듯 살았다.

나의 청소년기는 보편적인 것은 아니었지만, 나 스스로는 대학교에서 그 시기를 보낼 수 있었음을 다행스럽게 생각하고 있다. 고등학교에 갔더라면 더 좋았을지도 모른다. 그것을 부정할 수는 없다. 분명히 그 결과는 내가 오래도록 지고 가야 할 짐이다. 하지만 나는 고등학교 생활을 거치지 않음으로써 내 안에 있던 몇 개의 가능성들을 부서뜨리지 않은 채로 20대까지 가져올 수 있었던 것 같다는 느낌을 받는다. 그건 나에게는 퍽 다행스러운 일이다. 그리고 무엇보다도, 지금의 나는 고등학교 생활과의 비교를 떠나 그 시절 자체에 감사하며 만족하고 있다.

2003년, 열아홉의 봄에 사법시험을 준비하게 되었다. 2학년 2학기와 겨울방학을 학교 기숙사에서 보내면서 나는 거의 '방탕'이라는 것을 그림으로 그려 놓은 생활을 하고 있었는데, 그 겨울방학이 끝날 무렵, 더 이상 이렇게 살다가는 이 흐름에서 한동안 빠져나올 수 없겠다는 것을 무의식의 차원에서 느끼고 있었던 것 같다. 그래서 1학기가 시작되기 전날, 갑작스럽게 휴학을 결정하고 기숙사에서 짐을 뺐다.

그건 사법시험 공부를 하기 위한 휴학이기도 했지만, 타성에 젖을 대로 젖은 그 생활에서 도망친 것이기도 했다.

1차 시험을 위한 1년 휴학이 일반적으로 얼마나 유효한 것인가와 상관없이, 나는 그때 휴학하지 않았더라면 아마 그 해에는 공부를 할 수 없었을 거라고 생각한다. 그리고 지금 돌이켜 보면 그 휴학은 하나님과 전혀 상관없이 살아가고 있었던 나에 대한 하나님의 부르심이었던 것도 같다. 그렇게 신림동에 들어갔다.

신림동 생활은 내겐 오히려 즐거운 것이었다. 혼자서 보내는 고요한 시간이 싫지 않았고, 무엇보다 나의 시간을 의미 있게 사용하고 있다는 그 충실감이 행복했다. 공부는 일반적 학원 스케줄을 따라서 했다. 봄에는 기본 강의를 듣고, 여름에는 판례 강의를 듣고 미진한 부분을 보충하고, 가을에는 진도 모의고사를 따라가고, 그 이후로는 혼자 정리한 것만을 시험 때까지 반복하는 과정을 따라갔다. 3년 전의 일이었고 특별히 남들과 다른 점도 없었으므로 구체적으로 이야기할 필요는 없을 것 같다. 다만, 가장 실력이 느는 것을 느꼈던 시기는 진도 모강이 끝나고 기본서와 판례집만을 붙잡고 정리하며 반복했던 시기였다는 점만을 언급해 둔다.

그해에, 나는 처음으로 하나님과의 인격적인 교제를 시작했다. 스터디를 이끌어 주시던 고마운 선배 영종이 형을 통해서였는데, 그 형은 점심 식사를 마치고 혼자 교회로 기도하러 올라가시는 데 어느 날부터인가 따라가서 함께 기도하기 시작했다. 그러면서 처음으로 하나님께 진심으로 기도하는 법을 배우기 시작했던 것이다. 모태신앙인으로서 머리로 기독교를 믿어 왔던 나는, 그때부터 비로소 하나님의 사랑을 나의 것으로 받아들이기 시작했다. 하나님과 함께한다는 것이 어떤 것인지 알게 되었다. 매일의 기도 시간은 기쁘고 행복했다. 그 시간들은 마치 일용할 양식과도 같이, 하루하루를 버텨 낼 수 있는 힘이 되어 주었다. 1차 시험 직전, 나는 하나님께 '사법시험 합격보다 하나님을 더 사랑합니다.' 라는 기도를 드렸다. 후에 알게 되지만, 하나님은 그 기도를 귀 기울여 듣고 계셨다.

그리고 2004년 봄, 제46회 1차 시험에 안정적 성적으로 합격했다.

이제 나는 부끄러운 이야기를 하지 않으면 안 된다. 그렇게 1차 시험에 합격하고 나서, 나는 완전히 무너져 버렸다. 시험이 우습게 보였다. 2차 시험에 떨어질 수도 있다는 생각은 하지도 않았다. 그러면서도 공부는 안 했다. 1차 시험에 합격했다고 변호사 시켜 주는 사람은 아무도 없는데, 1차 시험 합격했다고 다 끝난 것처럼 놀고 다녔다. 평균 공부 시간이 3시간이나 되었을까. 매일 기도하러 가던 시간은 물론 잊혀진 지 오래였다. 그런 상태로, 거의 12월까지를 깨끗하게 날려 버렸다.

정말로 부끄러우니까 길게 설명은 하지 않겠다. 12월부터 다시 독서실에 들어가 공부를 시작하기는 했지만, 거의 아무런 밑천도 없는 상태에서 2순환 중반을 따라가는 건 역부족이었다. 차라리 그때부터라도 기본 강의 테이프를 듣기 시작했더라면 더 나았을지 모르는데, 아무튼 그렇게 3순환 4순환을 허덕이며 따라가고, 제47회 재시를 보게 되었다.

첫날 헌법과 행정법을 치고 나와서, 마음속으로 시험을 포기했다. 내 답안지를 떠올려 보고, 도저히 과락을 벗어날 가망이 없다고 생각했다. 정신적으로 완전히 거꾸러져 버렸다. 2차 시험 기간은 정말로 다시 떠올리고 싶지 않다. 뭔가를 생각한다는 것 자체를 견딜 수 없어서, 밤에는 지쳐 잠들 때까지 몇 시간이고 멍하니 휴대폰을 붙잡고 테트리스를 했다. 사람이 이러다 미칠 수도 있겠구나 싶었다. 그렇게 넋이 나간 상태로 4일을 보냈다.

그리고 10월, 제47회 2차 시험에 불합격했다.

인생에서 처음 겪는 실패는 정말이지 견디기 힘든 것이었다. 아무도 없는 교회에 가서 하염없이 울며 기도했다. 잘못했다고, 교만한 나를 용서해 달라고, 하나님이 주신 것을 내 손으로 부숴 버렸다고, 그렇게 울면서 기도했다. 그러고도 몇 달 동안은 아무것도 손에 잡히질 않아서, 하루 종일 영화나 만화를 보며 현실을 도피했다. 시험에 관련된 사람은 아무도 만나지 않았고, 법대 건물 근처로도 잘 다니지 않았다. 게다가 작년에 우리 동아리는 재시 이상 2차생 7명 중 6명 합격이라는 경이적 합격률을 기록했는데, 정말 붙어야 할 분들이 모두 붙어서 다행이라고 진심으로 생각하면서도, 합격자 감사 모임 공지를 보았을 때는 마음이 왜 그렇게 안 좋던지. 그러나 가장 견디기 어려웠던 건 부모님이 힘들어하시는 모습이었다. 어머니의 눈에서 눈물을 흐르게 하는 건 자식으로서 정말 해서는 안 되는 일이다. 이 이야기는 그만두자.

11월, 떠밀리듯 1차 시험 공부를 다시 시작했다. 체력이 완전히 바닥나 있던 터라, 매일같이 1시간 넘게 운동을 하며 몸을 만들었다. 의외로, 강도 높은 운동으로 머릿속에서 잡생각을 지워 버리는 것은 정신적으로도 큰 도움이 되었다. 신림동에는 아무래도 도저히 갈 엄두가 안 나서, 집에서 공부를 했다. 답답할 때는 한강 고수부지로 내려가 테이프를 들으며 산책을 했다. 정말 공부에만 집중하고 싶어서, 휴대폰도 정지시켰다. 그렇게 억지로 공부를 계속하다 보니, 어느 순간 다시 공부하는 자세로 돌아갈 수 있었다.

처음 얼마 동안의 적응 기간이 지나자, 공부는 그럭저럭 수월하게 진행되었다. 1회독 후에 제47회 1차 시험을 풀어 봤는데, 90점 가까운 점수가 나왔다. 모의고사 점수도 나쁘지 않았다. 책을 볼 때의 느낌도 괜찮았다. 12월 말부터는 몸도 마음도 다시 궤도에 오른 느낌이었다.

하나님과 함께하는 생활도 다시 시작했다. 매일 혼자 교회에 가서 기도하는 시간을 가졌고, 하나님은 성경 말씀을 통해 위로와 힘을 주셨다.

2006년 2월, 제48회 1차 시험 날이 되었다. 전날, 잠을 1시간밖에 자지 못했지만 별 문제는 없으리라고 생각하고 시험장에 갔다. 그런데 그것이 치명적이었다. 안 그래도 헌법이 너무 어렵게 느껴져서 1교시 끝나고 억지로 힘을 내고 있었는데, 형법은 기계적으로 골라낼 수 있는 문제가 하나도 없고 모두 깊이 생각해서 풀어야 하는 문제들이었다. 정말로 뻔히 알고 있는 학설이 머리가 안 돌아가서 사례와 연결이 안 될 때의 그 참담한 기분이란…. 민법은 무슨 정신으로 어떻게 풀었는지도 모르겠다. 집에 와서 채점을 하고, 점수를 내 보니 80.28이었다(헌법 1번부터 10번까지 중에 7개 틀렸을 때는 문자 그대로 기절할 뻔했다). 지난 몇 년 동안 커트라인을 얼추 맞춰 온, 주위의 발이 넓은 선배들에게 전화해 보니 아무리 그래도 82점 밑으로는 힘들 것 같다는 게 중론이었다. 그날 저녁, 1차 시험 불합격을 확신했다.
시험이 무섭다는 생각밖에 들지 않았다. 앞으로 1년 전력투구해서 준비해도 내년 1차 시험에 붙는다는 보장도 없고, 1차 시험에 또 붙어도 더 무서운 2차 시험을 봐야 하고…. 이제 정말이지 더 이상 시험 보고 싶지 않다고, 이 시험은 너무나 잔인하고 무섭다는 생각이 들었다.
한강 둔치에 누워서, 하나님이 어디 계시냐고 아니 계시기는 한 거냐고 기도 아닌 기도를 했다. 나는 분명히 하나님과 함께하며 하나님의 뜻대로 살고 싶다고 생각하며 다시 공부해 왔는데, 어떻게 이럴 수가 있나 하고 생각했다. 내게 보여주셨던 많은 것들은 대체 뭐였나 하는 원망만 나왔다.
그 후로 이틀 동안의 일들은 내가 평생 마음속에 품고 가야 할 것들이다. 그 이틀 동안 나는 내 인생의 바닥부터를 하나하나 다시 결정하게 되었다. 그리고 이틀 후, 마침내 나는 하나님 앞으로 다시 돌아오게 된다. 나는 결국 하나님을 부정할 수 없었다.
그날 나의 일기장에는 다음과 같은 글이 적혀 있다.

나는 비로소 내가 나의 하나님 앞에서 무엇 하나 내세울 것이 없음을 깨닫는다. 욥과 함께하셨던 그 하나님이 나에게도 찾아오셨다. 내가 땅의 기초를 놓을 때에 네가 어디에 있었느냐고 하는 일갈이 나의 마음 가운데로 떨어진다. 이제야 어렴풋하게나마 알게 되는 것은 겸손하게 살아가는 것이 지극히 당연하다는 사실이다. 모든 일에 대해서, 심지어 나 자신에 대해서도, 결코 나에게는 주권이 없기 때문이다. 내가 평생 살아가야 할 길은 소유권자로서가 아닌 선량한 관리자로서의 삶인 것이다. 시간을 들여 나를 다듬어 가시는 하나님께 감사드린다. 하나님은 약속하신 대로 부족한 나를 포기하지 않으셨다.

"내가 가는 길을 그가 아시나니 그가 나를 단련하신 후에는 내가 순금같이 되어 나오리라" (욥기 23:10).

"비록 무화과나무가 무성하지 못하며 포도나무에 열매가 없으며 감람나무에 소출이 없으며 밭에 먹을 것이 없으며 우리에 양이 없으며 외양간에 소가 없을지라도 나는 여호와로 말미암아 즐거워하며 나의 구원의 하나님으로 말미암아 기뻐하리로다" (하박국 3:17-18).

"왕이여 우리가 섬기는 하나님이 계시다면 우리를 맹렬히 타는 풀무불 가운데에서 능히 건져내시겠고 왕의 손에서도 건져내시리이다 그렇게 하지 아니하실지라도 왕이여 우리가 왕의 신들을 섬기지도 아니하고 왕이 세우신 금 신상에게 절하지도 아니할 줄을 아옵소서" (다니엘 3:17-18).

"(사랑은) 모든 것을 참으며 모든 것을 믿으며 모든 것을 바라며 모든 것을 견디느니라" (고린도전서 13:7).

지금 생각해 보면, 그것은 내가 1차 시험을 앞두고 했던 기도에 대한 하나님의 반문이었다. 바로 "네가 정말로 나를 사랑하느냐. 사법시험과 상관없이 나를 사랑하느냐?"라고 하는 질문이었던 것이다. 그 질문에, 나는 하나님을 사랑한다고 대답했다. 나에게는 하나님밖에 없지만 하나님만 있으면 나는 괜찮다고, 그러니까 나를 버리지 말아 달라고, 나를 붙잡아 달라고, 그렇게 기도했다.

제49회 1차 시험은 여름부터 준비해도 될 거라고 생각하고, 아무에게도 1차 시험 성적을 말하지 않은 채로 3월에 신림동에 들어가서 혼자 2차 3순환 공부를 시작했다. 지금 공부하는 걸 2차 시험장에서 쓸 수 없게 될지도 모른다는 기분은 참 힘든 것이었지만, 그것이 내가 할 수 있는 유일한 일이며, 최선이라고 생각했다. 그러나 4월, 놀랍게도 나는 1차 시험에 합격했다. 커트라인은 79.57이었다!

48회 2차 시험은 지난 시험들보다 편안한 마음으로 볼 수 있었다. 잠도 6시간 정도씩은 자고, 책은 볼 수 있는 만큼 보고, 아는 것만 침착하게 쓰고 나오자고 생각했다. 그렇게 4일의 강행군을 무사히 마쳤다.

10월 12일, 2차 시험 합격자 명단에 내 이름이 있었다. 11월 말, 법무부에서 전화가 왔다. 최연소 합격이라고 했다. 그 모든 것이, 하나님의 작품이었다.

"Soli Deo Gloria." '오직 하나님께 영광을'이라는 뜻으로, 바하가 자신의 모든 작품의 말미에 써 넣었다는 글귀다. 나는 아직 하나님의 영광에 대해 잘 말할 수 없지만, 누군가가 나의 인생을 보며 하나님의 존재를 느낄 수 있다면 그것이 하나님께 영광이 되는 일이 아닐까 생각한다. 나는 연약하고 부끄러운 그리스도인이지만, 내 인생을 통해 하나님께 영광을 돌릴 수 있기를 소망한다.

나는 나의 밝은 미래를 믿는다. 나는 하나님을 떠나서는 무엇 하나 할 수 없지만, 하나님 안에서는 무엇이든 이룰 수 있다. 어쩌면 사법시험을 통해 내가 배운 것은 이것 한 가지뿐인지도 모르겠다는 생각이 든다.

이제 나는 한 시절을 딛고 미래를 향한다. 사법시험은 나에게 있어 길고도 어두운 터널이었지만, 그 터널을 지나오며 배웠던 것들을 나는 결코 잊지 않을 것이다. 3차 시험을 본 직후에 개인적 공간에 썼던 글을 옮겨 두며, 합격 수기라는 이름을 붙이기에 부끄러운 이 글을 맺으려 한다. 살아 계신 하나님과, 오늘의 나를 있게 해 준 고마운 사람들에게 마음으로부터의 감사를 전하며.

그리 오래되지 않은 과거에, "지금 내가 신촌 지하철역에서 교통카드를 찍고 개찰구를 통과한다면…. 나는 눈물이 날 것만 같다."고 누군가에게 이야기했던 일이 있다.

아무것도 아닌 단순한 일상, 내가 아닌 다른 많은 사람들이 누리고 있는 평범한 일상이, 그날들의 나에게는 그토록 사무치게 부럽고 절실했던 것이다. 아침에 일찍 일어나느라 조금 피곤하고 지하철에서 사람들에 치이는, 무엇 하나 특별하지 않은 평범한 하루하루가 너무나도 그리웠던 것이다. 그건, '직접 경험해 보지 않고서는 100% 이해했다고 말하기 힘든' 종류의 기분이라고 생각한다.

솔직히 말해서, 나는 아직도 사법시험을 잘 모르겠다. 올해 2월 말의 어느 날에는 '이제 나는 이 시험이 너무 무섭다.' 는 생각을 했던 것 같고, 후배들의 질문에 조언이랍시고 이것저것 주워섬기고 있는 지금에도 달라진 것은 없다. 정말로 아주 약간만 어긋났더라면, 오늘의 나는 1차 OMR카드를 찍고 있었을 테니까. 그 생각을 하면 정말이지 뭐라고 말로 표현하기 힘든 기분이 된다.

조금만 눈을 돌려 보면, 아침에 눈을 뜨고 호흡하며 하루를 누릴 수 있는 것을 극히 당연한 권리로 알고 살아가고 있는 내 가까운 주위에, 골수이식 수술 날을 잡아 놓고 갑작스런 폐렴 때문에 수술이 연기된 지윤이가 있다. 엊그제에도 교회에서 지윤이 아버지와 이런저런 이야기를 했지만, 문득 그 의연한 모습이 너무나도 슬프고 안타깝게 다가온다. (지윤이는 2007년 5월, 천국으로 돌아갔다.)

사실 수백 명의 해걸이 3시생들에게, 그리고 지윤이에게 내가 해 줄 수 있는 건

엄마의 기준이 아이의 수준을 만든다 **249**

아무것도 없다. 해 줄 수 있는 건 고사하고, 이런 이야기를 입에 담을 자격조차 없다고 하는 편이 맞을 것이다. 그리고 나는, 그들과 내가 무엇 하나 다를 바 없다는 사실 앞에서 어찌할 바를 모르겠다. 올해 1차 시험 발표 날, 게시판에서 〈내가 해 걸이 3시생이 되다니…〉라는 누군가의 슬픈 글을 보며 내가 느꼈던 것은 다행스러움이 아닌, 감당하기 힘들 정도의 민망함과 무력감이었다.

공식적으로 사법시험의 모든 과정이 끝났다. 결코 기쁘지 않은 것은 아니다. 지난 10월 12일부터의 모든 순간은 행복했다. 다만 나는 내가 해걸이 3시생들과 지윤이를 잊게 되지 않을까, 그것이 걱정된다. 나에게 대단하다고, 훌륭하다고 말하는 사람들 앞에서 나는 나를 지켜 갈 자신이 없다.

나는 아마도 멀지 않은 미래에 법조인이 될 것이다. 영국의 대법관이었던 토머스 모어는 준엄한 법복 속에 일부러 생채기가 날 정도로 거친 옷을 입었다고 하는데, 법조인으로서의 나에게 필요한 것은 아마도 그런 자세일 것이다. 다만 겸손과 충성을 구할 뿐이다. 그리고 또한, 잊지 않기를, 변치 않기를.

꼭 외워야 할 말씀

가족이 가족일 수 있는 이유

지혜를 버리지 말라 그가 너를 보호하리라 그를 사랑하라 그가 너를 지키리라"
(잠언 4:6).

합격을 앞두고

보라 형제가 연합하여 동거함이 어찌 그리 선하고 아름다운고 시편 133:1

여호와께서 아브람에게 이르시되 너는 너의 고향과 친척과 아버지의 집을 떠나 내가 네게 보여 줄 땅으로 가라 창세기 12:1

예수께서 또 이르시되 너희에게 평강이 있을지어다 아버지께서 나를 보내신 것 같이 나도 너희를 보내노라 요한복음 20:21

떠나보내기

주의 말씀이 내 발의 등이 되게 하시고 내 길의 빛이니다 시편 119:105

나의 걸음을 주의 말씀에 굳게 세우시고 어떤 죄악도 나를 주관하지 못하게 하옵소서 시편 119:133

사람이 부모를 떠나 그의 아내와 합하여 그 둘이 한 육체가 될지니 이 비밀이 크도다 나는 그리스도와 교회에 대하여 말하노라 그러나 너희도 각각 자기의 아내 사랑하기를 자신 같이 하고 아내도 자기 남편을 존경하라 에베소서 5:31-33

Part 3

경제 부담 없고
우리 형편에 꼭 맞는
주교양 양육법의
7가지 지침

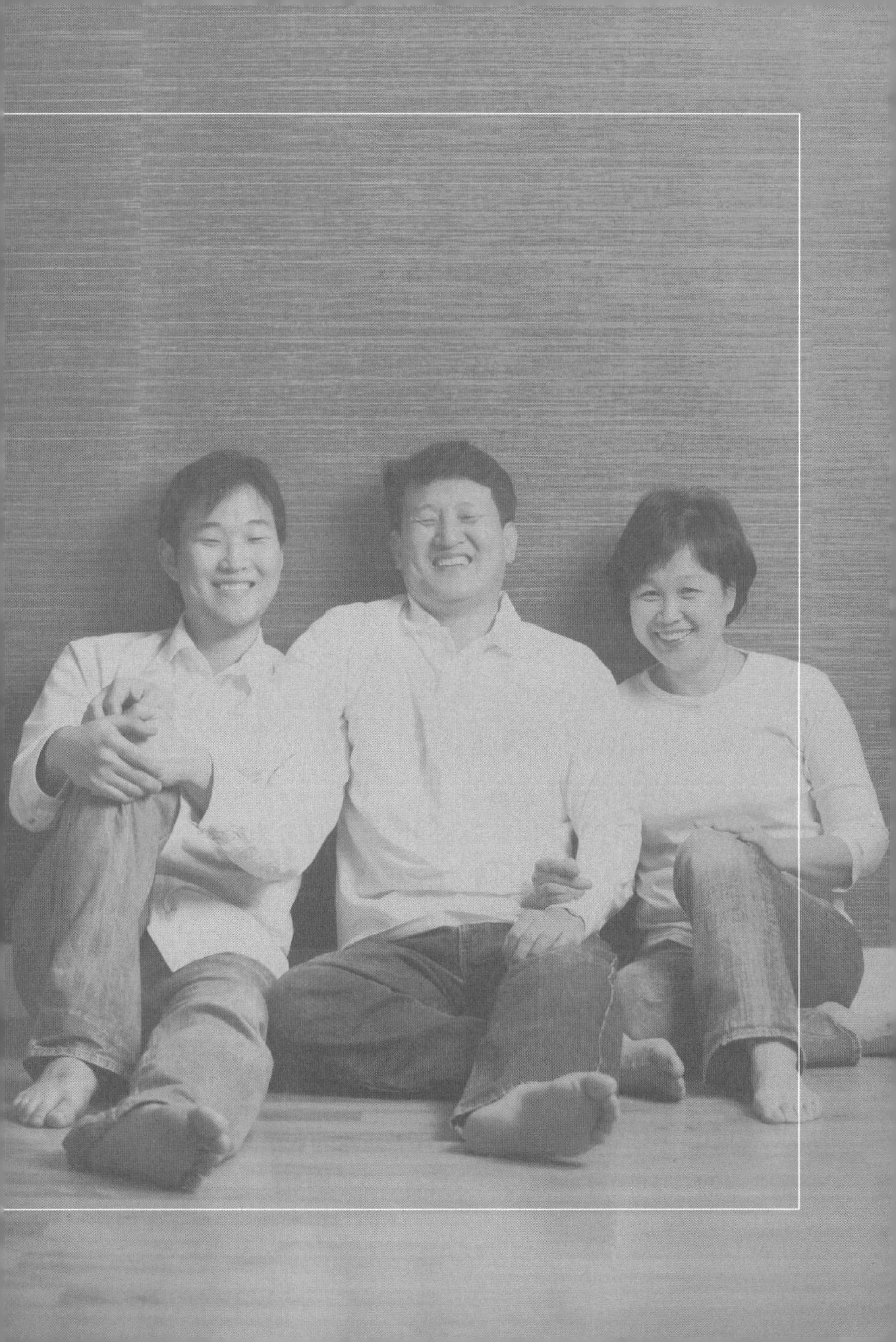

자녀양육을 하면서 많은 부모들이 걱정하거나 피해 의식을 갖는 부분이 경제력에 관한 일이다. 경제적 여건이 부족해서 자녀를 더 좋은 교육으로 뒷받침하지 못했다는 한숨 어린 고백도 듣게 된다. 경제력이 조금 더 있었더라면, 자녀양육을 더 잘했을 거라고 생각하는 부모들이 많은 게 현실이다. 심지어 경제적 문제 때문에, 자녀도 낳지 않는 시대를 우리는 살고 있다.

　그러나 조금만 더 깊이 생각해 보면, 경제력은 단지 외적인 요소의 일부일 뿐이다. 경제력이 아무리 좋아도 자녀가 공부하기 싫어하는 가정도 얼마든지 찾을 수 있고, 물질의 극심한 어려움 속에서도 자녀가 공부에 열의를 갖고 마침내 자신의 길에서 열매 맺은 사례도 얼마든지 있다.

　'주교양 양육법'은 돈이 들지 않는다. 다만 하나님의 말씀에 대한 믿음과 실천이 필요할 뿐이다. 하나님은 지혜를 구하는 자에게 넘치도록 하나님의 지혜를 부어 주신다. "너희 중에 누구든지 지혜가 부족하거든 모든 사람에게 후히 주시고 꾸짖지 아니하시는 하나님께 구하라 그리하면 주시리라"(야고보서 1:5).

　지난 21년 동안 성경에서 배우고 실천한 주교양 양육법은 하나님이 주신 지혜였다. 하나님이 보증하시고 우리 가정 가운데 많은 증거들이 나타난 방법들이다.

　지금부터 주교양 양육법을 실천하려 한다면 경제력에 관해서도 부모의 열등감을 버리고 하나님의 기준으로 자녀를 대하는 것이 중요하다. 다시 한 번 하나님의 약속을 믿고 실천해 보자. 시대와 인종을 초월하고, 경제력을 초월해서, 하나님이 주신 자녀양육에 대한 우리의 기준은 오직 성경 말씀 뿐이다. "여호와의 율법은 완전하여 영혼을 소성시키며 여호와의 증거는 확실하여 우둔한 자를 지혜롭게"(시편 19:7) 하는 능력이 있다.

'하나님의 기준'인 성경 말씀을 부모의 기준으로 삼을 때, 부모도 자녀도 인생이 변하는 역사가 일어난다. 말씀을 배우고 믿음이 자라는 자녀는 영혼이 소성되며, 지혜롭게 된다. 이 일은 단 몇 달 만에 이루어지는 일이 아니다. 부모가 먼저 하나님께 순종하고 자녀를 주의 교양과 훈계로 양육하면, 때가 되어 결실을 맺게 되는 방법이다.

하나님은 각 가정의 경제력과 자녀의 체질을 아신다. 자녀가 어떤 사람으로 살아갈지도 하나님이 잘 아신다. 하나님께 지혜를 구하면 하나님이 자녀의 나이에 맞는 자녀양육법을 배울 수 있도록 인도해 주신다. 돕는 손길을 허락하시고, 필요한 책을 보게 하시고, 배워야 할 스승을 만나게 해 주신다. 자녀의 창조자는 부모가 아니라 하나님이시다. 부모는 다만 자녀를 하나님께 인도하는 최선의 도구일 뿐이다. 내 자녀에게 가장 좋은 길을 아시고 모든 상황 속에서 변하지 않는 하나님의 기준을 믿고 꾸준히 배우며 순종할 때, 때가 되면 하나님은 증거품을 보여 주신다. 하나님이 인도하심을 믿고 말씀과 기도로 실천하기 시작하면 길이 보인다.

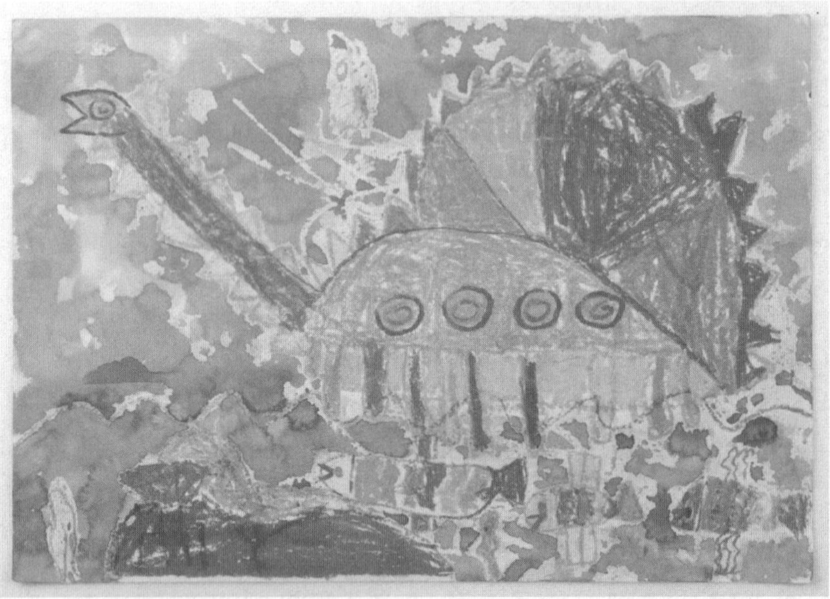

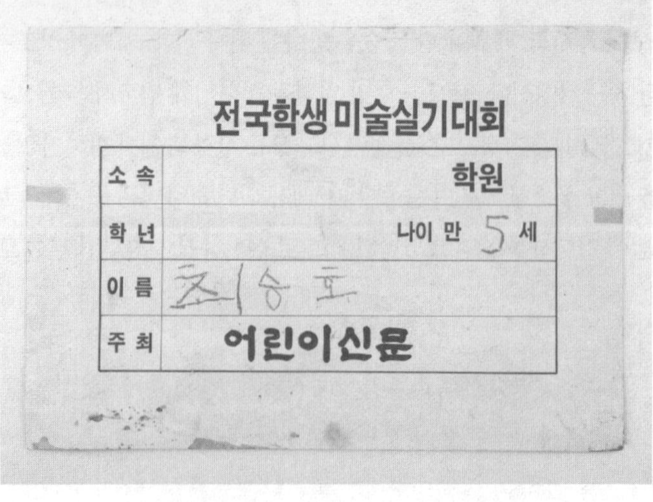

전국학생미술실기대회

소 속	학원
학 년	나이 만 5 세
이 름	최승호
주 최	어린이신문

1. 자녀가 유치원생이면 초등학생 부모가 되도록 준비하라: 부모도 성장하라

하나님은 나를 위해, 또한 내 아이를 위해 아이의 학년이 올라갈 때마다 성경을 보는 눈을 업그레이드시켜 주시고, 실천하는 것도 좀 더 높은 수준으로 인도해 주셨다. 부모로서 자신의 불완전함을 먼저 인정하면, 배움의 욕구가 생긴다. 나는 아이가 태어나자, 나도 영적 나이와 부모로서의 나이가 한 살이라고 여기며 배우고자 했다.

그리스도인 부모로서 꾸준히 성경을 읽고 배우고 실천하고자 하면 하나님은 우리의 체질과 상황에 가장 알맞은 선생님을 보내 주신다. 중요한 건 준비되려는 마음이다. 부모가 되는 일은, 하나님 앞에서 부모로서 다시 태어나는 일이다.

부모로서 성장해야 하는 건 단지 한 가지 영역만이 아니다. 예수님의 어린 시절은 자녀의 성장이 어떻게 이루어져야 하는가를 보여 주는 좋은 역할 모델이다. "예수는 지혜와 키가 자라 가며 하나님과 사람에게 더욱 사랑스러워 가시더라"(누가복음 2:52).

자녀에게 이 모든 것이 균형 있게 성장하려면, 먼저 눈에 보이는 부모가 배우며 노력하는 것이 효과적이다. 또한 이 시대의 문화의 흐름과 여러 가지 교육관에도 관심을 늦추지 않아야 한다. 자녀들이 열광하는 게임이나 가요나 책이나 영화가 있으면 성경적 가치관에 비추어 자녀의 판단력을 인도하는 것도 부모의 중요한 역할이다.

결혼식만 성대하게 올렸다고 해서 건강한 가정이 세워지지 않듯이, 자녀를 낳고 돌잔치만 호텔에서 한다고 좋은 부모가 되는 것은 아니다. 일주일에 한번 예배 드리는 것만으로도 좋은 부모의 역할을 배우기 어렵다.

우리 집에서는 자녀의 나이와 수준에 맞게 자녀와 가정예배를 드리고, 함께 성경을 읽고 암송했다. 성경적 자녀양육, 유치원 학부모 교실, 초등학교 학부모교실, 효과적 부모역할 훈련(Parent Effectiveness Training), 중학교 어머니교실, 학원의 입시 설명회 등을 통해서 배웠을 뿐 아니라, 신문의 여러 가지 교육에 관련된 기사들도 스크랩하며 전문가들의 조언에도 늘 귀를 기울였다.

신문은 이 시대의 흐름을 파악하며 자녀의 진로를 조언해 줄 수 있는 좋은 교재다. 내 자녀의 특성과 우리 부부의 특성을 성경에 비춰 보면서 새롭게 배운 것을 언제나 형편에 맞게 실천하고자 노력했다.

아이가 두 살을 지나면 세 살 자녀의 특징을 예습하고, 아이가 초등학교에 들어가면 사춘기 자녀의 특징을 예습하라. 예습하고 실전에 임하면 더욱 효과적으로 지도할 수 있다. 자녀의 나이에 맞는 발달 과정을 미리 공부하는 것은 여러 가지로 도움이 된다.

최소한 부모는 자기 자녀의 나이보다 정신적으로 어른스러워질 필요가 있다. 아이를 훈계하거나 사랑할 때도 자녀의 성격이나 나이가 갖는 특징을 미리 공부하면서 대처하면, 교육적 효과를 기대할 수 있다. 일관성이 없거나 형제자매 사이에 편애하는 것도 자녀의 마음에 억울함이 쌓이게 한다.

부모는 먼저 자신의 성품이나 아이를 다루는 기술에서 미숙한 것이 무엇이고 익숙한 것이 무엇인지 겸손하고 솔직하게 자신의 모습을 직면해야 한다. 이것이 중요하다. 정직해야 직면한다.

미국 텍사스 주 휴스턴 경찰국이 제시한 '자녀를 망치는 10가지 비결'은 많은 것을 생각하게 한다.

자녀를 망치는 10가지 비결
1. 아주 어려서부터 자녀가 갖고 싶어 하는 것은 무엇이든지 다 주어라. 그러면 그 아이는 온 세상 모든 것이 다 자기의 것이 될 수 있다고 오해하면서 자랄 것이다.
2. 자녀가 나쁜 말을 할 때면 그냥 웃어 넘겨라. 그러면 자기가 재치 있는 아이인 줄 알고 더욱 악한 말을 하게 될 것이다.
3. 신앙적으로 도덕적으로 어떠한 교육이나 훈련을 시키지 말고 스스로 알아서 하게 내버려 두어라. 그러면 고상함은 사라지고 동물적 본능만 강렬하게 나타날 것이다.
4. 잘못된 품행을 책망하지 말고 그냥 두어라. 그러면 자동차를 훔치고 교도소에 갇혀서 사회의 책망을 받게 될 것이다.
5. 자녀가 정돈하지 않는 이불, 옷, 신발 등을 정리해 주어라. 그러면 자기의 책임을 다른 사람에게 미루어 버리는 사람이 될 것이다.
6. 텔레비전 프로그램이나 책, 그림 등 어떤 것이든 마음대로 보게 하라. 그러면 그 마음은 쓰레기통이 될 것이다.
7. 자녀들 앞에서 자주 싸워라. 그러면 이 다음에 그들의 가정이 깨져도 당연한

것으로 여길 것이다.
8. 용돈은 달라고 하는 대로 얼마든지 주어라. 그러면 살아가는 동안 쉽게 부패하고 타락하는 길을 걷게 될 것이다.
9. 먹고 싶다는 것은 다 먹이고, 마시고 싶다는 것도 다 마시게 하라. 좋아하는 것은 무조건 다 해 주어라. 그러면 한 번만 거절을 당해도 곧 낙심해서 극단적 행동을 하게 될 것이다.
10. 자녀가 교사, 경찰, 성직자의 의견과 대립될 때는 언제나 아이의 편이 되어 주어라. 그러면 건전한 사회가 모두 그 아이의 적이 될 것이다.

이 세상에서 내 자식만 제일 예쁘고, 자녀가 무슨 행동을 해도 예쁘기만 한 엄마는 자녀의 나이에 맞게 훈계하는 방법을 배우고 훈련해야 한다. 내 자녀가 남에게 피해를 끼치는 행동까지 훈계하지 않으면, 무례한 아이로 자라게 된다. 반면에 자기 자식은 늘 부족해 보이고 결점만 자꾸 보이는 완벽주의 성향의 엄마는 작은 일에도 자녀를 칭찬하는 시각이 필요하다. 이런 엄마는 긍정적이고 칭찬하는 언어를 사용하도록 연습해야 자녀의 마음속에 분노가 쌓이지 않는다. 어느 쪽으로든 치우쳐 있다면 그것은 자녀에게 해를 끼친다. 균형과 질서가 중요하다.

적절한 칭찬과 격려를 받지 못하고 자란 아이는 위축감과 두려움으로 열등감이 많고 자신감이 없다. 나이에 맞는 필요한 훈계를 못 받으면 자기 고집만 부리고 이기적이고 무례하고 무책임하며 자기 조절 능력이 결핍된 아이로 자란다. 어느 쪽도 건강하지 못하다.

부모의 성품도 자녀로 인해 더 넓고 깊은 인격으로 변화하고 성장해야 한다. 자녀를 키우는 일은 부모가 성령의 열매를 맺어 가는 사람으로 바뀌는 놀라운 과정이다. 아울러 자녀가 성장함에 따라 엄마도 자기 자신의 성장을 위해서 노력해야 한다. 자녀들은 때가 되면 부모를 떠난다. 지나치게 자녀양육에만 매달리고, 엄마 자신의 성장을 외면한다면 허탈감이 남기 쉽다. 성인 자녀가 떠난 후 빈둥지증후군에 시달리며 "내가 너를 어떻게 키웠는데…."라는 말로 자녀를 협박하기 쉽다. 인생은 부모 역할만 있는 것이 아니다.

직장을 다니는 엄마가 아니라면, 자녀의 성장에 맞춰서 늘어나게 되는 개인 시간을 잘 활용하는 것이 좋다. 어린 자녀 때문에 유보했던 취미나 적성을 다시 살리는 일도 바람직하다. 교회나 지역사회에서, 더욱 적극적으로 봉사 활동을 할 수 있는 시기다. 아울러 새롭게 신체적·심리적 변화가 일어나는 중년기와 앞으로 맞이하게 될 노년기의 준비도 필요하다. 자녀가 사춘기를 맞는 시기는 대부분의 부모도 중년의 사추기에 진입할 때다. 건강한 중년을 맞이하기 위해 준비하는 부모의 모습에서 자녀들은 깊은 감동을 받게 된다.

또한 이제까지 자녀양육 때문에 부모의 시선이 내 직장, 내 가정, 내 자녀에만 머물렀다면 앞으로는 더욱 적극적으로 가정과 교회와 사회 속에서 중추적 역할을 감당해야 할 때다. 믿음과 행함을 일치시켜 보려고 노력하고, 희생과 헌신을 해 나가는 부모를 보면서 자녀들은 자긍심을 갖는다. 그러나 자기 안일과 개인의 탐욕에 치중한 생활을 하는 부모의 모습을 본다면, 자녀도 점차 안락과 쾌락을 추구하게 될 것이다.

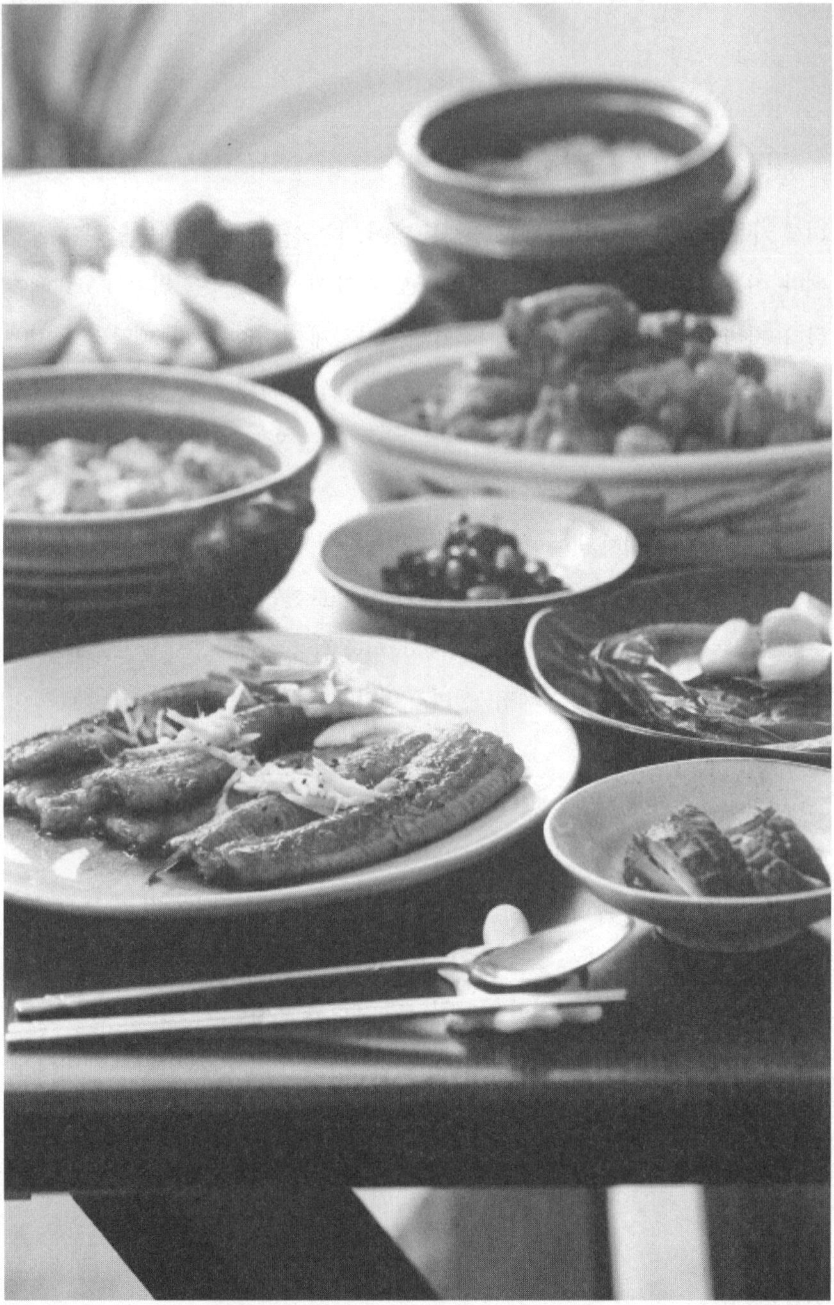

2. 날마다 아침밥을 꼭 먹여라:
밥 세끼가 공부의 보약이다

집집마다 아침 풍경이란 게 엇비슷할 테지만, 우리 집 아침 풍경은 아무래도 시대의 변천에 아랑곳하지 않는 구석이 많은 것 같다. 다름 아닌 푸짐한 아침 식사다. 아침에 비해서 저녁은 좀 더 간소한 편이다. 어릴 때부터 친정어머니와 함께 살면서 세끼 식사를 꼬박 챙겼더니, 우리 아들은 아침 먹는 일을 마치 생명 지키는 일처럼 중요하게 여긴다.

아들이 엄마표 음식을 좋아하는 덕분에, 사춘기도 수월하게 넘긴 것 같다. 공연히 삐지고 삐딱선을 타고 반항하기 시작했을 때, 엄마인 내가 가진 주특기로 사용한 게 바로 음식이다. 아무리 화가 나고 힘들어도 꾹꾹 눌러 참고 아들이 가장 좋아하는 음식을 대령했다. 아이들은 엄마의 정성에 감동하면서 사랑을 느낀다. (개척 교회 목회를 하면서 보니까 정성을 들인 음식을 서로 대접하는 일은 목회에서도 매우 효과적이었다.)

연구에 따르면, 매일 아침을 먹는 아이들의 학습 성취도가 아침을 거르는 아이에 비해 상대적으로 매우 높다. 엄마가 힘들어도 아침을 해 먹이면 여러 가지로 유익하다. 이른 아침에 가족들을 위해 아침 식사를 준비하는 일은 한 알의 밀알이 썩는 시간이다. 고액 과외를 시키고 조기 유학을 보내려고 동분서주할 일이 아니라, 차분히 새벽기도 다녀와서 아침밥만 따뜻하게 정성껏 해 줘도 아이들은 자기 몫을 하면서 훌륭하게 자란다. 하나님이 주신 이치다.

아내가 못하면 남편이 하자. 부부가 모두 아침을 안 먹는 집에서 공부 잘하는 아이를 기대하는 것은 심지도 않고 거두려는 잘못된 생각인 것 같다. 현대 여성들이 교육을 많이 받으면 받을수록 집에서 요리하는 것을 가치가 없고 불필요한 일로 여기는데, 그것은 어리석다. 예수님도 기적을 베푸실 때 오병이어로 오천 명을 먹여 주셨다.

특히 어떤 아이들은 배가 고프면 생각이 멈추는 것처럼 힘들어 한다. 인생은 100m 단거리 달리기가 아니다. 장거리 마라톤이다. 꾸준히 밥 세끼를 먹은 사람이, 꾸준히 믿음 생활도 할 수 있고 공부도 할 수 있다. 규칙적인 식사, 특히 아침 식사를 꼭 하는 건 영육 간의 건강에 좋다.

다음은 내 아들이 대학 기숙사 시절에 집에 와서 아침을 먹으며 감격 어린 고백을 하는 장면이다.

"엄마, 나는 아침 밥 먹을 때가 너무 행복해요."

"…"

"기숙사에서 제일 힘들었던 게 바로 아침을 혼자 해결하는 일이었거든요. 근데 요즘은 집에 오니까 너무 신나요. 이제야 사는 것 같아요."

신나 하는 아들에게 남편이 한마디 거든다.

"너 엄마한테 감사해야 한다. 이렇게 맛있는 거 매일 먹게 해 주시는 게 보통 정성이 아니다."

"승호야, 아빠한테도 감사해야지. 여기 엄마가 돈 벌어 온 건 하나도 없는데! 이거 다 아빠가 우리한테 매일 무료로 제공하시는 거야!"

"무슨 소리야. 당신이 하는 일이 얼마나 많은데."

"맞아요. 내가 하는 일은 너무 중요하고 값이 비싸서 돈으로 따져지지가 않아요. 그래서 하나님이 직접 주시는 크신 은혜가 제 월급이에요."

"어휴. 또 닭살인 거 같아요. 오늘 식탁에 닭이 없다 했더니. 에구. 우리 집은 못 말려요. 근데 엄마, 아빠 두 분만 사실 때는 뭐 드셨어요?"

"너 없어서 매일 개구리 반찬 해 먹었다, 요놈아."

수준이 이 정도이고 보니 아침마다 깨우는 방법 또한 먹는 얘기로 시작한다. 새벽기도를 다녀와서 자는 녀석 발치에서 부모로서 축복기도를 해 주고 난 후에 큰 소리로 아침 메뉴를 읊어 대면, 내 아들은 신기하게도 벌떡 일어나 주섬주섬 빙글빙글 웃으면서 식탁을 향해 온다. 아무리 지각을 할 것 같아도, 어슬렁거리면서 아침밥은 물론 과일까지 챙겨 먹는다.

대부분의 날을 아침부터 만면에 미소를 띠면서 한 손에 만화책을 들고 식탁에 앉아 느긋하게 식사를 즐긴다. 젖 떼고 이유식을 마치고 밥을 먹기 시작하면서 지금까지 거의 매일 펼쳐지는 우리 집의 아침 풍경이다.

사춘기 자녀의 마음을 사로잡을 수 있는 엄마표 메뉴들

나는 사춘기를 맞이한 신세대 아들을 위해 아침 메뉴를 특별히 신경 써서 다음과 같이 만들었다.

* 토마토소스나 화이트소스 스파게티 (베이컨과 양송이)

* **치즈 토스트나 베이글**(토스트나 베이글을 살짝 굽고 뜨거울 때 치즈를 덮는다).
* **마늘빵**(다진 마늘이나 마늘가루, 파슬리를 뿌려서 굽는다).
* **불고기**(소, 닭, 돼지) **간장 구이와 된장찌개**
* **돼지고기 고추장 볶음과 오이샐러드, 콩나물 무침**
* **하얀 쌀밥** 몸에는 잡곡밥이 좋다. 하지만 평소에 계속 먹으니까, 어쩌다 하얀 쌀밥을 해 주면 특식이라고 환호한다.
* **햄 구이** 햄도 비상식인데 한 달에 한 번 정도 급할 때 주면 아이가 좋아한다.
* **달걀 프라이나 오믈렛** 평소에 싫어하는 버섯이나 각종 야채를 다져서 모양이 터지지 않게 담아 주는 것이 중요하다. 아이들은 보기에 예쁜 모양을 좋아한다.
* **감자볶음** 얇게 채쳐서 소금 간을 하고 볶기만 하면 된다.
* **김치찌개** 참치나 고기를 조금 넣으면 더 감동한다.
* **치즈나 달걀 프라이를 얹은 김치볶음밥과 콩나물국** 예쁜 밥그릇에 먹음직하게 담아낸다.
* **장어구이와 일본식 된장국** 민물장어는 노량진 수산시장에 가면 가격이 매우 저렴하다. 3만 원 정도면 6~7마리 정도를 살 수 있다. 3인 가족이 서너 번은 먹을 수 있는 분량이다. 1,000원에 소스를 사고 생강이나 레몬을 썰어서 얹으면 일식집만큼 근사해진다. 애벌구이를 한 후 약한 불에 조림을 하듯이 소스를 여러 번 바르면서 꿀과 생강을 곁들이면 된다. 일본식 미소 된장국은 팽이버섯과 두부를 잘게 썰고 파를 뿌리면 보기도 좋고 영양도 좋다.
* **따뜻한 밀크티** 홍차에 우유를 듬뿍 넣은 음료다. 젊은 아이들이 좋아해서 시중에 판매되고 있지만, 집에서도 맛있게 만들 수 있다. 홍차를 진하게 우려 낸 후

설탕과 우유를 듬뿍 넣어서 따끈하게 내면 겨울철 공부할 때 간식으로 좋고 잠도 깨우는 효과가 있다.

* 냉 유자차나 모과차 차가운 물에 유자나 모과청을 넣고 얼음을 띄워 주면 여름철 건강 음료로도 좋다. 뜨거운 유자차를 싫어하는 아이들도 냉 유자차는 아주 좋아한다.
* 야채를 듬뿍 넣은 샤브샤브와 들깨 소스
* 토마토와 고구마를 넣은 이태리식 닭찜 토마토는 무기질이 많은 야채다. 그밖에 올리브 오일, 고구마, 마늘, 소금, 후추, 피망, 브로콜리를 넣어서 만든 아침 특별 메뉴다. 이게 말만 그럴 듯하고, 실은 아주 손쉬운 요리다. 어느 날 냉장고에 토마토하고 고구마하고 닭 반 마리밖에 없어서 한번 시도해 봤고, 맛이 괜찮아서 접수했다. 우리 집에서만 먹어 볼 수 있는 요리라 아직 음식 이름이 없다.

그밖에 친정어머니표, 시어머님표, 큰엄마표 음식들도 우리 가족의 주메뉴다. 떡국, 삼계탕, 곰국, 아욱국, 미역국, 시금칫국, 청국장, 된장찌개, 맵지 않은 육개장, 돼지 불고기, 간장 소스 닭볶음, 달걀찜, 콩자반, 멸치 볶음, 연근 조림, 팥이 골고루 얹어진 시루떡에 물김치와 백김치를 곁들여 먹기, 사과 주스나 유자차 등의 무공해 유기농 식품들. 음식에 정성을 들이는 것은 친정어머니와 시어머님과 승호 큰엄마를 통해 배운 삶의 지혜다. 이 세 분은 하나님이 허락하신 나의 영원한 선생님들이다.

각 가정에서도 자기 집만의 고유 메뉴가 있을 것이다. 아이들의 눈높이에서 조금만 신경 쓰면, 가족이 행복해지고 자녀가 건강해진다. 몸이 건강하고 마음이 편하면 자연스럽게 공부할 마음도 생긴다. 따뜻한 밥 세끼만 정성스레 해 줘도 자녀가 탈선하는 법이 없다는 옛말이 있는데, 요즘은 초등학교부터 급식을 주는 형편이니 하루에 한 끼만이라도 엄마의 정성이 깃든 식사를 주자. 두부 한 모, 콩나물 한 봉지도 사랑이 깃든 엄마 손을 거치면 자녀가 행복해진다. 돈 없다고 불평할 일이 아니다. 진짜 문제는 자녀를 향한 정성과 감사하는 마음이 없어지는 것이다.

머리가 좋아지는 놀이와 음식

약학 박사 히야시데 루아키는 머리가 좋은 아이를 낳고 기르기 위해서는 어머니가 식생활에 충분히 유의해야 할 것을 권하고 있다. 그는 《머리가 좋아지는 음식과 나빠지는 음식》이라는 자신의 책에서 과학적 데이터를 분석하고 실제적 식단을 가르쳐 주는데, 나는 이 책을 승호가 여섯 살 때 읽게 되었다. 승호의 어린 시절부터 사춘기와 수험생 시절을 거칠 때도 자주 들춰 보면서 도움을 받았다.

이 책에 따르면 두뇌가 좋아지는 비결은 식사와 수면에 있다. 뇌는 근육과 마찬가지여서 올바르게 단련하면 의욕과 창조를 관장하는 전두엽과, 기억력이나 판단력을 관장하는 측두엽이 발달하여 종합적 사고력이 크게 강화된다. 반대로 방치해 두거나 지나치게 훈련하면 위축된다. 뇌의 활성화를 위해서 영양을 올바르게 섭취하고 뇌에 영양 공급을 제대로 할 수 있도록 잘 자야 한다. 잘 자고 나면 머리가 개운해지고 사고력이 증대된다.

어린 자녀의 뇌세포를 자극하는 데는 손을 이용하는 놀이도 매우 중요하다. 첫

가락의 우수성은 이미 입증되었다. 어릴 때부터 포크 대신 젓가락을 바르게 사용하고, 끝이 뭉뚝한 안전 가위를 손에 쥐어 주고 능숙하게 사용하도록 하는 것이 좋다. 가위는 아이들이 좋아하는 도구다. 신문의 그림이나 글씨나 숫자를 가위질하면 공부도 되고 놀이도 될 뿐 아니라 뇌의 발달까지 돕는다. 종이접기도 도움이 된다.

승호가 어릴 때, 병원비를 너무 많이 쓴 탓에 생활비도 절감할 겸 비싼 장난감 대신 주로 집에서 자급자족했다. 상자, 가재도구, 신문, 가위, 공, 페트병 등 생활용품을 가지고 논 것이 얼마나 교육적 효과가 컸는지 나중에 알게 되었다. 이처럼 돈도 절약하고 아이의 창의성과 집중력도 높여 주는 놀이는 이렇다. 젓가락으로 콩 옮기기, 가위로 잡지나 신문 오려서 만들기, 색종이 접기, 신문이나 박스나 생활 폐품으로 만들기 놀이, 공기 놀이, 실 뜨기, 그림자 놀이, 비누 거품 만들기 등. 무조건 장난감을 사는 대신 그 돈으로 책을 사거나 아이 몫으로 저축을 생활화하고 고전적 방법으로 집에서 장난감을 개발하기를 권한다.

뇌세포를 활성화하고 혈액순환을 잘되게 하는 음식도 먹어야 한다. 비타민 E, 비타민 C, 비타민 A, 칼슘, 리놀산, 섬유소, 레시틴 등을 보충하여 질 좋은 단백질을 충분히 공급하는 것이 두뇌 작용을 활발하게 하는 비결이다.

콩, 땅콩, 보리, 현미, 콩나물, 숙주나물, 시금치, 달걀노른자, 우유, 간, 피망, 장어, 치즈, 야채, 생선, 조개류, 지방이 적은 소·닭·돼지고기 등은 두뇌를 좋게 하는 식품이다. 깨끗한 물을 늘 마시는 것도 아주 중요하다. 특히 식물성 음식물은 혈액순환을 좋게 하고 피를 맑게 하는 효과가 있어서, 대뇌를 깨끗하게 한다. 신선한 제철 야채와 과일을 규칙적으로 먹자.

콩에 많은 사포닌과 단단한 음식은 뇌의 자극에 좋다. 인삼이나 홍삼에 많은 사포닌은 특별히 수험생에게 좋다. 당근, 감자, 고구마, 다시마, 호두, 잣, 은행, 콩자반, 연근, 우엉, 수삼, 두부, 두유, 버섯, 장어 등은 두뇌에도 좋고 신체 건강에도 유익하다. 양파, 마늘, 부추, 파, 녹차 등은 피로를 회복시켜 준다. 자녀가 싫어한다면 잘게 다져서 넣으면 된다.

가장 확실한 공부의 보약은 규칙적인 아침식사다. 아침에 탄수화물과 단백질과 무기질을 섭취해야 두뇌가 활발히 작용을 하고, 학교 공부에도 전념하게 된다. 어린 시절부터 아침을 꼭 먹게 하면 특별히 수험생이 되어서도 별다른 음식 신경을 쓰지 않아도 된다. 그만큼 아침 식사는 두뇌 활동과 연관이 있다.

식사만큼 중요한 것이 원활한 배변이다. 변비는 뇌의 큰 적이다. 뇌의 활동을 둔화시키고 알레르기를 일으킨다. 변비를 고치는 데도 아침 식사는 매우 효과적이다. 결명자차, 보리차, 생수, 사과, 섬유질이 많은 과일과 신선한 야채, 미역 등 해조류도 변비 해소에 도움이 된다. 콩으로 만든 비지, 된장찌개, 청국장을 규칙적으로 먹는 것도 변비 해소뿐 아니라 두뇌 발달에도 큰 도움이 된다.

혈액순환이 좋아야 머리도 좋아진다. 혈액순환을 좋게 하는 식품은 인삼, 생강, 마늘, 산초, 구기자, 표고버섯, 콩류, 호두, 간 등이 있다. 예를 들어, 뇌에 좋은 장어구이를 혈액순환에 좋은 생강과 함께 먹으면 도움이 될 것이다.

내가 승호에게 주로 만들어 주는 음식이나 재료는 다음과 같다. 두부, 연근, 콩 제품, 미역 같은 해조류, 제철 생선류, 연어 구이, 장어 구이, 새우, 조개, 굴, 달걀, 닭고기, 감자, 고구마, 토마토, 당근, 치즈, 우유, 녹차, 결명자차, 보리차, 배추, 양상추, 양배추, 오이, 버섯, 파, 마늘, 양파, 생강 등이다. 요즘 아이들이 좋아하는 스타일로 조금만 바꾸면 싫어하는 식품도 골고루 섭취하게 할 수 있다.

키 크는 식단

"젖을 뗀 후 그를 데리고 올라갈새 수소 세 마리와 밀가루 한 에바와 포도주 한 가죽부대를 가지고 실로 여호와의 집에 나갔는데 아이가 어리더라"(사무엘상 1:24). 어머니 한나는 사무엘에게 젖을 정성을 다해 먹인 후, 여호와 하나님 앞에 데리고 나온다. 아들이 하나님 앞에 영원히 있게 하기 위함이다.

자녀가 몸을 건강하게 할 수 있도록 신생아 때부터 규칙적이고 균형 잡힌 수유와 이유식과 식습관을 길러 줘야 한다. 항상 기도를 먼저하고 젖과 음식을 먹이자. 과식을 시키지 않고 정량대로 먹이자. 외식을 삼가고 집에서 만들어 먹이자. 첫째도 정성, 둘째도 정성이다.

자녀의 키는 개인차가 있지만, 특별한 질병으로 인한 왜소증이 아니라면 올바른 식습관과 적절한 운동이 가장 중요한 열쇠다.

키 크기 위한 노력은 성장 판이 닫히는 시기 이전에 효과가 있다. 성장 판은 모든 뼈의 끝부분에 있는데, 사춘기를 전후해 2차 성징이 나타나면서 남성호르몬과 여성호르몬이 분비되기 시작하면 서서히 굳어져서 닫히게 된다. 여자 아이는 초경이 시작되면 성장 판이 닫히게 되므로 남자 아이보다 일찍 성장이 멈춘다.

어린 자녀들은 기본 영양소를 균형 있게 섭취하는 게 중요한데, 특히 초기 이유식을 성공하지 못하면 편식하는 아이로 자랄 수 있다. 키 크는 데 도움이 되는 음식은 **단백질**(튼튼한 근육과 건강한 피를 위해), **칼슘**(뼈를 자라게 하는 요소), **철분**(부족하면 빈혈이 되는데, 빈혈이 되면 뇌로 가는 산소와 포도당의 공급이 적어져서 학습 능력을 떨어뜨림), **비타민 D**(부족하면 뼈가 굽는 병에 걸리게 됨), 비타민 B, 비타민 C, 마그네슘, 구리, 망간 등의 무기질이 포함된 음식이다.

단백질: 두부, 콩 제품, 호두·잣·아몬드 등 견과류, 닭고기, 달걀, 돼지고기, 소고기, 우유, 버터, 치즈, 대구, 연어 등.

칼슘: 김·다시마·미역·파래 같은 해조류, 멸치, 생선포, 참깨, 고춧잎, 잣, 치즈, 우유, 야채, 팥 등.

비타민 D: 정어리, 멸치, 다랑어, 달걀노른자, 나물류 등.

비타민 C: 귤 같은 과일, 야채 등.

비타민과 무기질: 간, 버터, 황색 야채, 과일, 우유, 치즈, 푸른 채소 등.

탄수화물: 감자, 옥수수, 보리, 현미, 조, 수수, 찹쌀, 호밀, 강낭콩, 팥, 완두콩 등.

지방: 달걀, 돼지고기, 햄, 아이스크림, 유제품, 샐러드, 크림, 호두, 땅콩 등.

반면 성장을 저해하는 요인은 비만과 운동 부족이다. 비만은 체지방을 가중시켜서 성 호르몬이 일찍 많이 분비되게 한다. 사춘기가 오기 전에 균형 있는 식사와 함께 유산소 운동을 충분히 하는 것이 매우 중요하다.

비만을 부르는 음식은 짠 음식, 매운 음식, 당분이 많은 음식, 탄산음료와 스포츠 음료, 인스턴트 음식들이다. 초콜릿, 사탕, 케이크, 과자 등 당분이 많은 음식은 소아 비만의 주된 원인이다. 특히 칼슘의 흡수를 방해한다. 짠 음식의 염분은 지방 분해를 방해한다.

반드시 피해야 할 음식은 탄산음료, 과자, 사탕, 스포츠 음료, 인공색소가 많이 든 식품, 인스턴트 식품, 패스트푸드, 짜거나 매운 자극적인 음식, 기름기가 많은 튀김류, 지방이 많은 음식 등이다.

최소한 열 살까지는 집에서 만든 순한 음식을 먹이고, 신선한 야채와 과일로 아이의 입맛을 길들이면 성인이 돼서도 성인병에 걸릴 위험 인자가 줄어드는 건강한 인생을 살게 된다. 어린 시절의 입맛은 평생의 건강과 성격을 좌우한다. 몸이 건강해야 공부에도 전념할 수 있고, 달란트를 잘 개발할 수 있다.

하지만 요즘처럼 직장 엄마가 많은 시대에는 적합하지 못한 제안이 될 것 같아 사족을 붙인다. 선택과 실천은 순전히 엄마 몫이다.

집에서 음식을 만들면 이런 점이 좋다
1. 아이들이 감동한다.
2. 머리가 좋아진다. 자녀가 좋은 머리로 공부를 잘하게 하고 싶으면, 기도와 함께 정성껏 제철 재료로 만든 음식을 먹이기 바란다. 심은 대로 거두는 파종의 법칙은 아이에게 먹이는 음식에서도 그대로 나타난다. 공부하라고 잔소리 백 마디 하는 것보다, 정성과 사랑으로 음식을 준비하는 게 중요하다.
3. 사춘기를 잘 보낼 수 있다. 내 경험에 의하면 자녀가 사춘기를 가장 잘 보내는 비결은, 정성껏 마련한 엄마표 홈 메이드 음식에 있다. 사실 이것이 사춘기 아들을 집 돌이로 뱅뱅 돌게 한 나의 무기들이었다. 부모는 말씀과 기도와 더불어 이런 정성스런 음식들로 사춘기의 반항을 잠재울 수 있다. 좋은 말도 여러 번 하면 잔소리가 되는데, 한 끼의 정성 들인 식사로 아이를 사로잡는 것이 더 교육적인 효과가 있음을 나는 실감해 왔다. 아이들은 엄마의 정성을 사랑이라고 느끼고 기뻐한다.
4. 성인이 되어도 부모와 좋은 관계를 유지할 수 있다. 나는 전업 엄마인데다, 자주 아픈 아들 덕분에 음식을 늘 정성 들여 만들었다. 요즘은 벌써 집을 떠

나 혼자 생활하는 아들 때문에 하고 싶어도 못해 주는 상태다. 정말 아이들은 생각보다 빨리 자라고, 부부만 남게 되는 시기는 금방 온다. 힘들어도 정성껏 만들어 먹이면, 자녀가 사춘기를 지날 때나 성인이 돼서도 부모와 좋은 관계를 유지하기 쉽다. 힘들더라도 자녀가 엄마의 음식을 먹을 수 있는 기간이 길어 봐야 20년 안팎이라는 생각으로 기쁨으로 섬기면 좋은 결실을 보게 될 것이다.

5. 가정 경제에 도움이 된다. 요즘은 주부가 집에서 음식을 만드는 일도 거의 순교하는 수준만큼 힘들다. 전화만 들면 모든 음식이 배달되고, 몇 걸음만 나서면 각종 패스트푸드와 길거리표 음식과 갖가지 식당들이 즐비하기 때문이다. 외식을 줄이고 집에서 만들어 먹이면 소아 비만도 예방되고 가정 경제에도 큰 도움이 된다.

아이들이 감동하는 식탁 차리는 요령

1. 조금씩만 만들어서 한 번에 다 먹자. 자녀들이 가장 좋아하는 건 엄마의 정성이 들어간 신선한 음식이다. 조금씩 만들어서 한 번에 다 먹자. 냉장고에 들락거리지 않은 음식을 아이들은 기뻐한다.
2. 메뉴보다 사랑과 정성이 중요하다. 음식도 당연히 정성이다. 가격이 저렴한 음식이라도 정성껏 예쁜 그릇에 담아 주는 것과 먹던 음식을 냉장고에서 매번 꺼내 주는 게 다르다. 그리고 늘 먹는 음식이라도 조금만 재료와 담는 그릇을 바꿔 주면 아이들이 감동한다. 감자 하나를 삶아 줘도, 달걀 프라이 하나를 해 줘도 아이들은 정성과 사랑이 있으면 감동한다.

3. 보기 좋게 담자. 콩나물밥, 김치볶음밥 하나도 깔끔하고 예쁜 그릇에 담아 주면 아이들은 좋아한다.
4. 친척표 메뉴를 적극 활용하자. 자녀를 사랑하는 친정어머니표, 시어머님표도 적극 활용해 보자. 만들어 주신 음식을 기뻐하면 더 만들어 주고 싶어 하실 것이다.
5. 아빠가 음식을 만들어 주자. 음식 만들기를 엄마가 힘들어하면 아빠라도 나서야 자녀가 잘 자란다. 직장 엄마가 많은 요즘 시대에는 아빠가 음식 만들기를 취미로 삼는 것도 가정의 화목과 자녀의 성장에 큰 도움이 될 것이다. 캠핑 왔다 생각하고 일주일에 한번이라도 아빠표 음식을 개발해 보자.

가정이란 각자의 형편과 사정에 따라 힘든 일들을 서로 도와주려고 할 때 천국이 된다. 서로 네 탓이라고 비난하기 전에 사랑의 눈으로 자기 집 생활 방식에 맞는 방법을 개발하자. 바쁜 아내를 위해 아빠가 나서면, 아내도 행복하고 자녀도 행복해서 비싼 외식비 안 들이고도 환영받는 아빠가 될 수 있을 것이다. 조만간 요리 잘하는 남자가 인기 신랑감으로 각광받을 날도 머지않은 세태라고 생각한다.

3. 공부 분위기를 만들어라: 거실 텔레비전을 치우고, 컴퓨터를 공동으로 사용하라

미국의 저명한 신학자이며 목회 상담가인 하워드 클라인벨(Howard Clinebell)은, 자녀들은 부모의 말이나 명령에 의해 성격이 형성되는 것이 아니라, 평소에 부모가 보이는 일반적 감정과 태도, 친척과의 관계에서 영향을 많이 받는다고 말한다.

부모는 자녀에게 성경을 읽고, 기도를 하고, 운동을 하라고 말하기는 쉽다. 그러나 부모 자신이 성경을 읽고, 기도를 하고, 규칙적으로 운동하는 모습을 보여 주는 것은 훨씬 어렵다. 자녀는 부모가 자기 자신을 위해 노력하는 모습을 보면서, 노력하는 자녀로 자라 간다. 그러나 말로만 하는 부모한테는 무책임과 핑계하는 법을 배워 나간다.

자녀에게 본을 보이지 않고 말로만 가르치면 잔소리로 그치게 된다. 그런데 본을 보여도 자녀의 행동이 바뀌지 않으면 어떻게 해야 할까. 훈계가 잔소리가 되기 전에 환경을 바꿔 주는 일이 필요하다. 모든 인간은 환경의 영향을 받는다. 요즈음은 인간의 행동 원리가 심리학뿐 아니라 디자인과 각종 마케팅 분야에서도 활발히 연구되는 시대다. 같은 물건을 팔아도 어떤 동선을 따라 사람들이 이동하는지를 연구해서 그 물건이 놓일 위치를 정한다. 물건 하나를 팔아서 이윤을 남기는 데도 무한한 연구가 계속되는데, 한 인간을 키우는 부모들이 인간에 관해 공부하지 않고 예전 방식만을 고집하거나 너무 무심한 것도 죄다.

이 세상에 그냥 저절로 되는 일은 하나도 없다. 그냥 두면 나중에 다 알아서 한다는 말처럼 무책임한 말도 없다. 그냥 둔 작고 사소해 보이는 일이 나중에는 돌이키기 어려운 큰일이 된다. 작은 거짓말을 그냥 두다가 만약 그 아이가 훗날 영향력이 있는 인물이 된다면 나라를 뒤숭숭하게 만드는 큰 거짓말쟁이가 될 것이다. 자녀 때문에 울며 엎드려 기도하는 부모와, 그냥 놔둔 부모의 자녀가 똑같이 자랄 수는 없는 것이다. 이건 돈이 있고 없고의 문제가 아니다. 지금보다 물질이 부족하고 훨씬 살기 어렵던 시절에도 기도와 말씀으로 키운 자녀들은 잘 자랐다.

컴퓨터게임을 하지 말고 텔레비전을 보지 말라고 말로만 야단칠 일이 아니다. 아이가 자제력을 스스로 갖기는 너무 어렵다. 잔소리할 것이 아니라 텔레비전을 아예 구석방으로 치우거나 아니면 없애는 결단이 필요하다. 우리 집은 나쁜 자세로 틈만 나면 소파에 누워 책을 보는 아들의 버릇을 고치기 위해 소파를 없애 버렸다. 대신에 큰 탁자를 거실에 놓았다. 초등학교 2학년 때 척추측만증 진단을 받고 나서 자세를 바르게 하라는 잔소리 대신 환경을 바꾼 것이다. 그런데 그 결과 우리 집 전체가 공부하는 분위기로 바뀌는 예상치 못한 덤까지 얻었다.

30세에 미국 시카고 대학교 총장이 된 허친스는 좋은 가정을 이렇게 정의했다. "좋은 가정은 책과의 대화가 있고 학문에 대한 존경이 있는 가정이다." 그러나 진짜 좋은 가정은 예수 그리스도가 계시고 성경에 대한 존경이 있고 기도 소리가 있는 가정이다. 감사하게도 하나님의 은혜로 우리 집은 좋은 가정에 속한다. 예수님을 섬길 뿐 아니라 우리 집에는 책이 아주 많은 편이기 때문이다. 세 식구가 필요에 따라 샀던 책이 거실 한가득이다. 특별히 어떤 한 분야가 아니라 책의 종류와 내용이 아무런 연관이 없어 보일 정도로 다양하다. 그래서인지 처음 우리 집을 방문한 이들은 조금만 친숙해지면, 대화 도중 짧은 틈을 이용해 자신이 관심 있는 분야의 책에 한동안 눈길을 둔다.

아직도 기념으로 보관하고 있는 한 살짜리 아들이 최초로 읽었던 그림책 두 권, 최초로 읽었던 영어 동화책, 온 가족이 즐겨 읽는 소장본 만화, 문학, 심리학, 과학, 철학, 시집, 미술, 역사, 첼로 악보와 다양한 신앙 서적들이 있다. 다양한 분야의 책 한 권 한 권마다 우리 가족의 성장사가 깃들어 있다. 우리 집 책들은 우리 가족의 역사이고, 생각의 흐름과 변화가 담긴 기억 거리다. 우리 집을 방문한 분들 중에는 텔레비전이나 값비싼 소품 하나 없는 우리 집 거실을 부러워하는 분들이 많다.

문제는 결단력이다. 사실 목숨을 버리는 일도 아닌데, 소파를 없애거나 텔레비전을 없애는 일은 생각보다 어렵다. 많은 사람들이 우리 집을 부럽다고 했지만 막상 실행에 옮긴 사람은 손에 꼽을 정도다. 신앙생활을 할 때도 실행에 옮기는 일은 어렵기는 마찬가지다. 눈으로 보고 귀로 듣고 입으로 시인해도 손과 발은 정말 움직이기 힘들다. 최근에는 한 일간지에 '거실에 서재 꾸미기' 란 코너가 생긴 것을 보았다. 나는 그 기사를 보면서, 이미 10여 년 전에 승호가 척추측만증 진단을 받은 일로 우리 집에서 소파를 버리고 거실을 서재로 만들게 된 일이 생각났다. 시대를 앞서도록 인도해 주신 하나님께 감사드렸다.

소파를 없애고 텔레비전까지 없애고 나서 우리 집 거실은 진정한 가족 중심의 공간이 되었다. 텔레비전을 향해 가족이 일렬로 소파에 앉는 것이 아니라 테이블을 중심으로 서로를 마주보며 앉게 된 것이다. 가정예배 분위기도 훨씬 좋아졌다. 손님이 와도 일부는 소파에 앉고 일부는 바닥에 앉게 되는 어색한 분위기가 아니다. 10명 정도까지는 거뜬히 마주하고 앉을 수 있는 테이블에서, 간단한 차 한 잔에 이런저런 군것질이며 식사까지 하게 되었다.

그동안 우리 가족이 도움을 받았던 몇 권의 책을 추천한다. 내가 양육을 위해 읽었던 책과 내 아들이 읽었던 책들인데, 무슨 책을 고를지 망설이고 있는 분들에게 도움이 될 수 있을 것이다.

읽어 두면 유익한 책들

1. 엄마가 공부한 자녀양육서 목록

1985년에 아이를 출산할 때부터 아이의 나이에 맞는 책을 읽는 일을 성경공부와 함께했다. 또한 아이가 유치원에 들어가면, 유치원 엄마가 되는 공부를 했고, 자녀가 초등학교, 사춘기, 중학교, 대학교 등 변화가 생길 때마다, 미리 3~4개월 전부터는 해당 학년에 준비하는 마음으로 기도와 독서와 성경공부를 했다.

《성경》(신명기, 잠언, 디모데전후서, 에베소서 등)
《예수님이 좋아요》(초등학생용) 《새벽나라》(청소년용) 《생명의 삶》 큐티 월간지, 두란노
《아이는 이렇게 키워라》 김재은
《머리가 좋아지는 음식 나빠지는 음식》 하야시데 루아키
《가정, 그 선한 싸움의 현장》 이근호
《작은 목소리로 키우라》 듀안 쿠드버슨
《하루에 한 번 자녀를 축복하라》 롤프 가복
《이 시대를 사는 따뜻한 부모들의 이야기 1, 2》 이민정

《인격적인 사랑 효과적인 훈육》 베티 체이스
《자식의 장래는 부모의 무릎에 달려 있다》 스토미 오마샨
《지금 당신의 자녀가 흔들리고 있다 1, 2》 이성호
《엘리트보다는 사람이 되어라》 전혜성
《자녀교육, 초등학교 때가 중요합니다》 존 드레셔
《성공하는 10대들의 7가지 습관》 숀 코비
《열린교육이 아이들을 망친다》 황용길
《홍길동 대학에 가다》 제임스 사이어
《교육은 감동이다》 이찬수
《남자처럼 일하고 여자처럼 승리하라》 게일 에반스
《기질을 알면 자녀가 보인다》 데이빗 스툽
《자식의 은혜를 아는 부모》 김동호
《태도를 바꾸면 성공이 보인다》 웨인 코데이로
《잃어버린 생명나무를 찾아서 상, 하》 임번삼
《다윈주의 허물기》 필립 존슨
《당신은 어떤 어머니입니까》 루이 쉬첸회퍼
《유대인 아버지의 4차원 영재교육》 현용수

2. 승호가 영·유아기 시절에 즐겨 읽은 책 목록
《이야기 성경》《아브라함》《모세》《다윗》《다니엘》《주기도문》《사도신경》
《천자문》《어린이 한자》《마야붕붕》《소공자》《플란다스의 개》

3. 승호가 유·초등학교 시절에 즐겨 읽은 책 목록

성경극화 시리즈 《믿음의 용사 다윗》 《꿈을 이룬 요셉》 《천로역정》

신앙위인 전기 시리즈 《어거스틴》 《요한 웨슬레》 《이승훈》 《허드슨 테일러》 《슈바이처》 《아브라함 링컨》 《언더우드》

《7막 7장》 홍정욱

《삼국지 1-10》 이문열

《만화 삼국지 1-60》 《항우와 유방》 《사자소학》 《천자문》 《명심보감》 《추구집》

《왜? WHY? 시리즈 1-10》

《따개비 한문숙어 1-7》 오원석

《사랑의 학교 1, 2》 《먼 나라 이웃나라 1-12》 《현대문명진단》 《신의 나라 인간의 나라 1-3》 《국제화 시대의 세계경제》 이원복

《개미》 《나무》 《뇌》 베르나르 베르베르

《명탐정 셜록 홈즈 시리즈》 아서 코난 도일

아가사 크리스티의 추리소설 전집

괴도 뤼팽 시리즈

창비 아동문고 시리즈

《어린 왕자》 생 텍쥐베리

《갈매기의 꿈》 리처드 바크

《별과 우주를 사랑한 아인슈타인》

《탈무드의 격언 이야기》

《해리포터》

《수호지》

《동의보감》

《반갑다 논리야》《논리야 놀자》《고맙다 논리야》위기철

《학문의 즐거움》 히로나카 헤이스케

4. 승호가 권하는 추천도서

승호가 스스로 말한 감명 깊게 읽은 책 목록은 다음과 같다. 승호는 이 책들을 가까이 두고 자주 읽었다. 사실, 승호는 대부분의 책을 10번 이상 반복해서 본다.

《목적이 이끄는 삶》 릭 워렌

《긍정의 힘》 조엘 오스틴

《학문의 즐거움》 히로나카 헤이스케

《삼국지 1-10》 나관중

《로마인 이야기》 시오노 나나미

《어린 왕자》 생 떽쥐페리

《나니아 연대기》 C.S. 루이스

《SLAM DUNK(슬램덩크)》 다케히코 이노우에

《H2》 아다치 미츠루

《마이돌핀 학습법》 서활원

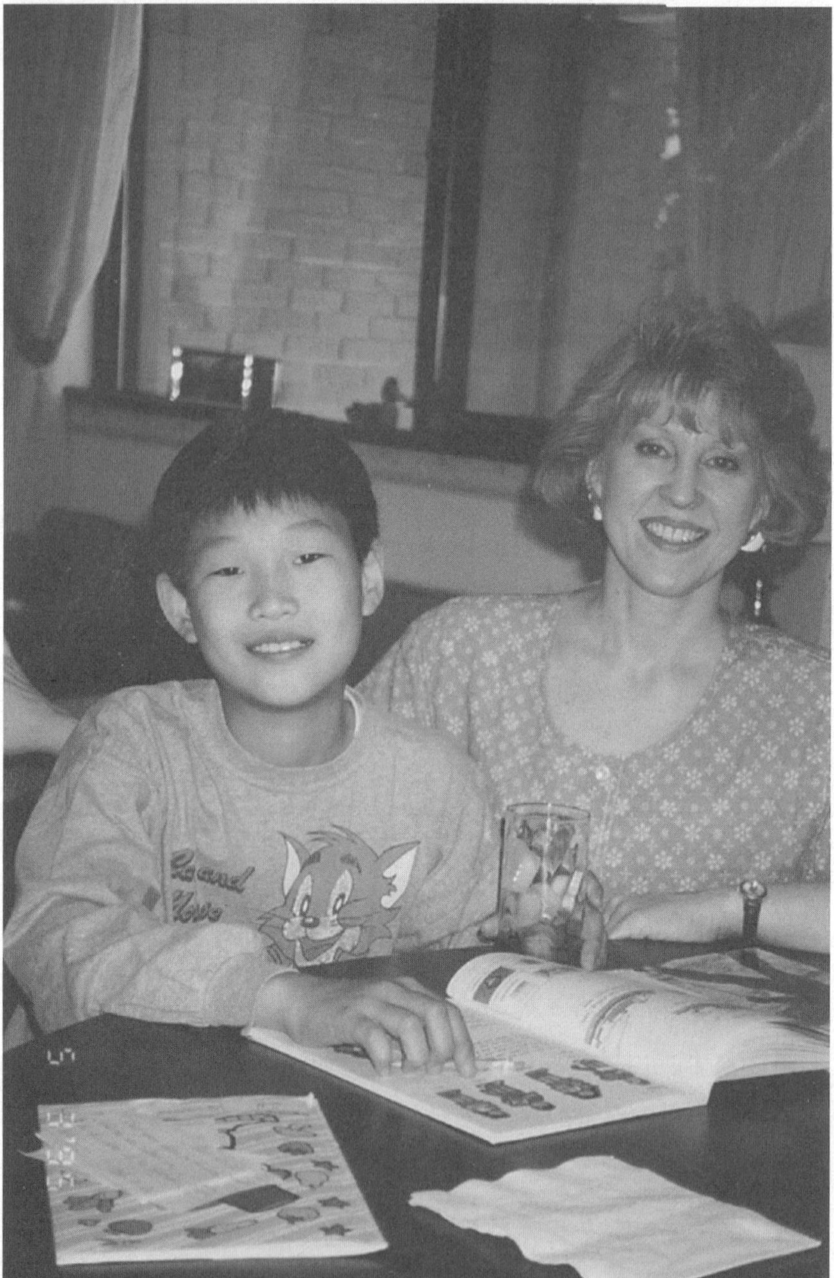

4. 더불어 사는 아이로 키워라:
혼자 튀지 않고 화합하는 인물로 키워라

한두 자녀만을 키우는 부모들이 빠지기 쉬운 큰 함정이 있다. 내 아이만큼은 남 부럽지 않게 기죽지 않게 키우려는 생각이다. 내 아이가 항상 주인공이 되고 칭찬을 받아야 직성이 풀린다. 그러나 칭찬받는 일은 필요하지만, 항상 남의 칭찬을 의식한다면 정작 에너지를 쏟아야 할 일에는 의기소침해지기가 쉽다. 정말 불행한 일이다. 어린아이들 중에는 나면서부터 강한 성격을 타고 나서 조금만 싫은 소리를 듣거나 자기 뜻대로 되지 않으면 발작적으로 울면서 토하는 애들이 있다.

그래서 어린 시절부터 화합하는 방법을 배우지 못하면 성장해서도 자기주장만 강한 성인이 될 수 있다. 게다가 요즘은 어릴 때부터 화합을 배워 볼 형제도 집에 없다.

우리 민족에게는 예전부터 사촌이 땅을 사면 배가 아픈 집단 무의식이 있다. 배고픈 건 참아도 배 아픈 건 못 참겠다는 식이다. 그러다 보니 자녀양육에서조차 다른 건 다 참아도 내 자식 기죽는 건 죽어도 못 참겠는 부모들이 속출하는 시대다. 부모가 먼저 "내 아이 기죽이지 마세요."라고 외치면 자녀는 그걸 자양분으로 절제나 양보나 타인을 위한 배려를 배우지 못하면서 자란다. 어디서든 주인공 노릇을 해야 하고, 대인 관계 속에서 기가 살아야 하니 어떻게든 튀지 않으면 직성이 안 풀린다.

이런 부모들의 속내를 알아차린 상업주의는 발빠르게 유아용품의 광고 문구를 통해 '튀는 엄마, 튀는 자녀'가 새 시대를 앞서가는 것처럼 제시한다. 남과 다른 특별한 명품 분유를 먹이고 특별한 유모차에 태워서 특별한 브랜드의 옷을 입히고 특별한 교육을 시켜야 한다는 거다.

그러나 과연 그런가? 이런 식의 자녀양육을 받으면, 머리는 텅 빈 채 명품만을 소비해 대는 구제불능성 소비자로 자라기 십상이다. 또 머리에 남다른 지식을 잘 채웠다 해도 화합하지 못하는 아이라면 다른 사람들에게는 비호감이다. 이렇게 자라면 내 아이도 불행하고 남도 불편하다.

부모가 맺힌 '한'이 많다고 내 자녀만큼은 '기' 죽이지 않고 키우겠다고 하는 건 위험한 발상이다. 그리스도인 부모 역시 내 아이를 남다르게, 튀게 키워야 '기'를 살린다고 생각하는 것 같다. 그러나 조금만 정신을 차리고 주변을 둘러보자. 너도나도 '기'가 살아서 사회 곳곳에서 수많은 불협화음을 만들고 있지 않은가.

얼마 전, 한 일간지에서는 "튀는 직장인들이 일터에서 환영받지 못한다."는 기사를 싣기도 했다. 한 동안 개인주의와 개성이 중시되더니, 이제라도 깨달은 것은 정말 반가운 일이다. 그동안 묻혀 지내거나 심지어 모자라는 사람 취급을 받던 '인화(人和)형 직장인' 들의 진가를 이 사회가 알아보기 시작했다는 증거다. 이제 선진사회로 진입하려는 조짐이 보이는 것 같다.

더불어 일하는 분위기가 발전의 원동력임이 증명되기 시작한 것이다. 직장 안에 '함께, 더불어'의 '인화형' 대신, 경쟁과 대화 단절과 '튀는 형'이 많아졌기 때문이다. 시대가 요구하는 인간상이 달라진 것이다. 현재 선호받는 직장인 유형은 동료의 일도 내 일처럼 생각할 줄 아는 사람이다. 자기 독단적이 아니라 동료의 기분을 파악하고 행동할 줄 아는 사람이다. 이들은 친한 동료들에게 예의를 지킬 줄 알고, 업무만큼이나 화합을 중요하게 생각하는 유형이다. 그런데 알고 보면 "네 이웃을 네 자신과 같이 사랑하라"(마태복음 19:19)는 성경의 가르침이야말로 화합형 인간을 강조하는 말씀이다.

더불어 살면서, 내 아이가 말씀대로 변하면 그 영향을 누군가 다른 아이가 받을 수 있고, 또 다른 믿음의 아이가 내 아이에게 영향을 끼치는 일은 언제든 일어날 수 있다. 좋은 믿음의 영향력을 자녀에게 많이 심어 줄수록, 그 자녀가 나가서 세상을 이길 힘을 하나님이 부어 주신다. 하나님은 우리가 이 세상의 소금이고, 빛이라고 하셨다. 우리는 자녀를 하나님이 원하시는 소금과 빛으로 인도해야 한다. "너희는 세상의 소금이니 소금이 만일 그 맛을 잃으면 무엇으로 짜게 하리요 후에는 아무 쓸데없어 다만 밖에 버려져 사람에게 밟힐 뿐이니라"(마태복음 5:13).

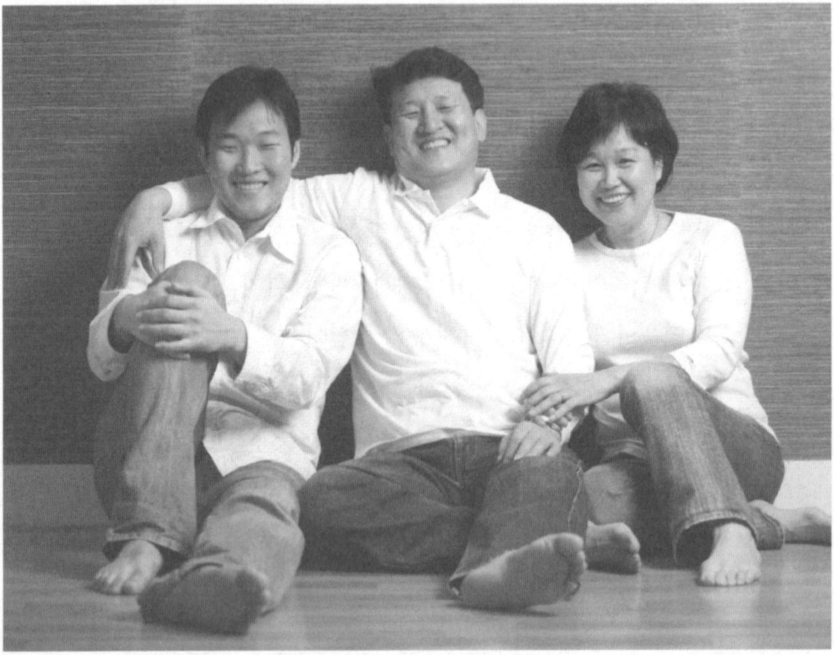

5. 험담과 부부 싸움을 하지 말아라: 부부 사랑이 최고의 양육방법이다

어린 승호를 안고 병원 응급실을 수시로 드나들 때마다 나에게는 이런 질문이 떠나지 않았다.

'하나님이 주신 기업인 자녀를 하나님의 뜻대로 어떻게 키워야 할까? 그리스도인 어머니는 어떻게 가정생활을 해야 할까?'

나는 너무나도 그 답을 알고 싶었다. 그런데 승호가 두세 살 무렵, 어린이 주일에 이중표 목사님이 '그리스도인 아내와 어머니로서 절대 해서는 안 될 세 가지 원칙'을 정리해 주시는 게 아닌가!

첫째, 남편과 시댁 식구의 험담을 자녀 앞에서 절대로 하지 말라. 자녀가 건강한 자아정체성을 갖고 인격이 성장하도록 하기 위해서.

둘째, 다니고 있는 교회의 목사님과 교회의 험담을 자녀 앞에서 절대 하지 말라. 자녀가 하나님의 자녀로 거듭나고 예수님의 믿음의 분량까지 성장하도록 돕기 위해서.

셋째, 자녀를 가르치는 선생님과 학교의 험담을 자녀 앞에서 절대 하지 말라. 자녀가 학교를 즐거워하고 배우기를 기뻐하는 학생으로 자라 영향력을 끼치는 인물로 성장하도록 하기 위해서.

귀가 번쩍 뜨이는 말씀이었다. 신기하게 이 말씀은 나무에 깊이 잘 박힌 못처럼 내 마음에 그대로 꽂혔다. 내 마음에 새겨진 이 세 가지 원칙을 나는 곧장 실제 생활에 적용했고 지금까지도 지키고 있으며 그 축복을 누리고 있다. 하나님의 기준을 배우고 지키는 일은 성령님이 도우실 때 할 수 있다.

나는 이 말씀을 따라 절대로 아이 앞에서 선생님 흉보는 일과 시댁 험담하는 일과 부부 싸움을 하지 않았다. 그래서 아이가 캠프 가는 날이 우리 부부가 그동안 밀렸던 부부 싸움을 하는 날이었다. 나는 아이 앞에서 절대로 남편을 깎아내리거나 무시하는 언행을 하지 않으려 했다. 성경대로 "남편에게 순종"(베드로전서 3:1)하는 일도 열심히 지켰다.

남편이 아내에게 무시당하면서 잘되는 걸 본 적이 없고, 남편이 아내를 구박하는데 자녀가 잘된 가정을 본 일도 없다. 특히 엄마에게 노골적으로 무시당하는 아빠를 보면서 자라난 아들은 건강한 자존감 형성이 매우 어렵다. 아빠가 엄마를 무시하는 것을 보면서 자란 딸들은 훗날 결혼 생활까지 영향을 미친다.

자녀들은 고민한다. 나이 어린 자녀들은 부모의 싸움과 이혼이 자기가 나쁜 아이이기 때문이라고 믿는다. 부모에 대해 무방비 상태에 있는 자녀의 고민을 생각할 줄 아는 부모가 되면 좋겠다. 자녀 입장에서 보면 부모와 자녀 사이처럼 일방적으로 시작되는 관계가 없다. 중요한 사람들에게 존중받는 아이로 자라게 하려면, 부모가 먼저 서로 존중하는 모습을 보고 자라게 해야 한다.

어린 시절에 나는 할아버지도 좋아하고 아버지도 무척 좋아했는데, 왜 그 두 분은 서로 친하지 않을까 고민했던 기억이 난다. 아이들은 집안 식구들의 관계에 본능적으로 민감하다. 어른들 생각에는 어린것들이 뭘 알까 하지만 아이들은 관심이 지대하다. 아이들의 안테나는 자기 가정과 자신의 시야에 보이는 주변 환경에 쏠려 있다. 특히 아이들은 가족들이 하는 일은 무엇이든 보고 배운다.

부모가 뒤에서 선생님을 욕하면, 자녀는 그들의 선생님의 말씀을 잘 듣지 않는다. 부모가 뒤에서 목사님을 흉보면, 자녀는 목사님께 순종할 수 없고 그러면 하나님을 받아들이기는 더더욱 어렵다. 부모가 조부모를 잔뜩 무시하면, 자녀는 할아버지와 할머니의 권위를 인정하지 않는다.

처음부터 이 원칙을 잘 지킬 수는 없을 것이다. 나도 원래 세 가지 원칙을 잘 지켰던 건 아니다. 친구들을 만나면 시댁과 친정 일에 대해 하소연하고 불평하고 험담도 했다. 남들도 다 그렇게 하니 별로 죄라고 생각하지 않았다. 그러나 세 가지 원칙에 대한 설교를 듣고 마음이 찔리면서, 하나님이 이 일을 회개하고 고치기를 원하신다는 것을 알았다.

우리는 하나님의 말씀 앞에 부딪치면 두 가지 반응을 한다. 화내고 무시하거나, 회개하고 습관을 고치느라 고생하면서 순종하는 거다. 선택은 언제나 자유다. 죄의 세력을 약화시키는 길은 죄를 거절하고 내 마음에서 몰아내는 일이다. 목사님의 설교를 들은 후, 나는 내 언어 습관과 사고방식을 바꾸기로 결단했다. 어렵지만 늘 순종하려고 노력하며 나 자신을 훈련해 왔다.

덕분에 나는 내 부모님들의 덕을 보고 있다. 나는 아이와 갈등이 생기면 시아버님께 도움을 구한다. "아버님, 기도해 주세요. 승호와 제가 이런 일이 힘들어요. 기도해 주세요." 아이가 어린 시절부터 시댁에 가면 꼭 거치는 우리 가족의 통과의례가 있다. 아이와 함께 무릎을 꿇고 앉아 시아버님께 축복기도를 받는 일이다.

우리 집은 아이가 어릴 때부터 정기적으로 아이를 데리고 꼭 부모님 댁을 방문했다. 특별한 여행 계획보다 시부모님 댁에 온 가족이 함께 가자고 내가 먼저 나선 적이 더 많다. 사춘기 시절, 나한테 박박 우기던 아이가 시아버님이 해 주시는 기도를 받고 말씀을 듣는 걸 보노라면, 이런저런 일로 불순종하는 아들 때문에 가슴에 묵었던 체증이 시원히 내려갔다.

비록 아이가 자라서 어른들의 불완전함을 알아차릴 때가 곧 올지라도, 자라는 아이들이 존경하고 믿을 수 있는 대상을 만들어 주는 것은 부모 몫이다. 승호가 누리는 축복은 목사님의 손자이며, 목사님의 아들이어서 더 크고 놀라운 것이 사실이다. 그러나 성경 말씀을 보면, 제사장이나 선지자의 자녀라고 해도 본인이 순종하지 않으면, 하나님이 주시는 복을 받을 그릇이 준비되지 못해서 받지 못하는 것을 알 수 있다. 제사장 엘리의 두 아들 이야기는 두고두고 교훈적이다. 그들은 요즘 시대에도 얼마든지 생겨나는 인물들이다. 오히려 이중적 모습을 보고 자라면, 더 크게 엇나갈 확률이 높은 게 믿음의 가정에서 자라는 자녀들이다.

부부가 사랑하면 서로 행복하다. 피차 순종해야 한다. 그것이 가정에 세워 주신 하나님의 질서다. 그래야 아이가 안정적으로 자란다. 안정감과 자신감을 키워 주면 공부는 덤으로 따라와 준다. 아이들은 속도가 늦더라도 안정감이 생기면 마침내 어려운 것도 극복해 낸다. 인정해 주고 기다려 주어야 채찍과 당근이 모두 빛을 발한다. 우리가 여기까지 온 것도 누군가의 인정과 격려와 부모의 헌신이 있었기 때문이지 않은가.

부부가 사랑하기 위해 성경이 강조하는 남편과 아내가 서로에게 지켜야 할 의무를 살펴보자. 세상의 방식과는 차이가 있지만, 순종하면 놀라운 일들이 가정에 일어난다.

남편이 아내에게 지켜야 할 의무

1. 땀 흘려 수고하며 부양해야 한다. "아담에게 이르시되 네가 네 아내의 말을 듣고 내가 네게 먹지 말라 한 나무의 열매를 먹었은즉 땅은 너로 말미암아 저주를 받고 너는 네 평생에 수고하여야 그 소산을 먹으리라"(창세기 3:17).
2. 야곱이 라헬과 레아에게 가정의 문제를 소상히 의논하듯이 어떤 일이든지 아내와 상의해야 한다(창세기 31:4-16).
3. 남편은 순결을 지켜야 한다. "너는 네 우물에서 물을 마시며 네 샘에서 흐르는 물을 마시라 어찌하여 네 샘물을 집 밖으로 넘치게 하며 네 도랑물을 거리로 흘러가게 하겠느냐 그 물이 네게만 있게 하고 타인과 더불어 그것을 나누지 말라"(잠언 5:15-17).
4. 아내를 즐거워하고 족하게 여겨야 한다. "네 헛된 평생의 모든 날 곧 하나님이 해 아래에서 네게 주신 모든 헛된 날에 네가 사랑하는 아내와 함께 즐겁게 살지어다 그것이 네가 평생에 해 아래에서 수고하고 얻은 네 몫이니라"(전도서 9:9).
5. 아내에게 거짓을 행하지 않아야 한다. "그에게는 영이 충만하였으나 오직 하나를 만들지 아니하셨느냐 어찌하여 하나만 만드셨느냐 이는 경건한 자손을 얻고자 하심이라 그러므로 네 심령을 삼가 지켜 어려서 맞이한 아내에게 거짓을 행하지 말지니라"(말라기 2:15).
6. 죽는 날까지 함께해야 한다. "바리새인들이 예수께 나아와 그를 시험하여 이르되 사람이 어떤 이유가 있으면 그 아내를 버리는 것이 옳으니이까 예수께서 대답하여 이르시되 사람을 지으신 이가 본래 그들을 남자와 여자로 지으시고

말씀하시기를 그러므로 사람이 그 부모를 떠나서 아내에게 합하여 그 둘이 한 몸이 될지니라 하신 것을 읽지 못하였느냐 그런즉 이제 둘이 아니요 한 몸이니 그러므로 하나님이 짝지어 주신 것을 사람이 나누지 못할지니라 하시니 여짜오되 그러면 어찌하여 모세는 이혼 증서를 주어서 버리라 명하였나이까 예수께서 이르시되 모세가 너희 마음의 완악함 때문에 아내 버림을 허락하였거니와 본래는 그렇지 아니하니라 내가 너희에게 말하노니 누구든지 음행한 이유 외에 아내를 버리고 다른 데 장가드는 자는 간음함이니라" (마태복음 19:3-9).

7. 아내에게 성적 의무를 다해야 한다. "남편은 그 아내에 대한 의무를 다하고 아내도 그 남편에게 그렇게 할지라 아내는 자기 몸을 주장하지 못하고 오직 그 남편이 하며 남편도 그와 같이 자기 몸을 주장하지 못하고 오직 그 아내가 하나니" (고린도전서 7:3-4).

8. 자기 몸처럼 사랑해야 한다. "남편들아 아내 사랑하기를 그리스도께서 교회를 사랑하시고 그 교회를 위하여 자신을 주심 같이 하라 … 이와 같이 남편들도 자기 아내 사랑하기를 자기 자신과 같이 할지니 자기 아내를 사랑하는 자는 자기를 사랑하는 것이라" (에베소서 5:25, 28).

9. 더 연약한 그릇으로 아내를 귀히 여겨야 한다. "남편들아 이와 같이 지식을 따라 너희 아내와 동거하고 그를 더 연약한 그릇이요 또 생명의 은혜를 함께 이어받을 자로 알아 귀히 여기라 이는 너희 기도가 막히지 아니하게 하려 함이라" (베드로전서 3:7).

아내가 남편에게 지켜야 할 의무

1. 남편을 사모해야 한다. "또 여자에게 이르시되 … 너는 남편을 원하고 남편은 너를 다스릴 것이니라 하시고"(창세기 3:16).
2. 부지런함과 지혜로 남편을 내조해야 한다. "그런 자의 남편의 마음은 그를 믿나니 산업이 핍절하지 아니하겠으며 … 그의 남편은 그 땅의 장로들과 함께 성문에 앉으며 사람들의 인정을 받으며"(잠언 31:11, 23).
3. 남편에게 복종하고 남편을 경외해야 한다. "아내들이여 자기 남편에게 복종하기를 주께 하듯 하라"(에베소서 5:22). 특히 이 말씀은 현대에 이르러 많은 비판을 받는 말씀이다. 그러나 곧이어 나오는 아내에 대한 남편의 의무를 보면 오해가 곧 풀리게 된다. 하나님은 남편들에게 자기 아내 사랑하기를 그리스도께서 교회를 사랑하셔서 십자가에 죽기까지 자기 몸을 희생하신 것처럼 하라고 명하셨다(에베소서 5:25-28). 세상의 편견과 오해에 속아서 남편에게 복종하라는 성경 말씀에 발끈하며 불순종할 일이 아니라, 아내를 자기 몸처럼 사랑하라고 말씀하신 하나님의 사랑에 감격할 일이다. 요즘 세상에 말씀에 순종하는 그리스도인 남편이 아니고서야 누가 자기 아내를 자기 몸같이 사랑하고, 그리스도께서 자기 몸을 내 주신 것처럼 자기를 완전히 희생하면서 아내를 사랑하겠는가.
4. 남편에게 친절하고 순결해야 한다. "신중하며 순전하며 집안일을 하며 선하며 자기 남편에게 복종하게 하라 이는 하나님의 말씀이 비방을 받지 않게 하려 함이라"(디도서 2:5).

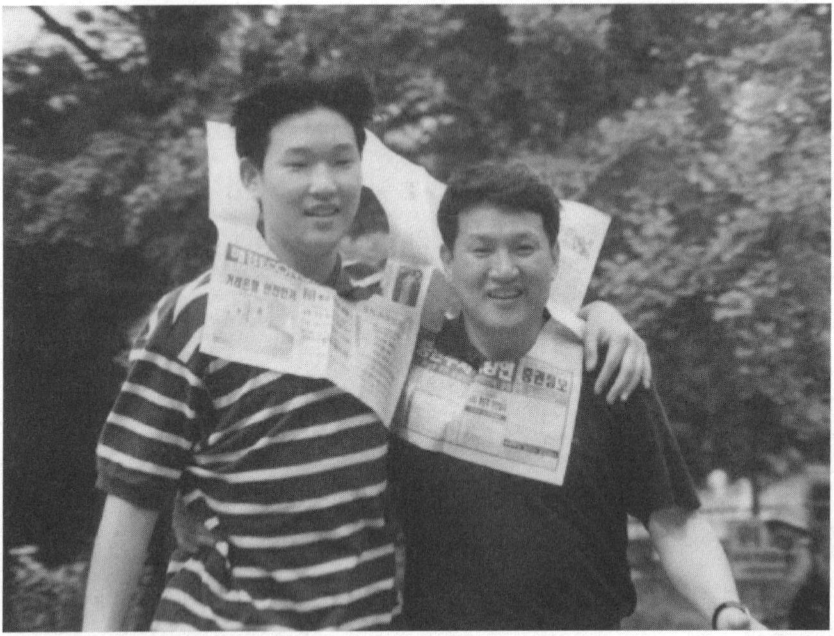

6. 아빠의 자리를 남겨 두어라: 존경받는 아빠는 하나님의 선물이다

아버지의 자리

부부는 하나님이 주신 자녀양육의 동역자다. 언제나 이인삼각 게임처럼 호흡이 잘 맞아야 한다. 서로 한 발을 성령의 끈으로 묶고, 호흡을 맞춰서 다른 발을 떼야 앞으로 갈 수 있다. 엄마 혼자 맘대로 달려가다간 가족 모두가 넘어지게 된다.

아빠의 위력이 가장 잘 발휘되는 순간은 자녀가 사춘기를 지날 때다. 어린 아기일 때는 전적으로 엄마 손에 달린 경우가 많지만, 사춘기 자녀를 위해서 아빠를 무시하지 말고 아빠의 자리를 꼭 남겨 두어야 한다. 아빠가 엄마를 존중하고 엄마가 아빠를 존중하면 자녀의 정서가 안정된다. 특히 부모가 하나님을 신뢰하고 서로 함께 성장하기 위해 노력하는 모습을 보고 자란 자녀는 하나님과 사람에게 사랑스러운 사람으로 성장해 간다.

하나님이 세워 주신 가정의 질서는 남편은 아내 사랑하기를 예수님이 우리를 위해 자기 몸을 주심같이 하고(에베소서 6:25) 아내는 자기 남편에게 복종하기를 주께 하듯 하는 것이다(에베소서 6:22). 또한 자녀는 부모를 주 안에서 순종하고 부모는 자녀를 노엽게 하지 않고 주의 교양과 훈계로 양육하는 것이다(에베소서 6:1-4).

승호는 태어날 때부터 3년 동안, 그리고 다섯 살 때 8개월 동안이나 아빠가 곁에 없었다. 나는 인큐베이터에서 승호가 퇴원하자마자, 리비아 건설 현장에서 근무 중이던 남편과 아이가 친해지도록 거의 날마다 편지를 썼다. 남편의 사진을 보여 주고 남편의 편지를 읽어 주었다. 남편에게는 승호 사진과 노는 모습을 소상히 적어 보내고, 옹알이 소리까지 녹음해서 그 테이프를 보내 주었다. 편지를 보내고 답장을 받고, 보이지 않지만 자기를 사랑하는 아빠가 있다는 사실은, 그 후 눈에 보이지 않지만 존재하시는 하나님을 믿는 데도 큰 도움이 되었다.

승호는 한 살이 지나면서 내가 남편에게 보내는 편지에 참견하는 자국을 낙서로 남겼다. 승호가 그린 어설픈 동그라미 하나도 귀하게 여기고 남편에게 꼭 보내며 남편과 아이 사이에 교감이 생기도록 배려했다. 그 낙서마다 어김없이 "승호 군의 인사예요."라는 멘트를 적은 편지를 나는 지금 수북이 보관하고 있다.

아빠 또한 사랑하는 아들 앞으로 따로 답장을 보내왔는데, 이렇게 편지를 주고받은 부자지간은, 남들은 있던 정도 멀어지는 사춘기 시절에 하나님의 은혜로 더욱 친밀해졌다. 승호는 지금도 자신이 태어날 때 남편이 없었던 일을 두고두고 서운해 한다. 자기가 태어나서 보니까 아무리 둘러봐도 아빠가 보이지 않아서 얼마나 서운하고 외로웠는지 모른다며 능청을 떨곤 한다.

그래서 그때 못한 뽀뽀와 포옹을 다 해야 한다며 지금도 제 아빠만 보면 끌어안고 볼에 입을 맞춘다. 남편보다 한 뼘은 더 큰 아들은 연수원생이 돼서도 주일마다 예배를 마치면 아빠와 포옹을 하고 볼에 입을 맞추니, 그래서 얻게 된 별명이 '느끼한 부자'다. 자기가 태어날 때부터 네 살이 될 때까지 해외 근무를 한 남편 때문에 자신은 스킨십이 '절대 부족'이라는 것이다. 끌어안고 기도도 하고, 뽀뽀도 하고, 아빠를 심하게 포옹하느라 결박도 한다. 이제 남편은 20대 아들에게 힘에 밀리면서도 아들과 포옹을 할 때마다 얼마나 행복해 하는지 모른다.

나는 한국의 가옥 구조가 바뀌면서 한국인의 정서도 바뀌었다고 생각한다. 사랑채를 잃어버린 우리네 남편들은 집에 들어와도 쉴 곳이 없다. 집에 오면 아내도 아직 퇴근 전이다. 아이가 시험 기간이 되면 집에 와도 아무도 반기지 않는다. 어쩌다 가족이 모여도 식사 시간이 제각각이다. 현재 한국은 기러기아빠가 심각한 사회적 이슈다. 그러나 꼭 유학을 보낸 아빠들만 가정에서 자리가 없는 것이 아니다. 같은 공간에 살아도, 심리적으로 아빠의 자리가 정말 희박하다. 이 땅의 수많은 아빠들이 늦은 밤거리를 배회하고 룸살롱을 찾아가는 것은 어쩌면 가정에서 잃어버린 자신의 공간을 본능적으로 찾으려는 무의식적인 시도인지도 모른다.

반기는 사람이 적어지면 누구라도 집에 오기 싫은 법이다. 집에 와도 쉴 공간이 없으면 더더욱 숨이 막히는 게 가정이다. 자녀도 남편도 엄마나 아내가 반겨 주지 않으면 집이 싫어진다. 요즈음 유난스럽게 각 가정에서 남자들이 무시당하는 것은, 아버지의 아버지 세대들이 여성들에게 가부장적 권위로 횡포를 부렸던 시대적 소산에 앙갚음당하는 것이라 생각한다. 시대의 산물이 잘못되면 다음 세대가 애매한 고난을 받는다. 가족은 한 사람 한 사람이 모두 소중하다. 연약한 사람일수록 더욱 소중하다. 억울한 사람이 생기면 모두가 불행해지는 게 가정이다. 아빠의 자리가 가정에서 없어질수록, 가장 피해를 보는 것은 내 자녀다.

1978년에 미국의 한 대학 연구원이 2년에 걸쳐 다섯 살부터 일곱 살의 아이들에게 텔레비전과 아빠 중에서 뭐가 더 좋은지를 물었다. 설문에 응답한 아이들 중 44%가 아빠 대신 텔레비전을 골랐는데 얼마나 많은 사람들이 그 결과를 예상할 수 있었는지 모르겠다.

가정에서 잃어버린 남편의 자리를 찾도록 도와줄 수 있는 건 바로 아내다. 아내는 남편과 자녀의 관계를 이어 주는 중요한 열쇠다. 아내의 말 한마디는 자녀가 '아버지의 축복을 받느냐, 아버지와 관계를 단절하느냐?'를 결정한다. "그가 아버지의 마음을 자녀에게로 돌이키게 하고 자녀들의 마음을 그들의 아버지에게로 돌이키게 하리라 돌이키지 아니하면 두렵건대 내가 와서 저주로 그 땅을 칠까 하노라 하시니라"(말라기 4:6). 하나님의 기준은 자녀양육은 부부 공동의 책임이라는 것이다. 그러니까 아무리 직장 일이 바쁘고 많은 돈을 버는 능력이 있어도, 남편은 자녀를 위해 기도하며 양육을 도와야 한다. 아내에게만 맡기면 직무를 유기하는 것이다. 하나님의 명령을 소홀히 여기고 하나님의 뜻을 어기는 일이다. "옛날을 기억하라 역대의 연대를 생각하라 네 아버지에게 물으라 그가 네게 설명할 것이요 네 어른들에게 물으라 그들이 네게 말하리로다"(신명기 32:7).

한국의 전통적 가치관을 지닌 남성들은 아내와 자녀를 사랑하는 일을 부끄러운 일로 여기기도 한다. 그러나 유대인이었던 바울도 예수님을 믿으면서 자기 가정을 돌보지 않으면 불신자보다 더 악하다고 했다. "누구든지 자기 친족 특히 자기 가족을 돌보지 아니하면 믿음을 배반한 자요 불신자보다 더 악한 자니라"(디모데전서 5:8). 이제 남편은 하나님의 기준대로 아내와 함께 자녀를 사랑해야 한다.

존경받는 아버지는 하나님의 선물이다

자녀에게 부모와의 좋은 추억거리를 만들어 주는 것은 매우 소중하다. 우리 집의 경우는 승호가 다섯 살 때 창원에서 1년 동안 살았는데, 그 당시 동해안 해안선을 따라 창원에서 출발해서 울진을 거치고 설악산을 지나고 북한이 보이는 경계선까지 갔다가 다시 부산까지 와서 멋진 식사를 했다. 승호는 두고두고 그때를 추억한다. 승호는 자라면서 자연스럽게 아버지와 대화할 추억이 있음을 즐기고 기뻐하며 성장해 왔다.

또한 아버지는 자녀보다 인생을 먼저 산 선배로서 좋은 안내자가 될 수 있다. 내 아들이 초등학교 6학년 때, 직업의 종류와 특징에 관해서 알아보는 방학 과제물이 있었다. 승호 스스로 하거나 나와 둘이서 그냥 알아서 할 수도 있었지만, 특별히 남편이 나서서 방학숙제를 함께하도록 계획을 세웠다.

우선 승호는 직업의 특징, 하는 일, 수입, 장래성 등 질문지를 만들어서 직접 취재 형식으로 인터뷰를 하고 직업탐방을 한 후 보고서를 작성하기로 했다. 먼저, 남편의 직장을 찾아가서 인터뷰를 했다. 그 후 남편의 소개를 받아 다른 직업을 가진 남편의 절친한 친구들을 직접 인터뷰했다. 승호는 자신이 만난 변호사, 교수, 회사원, 연구소 소장 등에게 구체적으로 질문했고 남편의 친구들은 초등학생인 승호에게 성의껏 답해 주셨다. 나중에 승호가 대학에서 전공을 정하고 진로를 결정하는 데 이때 했던 직업 탐방이 큰 역할을 했던 걸 알게 되었다.

또 다른 예는 내 아들이 대학 1학년 때 연애를 하다가 여자 친구와 헤어져서 상심했을 때다. 그때 승호와 남편이 같이 지하철을 타고 가면서 대화를 나누게 되었는데, 남편이 "아빠도 그랬던 적이 있어, 승호야. 그런 과정을 겪으면서 성장하는 거야."라고 했다고 한다. 나중에 들어 보니, 승호는 그때 남편이 해 준 말에 큰 위로와 힘을 얻었다고 했다.

그리스도인 아버지는 자녀의 신앙 교육을 아내에게만 맡겨 두고 아내가 다 알아서 할 거라고 착각해서는 안 된다. 하나님은 우리에게 자녀를 주실 때, 남편이 교사로서의 역할을 감당하도록 하셨다. 가족이 행복해지면 남편도 가장 행복한 사람이 된다. "남편들아 이와 같이 지식을 따라 너희 아내와 동거하고 그를 더 연약한 그릇이요 또 생명의 은혜를 함께 이어받을 자로 알아 귀히 여기라 이는 너희 기도가 막히지 아니하게 하려 함이라" (베드로전서 3:7).

아버지는 하나님의 권위에 순종하는 모델이 되어야 한다

성경적 시각으로 본다면 아버지는 가정의 최고 경영자(CEO)다. 하나님이 임명하신 사람이다. 자신도 하나님께 위탁받은 삶을 살면서, 동시에 가정을 경영하고 섬기는 일을 해야 하는 사람이다. 그 역할은 하나님이 짝지어 주신 아내와 훌륭한 파트너십을 이룰 때 진가를 발휘할 수 있다.

이 세상은 엄마를 가정의 최고 경영자로 자리매김하고 있다. 《맘 CEO》의 저자 강헌구 교수는 아버지를 "하루 종일 조직 사회의 틈바구니에 끼어 이리 치이고 저리 부대끼며 잔뜩 스트레스를 안고 밤이 늦어서야 집으로 들어오는" 존재로 묘사한다. 그는 "아버지가 한 가정의 총수처럼 군림했던 시대는 이미 막을 내렸다."고 하며, 이제는 아내가 남편도 살피고 아이도 살피며 가족의 중심에 서서 '가족의 현재 위치'와 '가족의 목표 지점'을 가늠하고 방향을 잡아가는 역할을 하는 최고 경영자라고 부르고 있다. 일견 맞는 말이고, 이 시대를 잘 읽어 내며 비전을 제시

한 말이기도 하다. 그러나 성경은 가정의 CEO를 아버지라고 지목한다.

아버지의 성경적 CEO 역할은 그 가정의 제사장으로서 예배를 인도하고(출애굽기 12:3) 그리스도인의 본을 보이는 것이다. 제사장은 하나님과 가족 사이의 거룩한 통로가 되어야 한다. 권위주의로 가족들 위에 군림하는 아버지가 아니라, 하나님이 주신 신성하고 아름다운 권위를 선하게 사용하고 가족을 섬겨야 한다.

그리스도인 가정은 하나님이 이스라엘 백성들처럼 구별하여 세우신 가정이다. 하나님은 아버지가 하나님을 섬기는 모습을 가족에게 보여 주길 원하신다. 하나님 중심의 삶을 결단하고 우선순위를 정하고 실천하는 것이 거룩한 삶이다.

남성과 여성은 주 안에서 평등하다. "너희는 유대인이나 헬라인이나 종이나 자유인이나 남자나 여자나 다 그리스도 예수 안에서 하나이니라"(갈라디아서 3:28). 하지만 가정에는 질서가 필요하고, 그 질서를 위해 주신 것이 권위다. 권위주의는 청산되어야 할 유산이지만, 권위는 버려서는 안 될 중요한 질서의 한 요소다.

그러나 이미 많은 아버지들이 과거로부터 이어온 잘못된 가부장적 권위를 남용하다가 가족들에게 소외당하거나 무시받는 존재로 전락했다. 힘없는 가족들을 구타하는 건 자신에게 있는 힘을 잘못 사용하는 것이다. 자칫 가부장적 권위를 잘못 내세우거나 힘을 사용하면, 자녀들은 반발심만 갖게 된다.

다정함 없이 권위만을 앞세워 온 아버지가 퇴근하는 시간의 거실 풍경은 우리를 우울하게 한다. 저녁식사를 마치고 거실에 모여든 자녀들이 화기애애한 분위기다. 누워서 자기가 좋아하는 텔레비전 프로를 보는 아들과 오늘 학교에서 있었던 일로 재잘대는 딸이 벨 소리에 놀란다. 평소보다 일찍 귀가한 아버지 때문이다. 벨 소리와 함께 아이들이 바퀴벌레 숨어들듯 각자 자기 방으로 순식간에 뛰어들어 간다.

　어쩌다 하루 일찍 들어와서 아이들과 마주치기만 하면, 성적이 왜 그 모양이냐 머리 모양이 그게 뭐냐며 사사건건 타박하며 가르치려고만 하는 아버지를 아이들은 싫어한다. 자녀양육은 모두 아내의 몫인 양 무관심하다가, 대학 입시를 앞두고서야 성적을 참견하는 것을 아이들은 싫어한다. 그런 가정에서는 아버지만 모르는 일들이 자꾸 많아진다.

　아버지가 들어오면 가족들이 숨도 못 쉬고 쩔쩔매야 했던 과거의 권위주의적 아버지들 때문에, 오늘날의 아버지들은 그 대가를 치르느라 마땅히 있어야 할 권위마저 모두 반납한 상태다. 1990년대를 노래한 한 가수는 그의 노랫말 속에 이 시대 아버지들의 비애와 아픔을 적나라하게 묘사했다.

아버지와 나　신해철 작사·작곡

저기 걸어가는 사람을 보라 나의 아버지, 혹은 당신의 아버지인가?
가족에게 소외받고 돈벌어 오는 자의 비애와,
거대한 짐승의 시체처럼 껍질만 남은 권위의 이름을 짊어지고 비틀거린다.
집 안 어느 곳에서도 지금 그가 앉아 쉴 자리는 없다.
이제 더 이상 그를 두려워하지 않는 아내와 다 커 버린 자식들 앞에서
무너져 가는 모습을 보이지 않기 위한 남은 방법이란 침묵뿐이다.
우리의 아버지들은 아직 수줍다.
그들은 다정하게 뺨을 부비며 말하는 법을 배운 적이 없었다.

그를 흉보던 그 모든 일들을 이제 내가 하고 있다.
스펀지에 잉크가 스며들듯 그의 모습을 닮아 가는 나를 보며,
이미 내가 어른들의 나이가 되었음을 느낀다.

   노래 속의 아버지는 가정에서 침묵으로 존재한다. 침묵하는 아버지는 어디서나 쉽게 볼 수 있는 이 시대의 아버지들이다. 이제는 가정에서부터 아버지가 하나님의 권위에 순종하며, 건강한 권위의 질서를 회복할 때다. 아버지가 먼저 하나님께 순종하며, 하나님이 아버지에게 주신 권위를 사랑으로 잘 사용할 때다. 가족을 섬기는 믿음의 본을 보이고, 권위를 제때에 사용하는 아버지를 둔 자녀는 정서적 안정감 속에서 자라게 된다. 어려운 일이 생겨도 숨기지 않고 아버지에게 마음을 연다. 아버지의 충고에 귀 기울이고, 아버지의 지혜를 구하려 한다.
   자녀들이 가정에서 아버지의 권위를 인정하고 순종을 배운다면, 그 자녀는 하나님의 권위에도 순종할 줄 아는 자녀로 성장한다. 순종할 줄 아는 자녀는 들을 줄 알고, 들을 귀가 있는 자녀는 하나님의 뜻대로 사용되는 믿음의 사람이 된다. 아버지는 자녀에게 자신도 하나님의 권위 앞에 순종하는 모습을 보이는 것이 좋다.
   하나님이 기뻐하시는 아버지는 권위로 군림하는 자가 아니라 가족들의 능력을 이끌어 내고 격려할 줄 아는 사람이다. 결과보다는 동기와 과정을 칭찬할 줄 알고, 자녀들과 함께 시간을 보낼 줄 아는 사람이다. 자녀에게 꿈을 심어 주고 꿈을 이루도록 길을 안내하며 돕는 인도자다. 특히 자녀가 실패했을 때 품어 주고 기다려 주는 아버지는 자녀를 하나님 품으로 인도할 수 있는 최고의 안내자다.

하나님의 역할을 대신하는 아버지

아버지의 역할 모델은 하나님이다. 아버지의 역할은 다음과 같다.

1. 하나님이 우리에게 일용할 양식을 공급하시듯, 아버지는 가족들의 일용할 양식을 공급해야 한다(마태복음 7:10-11).
2. 가족을 보호해야 한다(시편 23:3-4).
3. 가족들을 푸른 초장에 눕게 하고 쉴만한 물가로 인도하는 목자의 역할을 한다(시편 23:1-2).
4. 하나님의 형상을 닮도록 자녀를 교육해야 하는 명령을 받았다(신명기 6:1-2).

아버지는 자녀를 하나님께 순종하고 옳고 바른 일을 하도록 가르치기 위해 하나님이 택한 사람들이다. 자녀들이 아무리 어려도 대화하는 습관을 들이며 인정하고 존중할 때, 그 자녀의 존경을 받을 수 있다. 자녀의 수준에 맞게 설명해 주고 납득하도록 도와야 자녀가 생각할 줄 아는 사람으로 성장한다.
"아들들아 아비의 훈계를 들으며 명철을 얻기에 주의하라 내가 선한 도리를 너희에게 전하노니 내 법을 떠나지 말라 나도 내 아버지에게 아들이었으며 내 어머니 보기에 유약한 외아들이었노라 아버지가 내게 가르쳐 이르기를 내 말을 네 마음에 두라 내 명령을 지키라 그리하면 살리라 지혜를 얻으며 명철을 얻으라 내 입의 말을 잊지 말며 어기지 말라 지혜를 버리지 말라 그가 너를 보호하리라 그를 사랑하라 그가 너를 지키리라 지혜가 제일이니 지혜를 얻으라 네가 얻은 모든 것을 가지고 명철을 얻을지니라 그를 높이라 그리하면 그가 너를 높이 들리라 만일 그를 품으면 그가 너를 영화롭게 하리라"(잠언 4:1-8).

아버지가 진정한 청지기 정신으로 자녀를 대하면, 자녀를 더욱 객관적으로 볼 수 있게 된다. 자녀의 허물도 있는 그대로 보게 되고, 자녀의 장점도 자랑하지 않고 보게 된다. 아버지는 자녀에게 자신도 불완전한 존재임을 인정해야 한다. 아버지가 자신의 실수나 허물을 가족 앞에서 스스로 인정할 때, 자녀들은 편안함을 느낀다. 아버지의 실수가 오히려 자녀에게는 친밀감의 계기가 되고, 아버지를 더 전적으로 신뢰하는 시작이 된다.

그러나 지금은 대부분의 아버지들이 직장에서 돈 버는 일이나 세상에서의 성공과 명예, 자신의 욕구를 성취하는 데 너무 많은 에너지를 사용한다. 직장에서 돌아온 아버지는 텔레비전 리모컨을 놓지 않고, 또 인터넷에 매달려 그나마 남은 에너지를 사용한다. 자녀에게 무엇을 가르치는 것은 엄마의 몫으로 착각한다.

한때 강남에 돌던 유행어가 하나 있다. "치맛바람이 아무리 거세도, 바짓바람을 이길 수는 없다." 극성 엄마가 제아무리 자녀양육에 '올인'을 해도, 아버지가 나선 집의 자녀보다 더 잘 키울 수 없다는 말이다. 세상에서 나온 유행어인데도 생각해 보면 오히려 성경적이다.

신앙생활도 하나님과의 대화인 기도를 통해 더 성숙하듯, 인간관계도 대화에서 형성된다. 대화는 피상적 대화부터 깊이 있는 수준의 대화까지 여러 단계가 있다. 그런데 자녀가 자랄수록 아버지가 노력해야 깊이 있는 대화를 할 수 있다.

승호가 고시 공부할 때 일부러 남편이 신림동으로 데리러 가곤 했다. 오는 차 안에서 일주일 동안 공부하면서 어려웠던 이야기도 듣고, 남편이 하고 싶었던 이야기도 하는 것이다. 나는 그 시간에 집에서 승호에게 먹일 늦은 저녁을 준비하며 기다렸다. 부자가 몇십 분 동안 차 안에서 나누는 깊이 있고 의미 있는 대화는 생각하는 동기를 제공하고, 생각하는 방법을 익히도록 하는 유익이 있었다.

하루는 남편이 얼굴에 감격의 미소를 띠면서 승호와 들어왔다. 승호가 어떻게 그런 생각을 했는지 모르겠다며 너무 감격했다.

"아빠, 제가 가만히 생각해 봤는데요. 겸손이란 게 단순히 사양하거나 몸을 낮추는 그런 게 아닌 것 같아요. 겸손이란, '배우려는 자세' 같아요.… 아빠, 나는 하나님을 경외하는 사람인 것 같아요. 경외하는 것이 무엇인지 알 것 같아요."

승호의 묵상은 남편에게 깊은 감동을 주었고, 그 후 설교에 인용까지 되었다. "사람을 기쁘게 하려 함이 아니오 오직 우리 마음을 감찰하시는 하나님을 기쁘시게 하려 함이라"(데살로니가전서 2:4).

또한 내 남편은 승호에게 벌써 미래에 아버지와 아들로서 어떤 관계가 되어야 할지 설명하곤 한다.

"승호야, 엄마 아빠가 나이가 들면 아마도 정보력도 떨어지고 판단력도 흐려질 거다. 그때가 되면 우리 가정의 모든 주도권을 아들인 너에게 넘길 작정이다. 그러니 네가 서른 살이 되기 전에 어른이 되는 준비를 잘해야 한다. 네가 서른 살이 넘으면 우리는 너의 결정을 존중하고 따를 것이지만, 그전까지는 네 생각이 부모 생각과 달라도 너는 우리에게 배우고 우리를 따라오도록 해라."

아주 일찍부터 아들에게 책임감을 주고 가르침을 준 것이 효과가 있는 것 같다. 남편이 아빠로서의 권위를 내세우지 않고 하나님께 모든 것을 의뢰하니 신앙의 모습도 자연스럽게 남편을 닮아간다. 남편이 인정하는 하나님의 권위에, 아들도 자연스럽게 순종해 가는 모습이 은혜다.

　아버지에게 사랑받고 존중받은 자녀는 건강한 자존감을 갖게 된다. 아버지에게 격려받고 자란 딸은 자신의 은사를 적절히 계발하고 이 세상의 중심을 향해 능력 있는 여성으로 성장한다. 잠언 31장에 나타난 진취적이며 현숙한 여성의 모습은 성경적 가정에서 자라난 딸의 모습을 잘 보여 준다. 여호와를 경외하는 현숙한 여인의 능력과 존귀한 모습에 오히려 현대 여성들이 주눅이 들 지경이다. 전통적 성 역할에 구애받지 않으며 능력이 뛰어난 엘리트 여학생인 '알파걸'에 대해 이미 앞에서 언급했다. 도전 의식을 심어 주는 아버지와의 친근한 관계에서 탄생한다는 '알파걸'의 이미지가 이미 성경에 기록되어 있는 셈이다.

　아들도 아버지가 교육에 나서면 안정적이고 진취적으로 자란다. 아들이 아버지와 의미 있는 시간들을 함께하면 인격이 성숙할 뿐 아니라 목표 의식이나 동기 부여에 큰 도움이 된다. 부자지간의 신뢰를 쌓을 뿐 아니라 아버지와 대화가 통하는 친구로서 든든한 동행자가 된다. 어린 시절부터 놀이나 목욕하기 등을 통해 자녀의 나이에 눈높이를 맞추고 성장기를 보내고 나면, 대략 열여덟 살 이후의 자녀는 어느덧 독립적 인격체로 자라고 아버지와 인생의 친구가 될 것이다. 아버지가 어려서부터 자녀양육에 참여한다면 자녀의 둘도 없는 인생 친구가 될 것이다.

　예수님도 제자들에게 훈련을 마치신 후에 제자들을 친구라 부르신 것처럼, 아버지와 함께한 아들은 성인이 되면 좋은 친구가 된다. "너희는 내가 명하는 대로 행하면 곧 나의 친구라 이제부터는 너희를 종이라 하지 아니하리니 종은 주인이 하는 것을 알지 못함이라 너희를 친구라 하였노니 내가 내 아버지께 들은 것을 다 너희에게 알게 하였음이라"(요한복음 15:14-15).

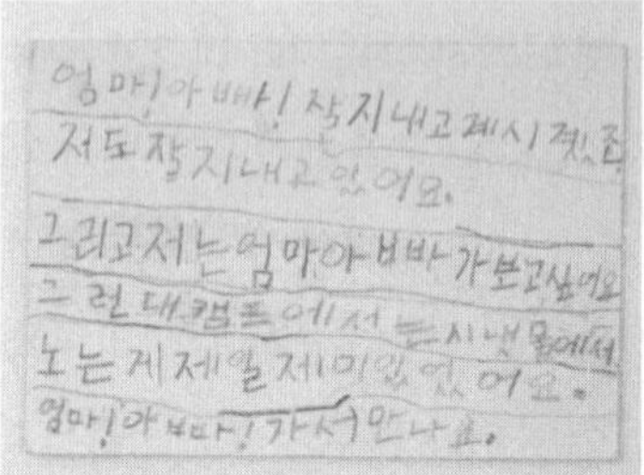
엄마아빠! 잘지내고계시죠
저도 잘지내고있어요.
그리고저는엄마아빠가보고싶어요
그런데캠프에서는 시냇물에서
노는게제일재미있었어요.
엄마!아빠! 가서만나요.

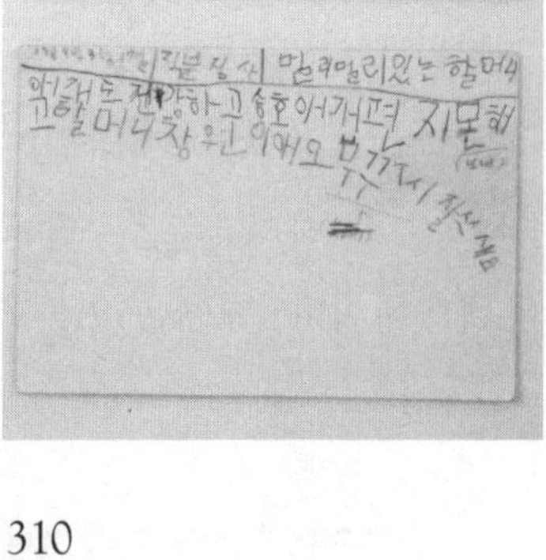

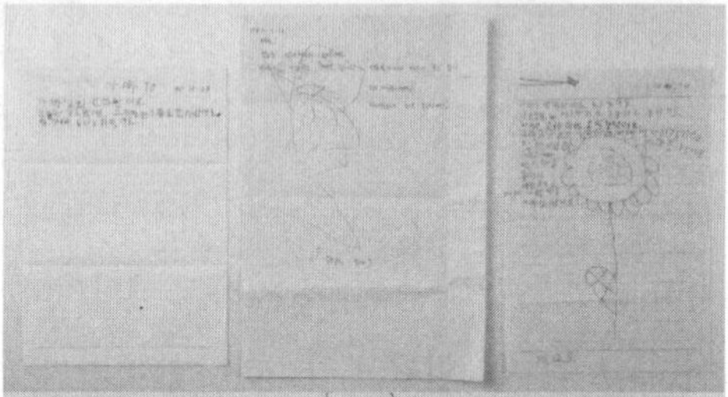

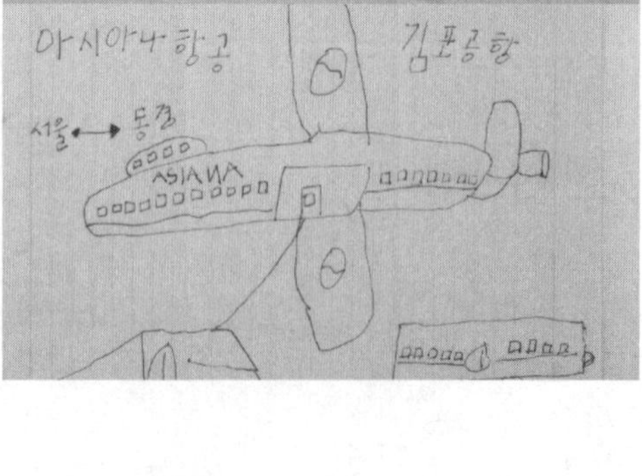
아시아나 항공
김포공항
서울 → 동경
ASIAWA

7. 사랑으로 위기를 극복하라:
가족의 유대는 서로에게 큰 힘이 된다

위기는 위험하지만 특별한 기회다. 아이가 성장하며 위기를 겪을 때마다 당장 부모가 하고 싶은 대로 말과 행동을 취하면 좋은 교육의 기회를 잃는 것이다. 자녀에게 위기가 왔을 때, 가장 큰 격려는 가족의 사랑이다. 사랑은 좌절을 극복할 힘이 솟아나게 한다. 위기를 겪은 자녀를 위해 부모가 할 수 있는 가장 위대한 사랑의 행위는 자녀를 위한 기도다. 기도하면 자기 자녀에게 가장 적합한 위로의 방법으로 인도해 주신다. 자녀와 함께 기도하고 좌절의 단계를 극복하고 하나님을 체험하도록 인도하는 것이 주교양 양육법이다.

성경에 나오는 인물들 중에서 하나님이 크게 사용하신 인물들은 모두 인생에서 결정적 실패를 통해 하나님을 배운 사람들이다. 아브라함은 자기 아내 사라를 누이라고 속여서 목숨을 부지하고자 거짓말을 했던 겁쟁이였다. 모세는 살인자였다. 다윗은 아들 압살롬에게 배반당한 왕이다. 그러나 그들 모두는 위기와 실패의 순간에 하나님과 가장 가까이 있었다.

모세는 최악의 상황에서 태어났다. 그러나 모세의 부모는 왕의 명령을 무서워하지 않고 하나님을 믿었다. 모세의 부모에게는 자녀를 키울 수 있는 시간조차 촉박했다. 석 달이 지나자 아기의 울음소리가 커져서 더 이상 숨길 수가 없었다. 그들은 포기하지 않고 자녀를 하나님의 사람으로 키우는 일에 최선을 다했다. 그러나 생명이 위험하고 포기해야 하는 순간이 오자 그들은 하나님의 도우심을 구하고, 모세를 넣은 갈대상자를 믿음으로 나일 강에 내려놓았다.

우리는 부모로서 하나님을 믿는 신앙을 가르치고 최선을 다한 후에는 자녀를 하나님 손에 내려놓아야 하는 순간이 온다. 믿음의 갈대상자에 넣어 세상으로 내보내야 하는 순간이 온다. 부모의 한계는 하나님이 자녀를 위해 일을 시작하시는 순간이다. 최선을 다하는 부모는 자녀를 위해 포기하지 않고 기도하고, 사랑으로 위기를 극복하는 부모다. 기도하면 하나님의 때를 알게 되는 지혜도 주신다. 하나님은 나태하고 믿음이 없는 부모조차도 기다려 주신다. 내 자녀의 문제는 지금 나를 회개와 순종의 자리로 부르시는 하나님의 음성이다.

"믿음으로 모세가 났을 때에 그 부모가 아름다운 아이임을 보고 석 달 동안 숨겨 왕의 명령을 무서워하지 않았으며"(히브리서 11:23). 모세를 위해 기도한 부모가 있었기에 모세는 믿음으로 장성하는 축복을 받았다. 최악의 상황에서 태어난 모세가 이스라엘의 지도자가 될 수 있었던 것은 모세의 부모가 하나님의 도움을 믿고 끝까지 최선을 다했기 때문이다. 모든 믿음의 근원은 우리 자신이 아니라 하나님이다. 모세의 일생을 이끈 것은 바로 궁전에서 받은 40년의 교육이 아니라, 어머니에게 받은 어린 시절의 신앙 교육이다. 모세는 결국 하나님께 쓰임받는 인생을 살게 된다. "믿음으로 모세는 장성하여 바로의 공주의 아들이라 칭함받기를 거절하고 도리어 하나님의 백성과 함께 고난받기를 잠시 죄악의 낙을 누리는 것보다 더 좋아하고 그리스도를 위하여 받는 수모를 애굽의 모든 보화보다 더 큰 재물로 여겼으니 이는 상 주심을 바라봄이라"(히브리서 11:24-26).

우리 자녀들은 기도하는 부모와 성경 말씀을 통해 하나님의 사람으로 빚어져 간다. 승호가 대학 3학년이 되자 승호의 초등학교 중학교 동창들은 모두 고등학교 3학년이 되었다. 지난 2년 동안 공부보다 노는 게 더 중요한 일처럼 살던 승호에게 2003년 2월 말에 우리 부부는 기도하고 말을 건넸다.

"너도 원래대로 다니면 지금 고3인데, 사법시험 준비 시작할 마음은 없는 거니? 만일 그럴 마음이 있다면 이제는 슬슬 준비를 해야 하는 거 아니니? 법대 나와서 너무 늦게 시작하면 고생이라던데 잘 생각해 봐라."

그 말을 하자 자신도 겨울방학 때부터는 이렇게 놀기만 해서는 안 되겠다고 생각했는데, 이미 노는 데 관성이 생겨서 공부 시작을 빨리 못했다고 했다. 오히려 공부하도록 일깨워 주셔서 감사하다고도 했다. 하나님이 아들의 마음을 움직여 주신 게 분명했다.

승호의 사법시험 준비는 아주 순조로웠다. 노는 데 이제 여한도 없고, 다시 목표를 정하니 홀가분해 보였다. 1년 반의 준비 기간이 지나자 사법시험 1차에서 좋은 성적으로 안정되게 합격을 했다. 나중에 안 일이지만 실은 그 좋은 성적이 화근이었다. 1차 시험과 2차 시험은 시험 방식도 다르고 과목도 많이 늘어난다. 그런데 그렇게 어렵다는 1차 시험에서 무난히 합격을 하면서 승호 마음에 교만이 자라기 시작한 것이다. 우리 부부도 그랬던 것 같다. '역시 승호가 이번에도 해내겠구나.' 하는 근거 없는 교만이 부부 마음에도 독버섯처럼 자라고 있었다. 가족 모두가 서서히 교만의 독에 물들어 갔다. 1차 성적도 좋았고, 모의고사 점수도 잘 나오고, 스터디에서도 잘 견디고 있으니 걱정할 게 없었다.

그러나 2차 시험 결과는 불합격이었다. 우리 부부는 이미 2차 시험 첫날부터 심상치 않은 일들이 발생하면서 이 시험에서 승호가 실패할 거라는 확신이 들었다.

왜냐하면 하나님은 교만을 가장 싫어하시기 때문이다. 그 4일의 시험 기간 동안 승호가 무사히 버텨 준 것만 해도 너무 감사한 하나님의 은혜였다.

첫날 첫 시간, 승호가 시험에서 자기 페이스를 완전히 잃고 거의 패닉 상태에 빠졌다. 그런데 나중에 성적이 나오고 보니 그렇게 떨었던 그 과목의 성적이 좋았다. 첫 시간 시험을 마치고는 답안을 잘못 쓴 걸로 생각해서 쉬는 시간부터 심한 마음고생을 했는데, 결과는 그게 아니었던 것이다. 첫 시간 때문에 혼란스러워져서 아예 나머지 3일을 일찌감치 포기해서 떨어진 격이 되었다.

그러나 우리 부부는 그렇게 생각하지 않았다. 이번 시험에서 이런저런 소소한 일이 일어난 것은 하나님이 특별히 하시는 말씀이 있는 것임을 깨달았다. 문제는 우리 가족의 교만이었다. 그때 2005년 2차 시험에서 그냥 합격했더라면 정말 우리 세 식구는 두고두고 큰일 났을 거라며 불합격하게 하신 하나님께 감사했었다. "교만은 패망의 선봉"(잠언 16:18)인데, 그 시험에 낙방한 일은 우리 가족을 교만에서 구원해 준 하나님의 사랑의 선물이었다.

승호 스스로는 합격을 기대하면서 준비한 2005년 2차 시험에 떨어지자 큰 좌절을 겪었다. 승호가 그렇게 큰 소리로 서럽게 우는 모습을 지금까지 본 적이 없다. 얼마나 가엾고 불쌍하던지, 나도 승호를 부둥켜안고 정말 많이 울었다. 한강이 가까운 동네에 살고 있으니 젊은 마음에 위험한 생각을 할까 봐 하나님께 승호의 안전을 위해 기도도 많이 했다. 신문에는 잘 안 나지만, 매년 사법시험 결과가 발표되면 아까운 젊은이들이 자살하는 일을 알고 있던 터라, 더더욱 기도했다. 승호로서는 인생 최대, 최초의 실패였기에 이해가 간다. 이미 시험 보는 기간 동안 불합격을 확신했지만, 막상 정말로 떨어지자 크게 낙심하고 좌절했다.

낙심 가운데 시험을 마치자마자 2005년 6월 27일부터 우리 가족은 도보여행을 계획했다. 처음에는 남편과 아들 둘이서만 나서겠다고 했다. 서울에서 부모님 댁이 있는 온양까지 걸어가면서 나는 중간에 베이스캠프처럼 차를 몰고 오라고 했다. 그런데 생각해 보니 부자가 도보여행 하는데 내가 차를 몰고 서행하면서 따라 가는 것도 위험하고, 먼저 도착해서 기다리는 것도 답답할 것 같아서 나도 함께 걷겠다고 했다. 걷다 못 걸어서 포기하더라도 시작하겠다고 했다.

2005년 6월 27일 월요일, 새벽기도를 마치고 우리 가족은 과천으로 지하철을 타고 갔다. 서울은 공기도 좋지 않으니, 옛날에 과거 보던 선비들이 넘었다는 과천 고개를 출발 지점으로 정했다. 마침 장마가 시작될 때 도보여행을 하게 되어 걸으면서 얼마나 울었는지 모른다. 다행히 비가 워낙 많이 와서 울면서 걸어가도 아무도 보는 사람이 없었다. 하루가 지나고 이틀이 지나면서 정신의 고통은 육신의 고통으로 치유되는 것 같았다. 아무 말 없이 몇 시간이고 빗속을 걷다 보면, 우리 세 식구의 발 여섯 개가 선명한 자국을 내며 함께 있었다.

가족이 함께 나흘 동안 걸었던 그 길은 승호와 우리 부부에게 새 힘을 부어 주었다. 장맛비 속을 걸으면서 하나님의 불기둥을 생각했고, 뙤약볕을 걸으면서는 하나님의 구름기둥을 생각했다. 아무리 어려운 일이 생겨도 그때 온양까지 걸었던 생각을 하면 묵묵히 아무 말씀 없이 지켜봐 주시는 하나님을 느낄 수 있다.

승호는 혼자 고통 중에 걷는 것 같았지만 앞뒤에서 가족이 아무 말 없이 함께 걸었던 것처럼, 우리의 고통 가운데 하나님도 동행하고 계심을 깨닫는 너무나도 소중한 경험이었다. 하나님이 동행하고 인정하시는 일이라면 무슨 일이든 크게 겁이 나지 않는다. 남편은 도보 여행을 할 때 마음속으로 이렇게 말했다고 한다.

'승호야, 네가 힘들 때도 넌 혼자가 아니란다. 네가 가장 절망할 때도 아빠 엄마는 너와 함께 있어. 하나님은 이 부모보다 더욱 언제나 너와 함께 계신 것이란다.'

신기한 것은 입 밖에 내지 않았던 남편의 말을 들은 것처럼 CTS〈내가 매일 기쁘게〉에 출연했을 때 아들이 이렇게 고백했다는 것이다.

"제가 혼자라고 생각하며 며칠을 걷다 보니, 아빠 엄마의 발도 앞뒤에서 같이 걷고 있는 게 보이는 거예요. 이 고통을 나 혼자가 아니라 가족이 함께 겪는 것을 알고 나니 힘이 났어요."

같은 순간 동일한 성령님의 은혜가 임한 것이다. 그렇게 2005년 2학기가 지나고 겨울방학이 되었다. 승호는 이제 학교를 휴학하고 오직 시험공부에만 매진할 것을 다짐하며 집에서 공부를 시작했다. 아침부터 늦은 밤까지 온종일 집에서 공부만 하는 아들을 보려니, 엄마의 입장에서는 그냥 시험공부 하지 말고 편안하게 살라고 하고 싶은 마음이 저절로 들었다. 밥 먹고 잠 자고 운동하는 시간 외에는 거의 공부만 했다.

두 달이 지나자 2006년 2월 27일에 다시 1차 시험을 치렀다. 다시 6월에 있을 2차를 공부하는 과정에서 학원은 필요할 때만 다니고 평소에는 집에서 혼자 공부했다. 그러나 이번에는 1차 시험을 치르고 나서 한바탕 난리를 겪는 일이 발생했다. 이번 시험부터 갑자기 문제 유형이 바뀌고, 철저히 준비한 사람들도 자신의 합격을 장담할 수 없는 시험이라고 했다.

게다가 승호는 시험 전날 잠을 거의 못 자는 불상사까지 생기는 바람에 시험을 마치고 대성통곡을 하면서 하마터면 믿음도 흔들릴 만큼 큰 시험에 들었다. 자기가 얼마나 하나님만 의지하고 공부했는데, 왜 나한테 이런 결과가 나오느냐며 엉

엉 울었다. 제46회 1차 합격 때는 넉넉한 점수여서 마음이 편안한 상태에서 2차 공부를 시작했는데, 이번에는 1차부터 예측할 수 없는 커트라인 점수대여서 마음을 졸였다.

승호는 제47회 시험에서 불합격하고, 제48회 시험을 준비하는 기간 동안 1차 시험에서 기가 막힌 점수를 받으면서 하나님과 급속히 정말 가까워졌다. 매일 밤이면 교회에 나와서 성경을 읽고 기도를 했다. 남편과 나도 승호의 기도 시간에 함께 동참하기도 했지만, 그 시간은 승호와 하나님 둘만의 데이트 시간이었다. 승호는 그 기간 동안 자신의 교만함과 나태함을 회개하면서 생활 습관과 공부 습관을 점검했다고 한다.

그러나 무엇보다 가장 감사한 것은 그 아슬아슬한 1차 성적 때문에 승호의 신앙고백이 비로소 터져 나온 일이다.

"비록 무화과나무가 무성하지 못하며 포도나무에 열매가 없으며 감람나무에 소출이 없으며 밭에 먹을 것이 없으며 우리에 양이 없으며 외양간에 소가 없을지라도 나는 여호와로 말미암아 즐거워하며 나의 구원의 하나님으로 말미암아 기뻐하리로다"(하박국 3:17-18)라는 하박국 선지자의 고백이 비로소 승호의 고백이 되었다. "사법시험에 불합격할지라도 나는 구원의 하나님 여호와로 인해서 기뻐한다."는 믿음의 고백을 진실로 하게 되었다. 승호의 신앙고백은 최연소 합격 수기에 자세히 승호 자신의 언어로 고백했기에 여기서는 줄이기로 한다.

모든 인간은 수많은 실패를 통해 새로운 것을 배운다. 알고 보면 성공한 사람일수록 더 크고 더 많은 실패를 극복한 사람들이다. 사실, 진짜 실패는 다시 도전하지 못하는 것이다. 실패한 아이에게 부모가 어떻게 반응하느냐에 따라 아이는 새로 도전할 힘을 얻는다. 잘못된 반응을 하면 아이는 좌절하고 다시 일어날 힘을 거의 상실한다. 실패했다고 좌절하고, 실패의 원인을 환경이나 다른 사람 탓으로 돌리면 실패의 기간만 연장될 뿐이다. 모두 내 책임이라 생각하고, 다시 시작할 힘을 하나님께 공급받는 게 성공의 시작이다. 승호가 가장 힘들 때 우리 가족은 함께 걸으며 기도했다.

"승호야, 부모는 네가 힘들 때 항상 너랑 가장 가까이 있고 싶단다. 네가 힘들 때 우리가 있는 것처럼, 하나님이 너를 이렇게 지켜 주신단다."

도보여행 당시 우리 가족은 때로는 아무 말 없이 울기만 하면서, 때로는 소풍 나온 아이들마냥 떠들기도 하면서 길을 걸었다. 다음은 그 당시에 써 두었던 도보여행기의 일부다.

서울에서 온양까지 3박 4일 도보여행기

우리 가족은 2005년에 아들이 고통 중에 4일 동안의 사법시험을 무사히 마친 일과 7월 2일로 만 20세가 되는 아들의 생일을 기념으로 '걸어서 온양까지'라는 야무진 여행 계획을 세웠다. 그동안 여름이면 교회 수련회 외에는 별다른 휴가를 갖지 않았던 남편은 가족만을 위한 4박 5일의 때 이른 여름휴가를 마련했고, 승호도 가족 여행에 동참하기 위해 시험을 마친 뒤 고대하던 친구들과의 여러 계획을 모두 뒤로했다.

이렇게 해서 준비된 우리 가족 세 사람의 '걸어서 (부모님이 사시는) 온양까지' 프젝트는 출발 시점에 문제가 생겼다. 예상보다 일찍 시작된 장마로 출발 전날 저녁부터 장대비가 쏟아졌기 때문이다. 빗소리가 커지면서 남편과 나의 휴대폰에는 문자메시지가 쏟아져 들어왔다.
"설마 정말 가시는 거예요. 목사님?"
"이렇게 비가 오는데 정말 가시는 건 아니시죠?"
"오늘부터 장마라는데요. 뜻은 너무 좋으신데요. 아무래도 중단하시는 게 좋으실 듯해요. 고정하셔요."
"이 빗속을 설마 진짜로 걸어가시는 건 아니시죠?"
"아무래도 무리하시는 거 같아요."
주일예배 후 우리 가족의 도보여행 소식을 전해 들은 성도들이 밤에 비가 쏟아지고 장마가 시작되자 우리보다 더 큰 걱정을 해 주었다. 힘들고 지친 우리에게 성도들이 사랑과 격려를 담아 보내 준 문자메시지는 지금도 기억에 생생하다.
사랑하는 교인들은 장대비가 쏟아지는 주일 밤에 우리 가족을 생각하니 여간 심란한 게 아니었나 보다. 그중에서도 "고정하시구요~ 문명인답게 문명의 이기를 이용하시는 게 좋을 것 같사와요~"라는 내용의 메시지는 두고두고 기억에 남는 즐거운 멘트였다.
우리 가족은 월요일 새벽에 빗속을 뚫고 출발하여 하루에 30Km내외를 걸으며 꼬박 사흘하고도 반나절을 걸었다. 편리한 교통 시설을 사용하는 문명인이기를 포기하고 걷고 또 걸어서 마침내 온양의 부모님 댁에 당도하는 기쁨을 누렸다. 3박 4일 동안의 도보 데이트는 우리 가족을 하나 되게 하고 고통으로부터 건져 주고 보호해 주신 하나님의 은혜였다.

첫째 날. 6월 27일 월요일.
새벽에 출발하여 1번 국도를 따라 천안까지 71Km 남은 이정표를 보며 평촌을 통과. 하루 종일 세차게 오는 비를 뚫고 깜깜한 밤중에 오산 입구 도착. 비에 젖은 옷을 빨아 널고 곯아 떨어짐.

둘째 날.
비가 오락가락하며 구름기둥으로 가려진 길을 따라 천안까지 35Km 남은 이정표에 감격하며 평택에 도착. 하루 종일 걷느라 발에 생긴 물집을 실로 꿰매 터뜨리고, 짐이 너무 무거워서 입은 옷 외엔 모두 우편물로 집으로 부침.

셋째 날.
비가 그치면서 서서히 드러나는 뙤약볕이 얼마나 뜨거운지, 태양의 매운 맛을 보며 드디어 천안역에 도착. 하루 10시간씩 걷는 강행군으로 발바닥에 불이 나고 탈진 상태. 길가의 원두막에서 수박으로 갈증과 허기를 채움.

넷째 날.
천안을 출발하는 감격 속에 서로를 격려하며 아산시에 진입. 23번 국도를 따라 마침내 오후 2시 34분에 대대적인 환영을 받으며 온양 부모님 댁에 도착.

다섯째 날.
온양에서 1박 후 3박 4일 걸린 거리를 고속버스로 1시간 30분 만에 서울 도착.

이렇게 단 몇 줄에 간략히 써지는 여행길이었건만, 그 3박 4일은 우리 가족의 가슴에 맺힌 슬픔과 낙심을 푸는 시간이었다. 내 아들은 도전할 힘과 목표를 새롭게 충전받는 시간이었다. 가족의 사랑과 하나님의 사랑을 확인하고 체험하는 시간이었다. 모든 에너지를 완전히 방전하고 하나님 안에서 새롭게 완전히 충전하는 시간이었다.

정말 오랜만에 먹는 일, 자는 일, 걷는 일을 날마다 함께하다 보니 다 큰 아들도 남편도 나도 거의 같은 생각, 같은 행동을 하는 것 같았다. 육체의 고통은 우리를 단순하게 만드는 것 같다. 덕분에 의견 차도 점차 좁혀져 가고, 눈에 보이지 않던 미세한 갈등도 말로 다 풀어내고, 앞으로의 삶의 방향 설정도 함께 생각하게 되고…. 이번 여행에서 무엇보다 기쁜 일은 서로가 다 각자의 인생을 살아가는 여정에서 진심으로 한마음이 됨을 체험한 일이었다. 그건 아들도 남편도 나도 함께 같은 하나님을 믿기 때문에 가능한 일이라 생각한다. 다양한 세계에서 다양한 가치관을 추구하고, 한 가족이지만 너무도 다른 생각과 목적지를 향해 갈 수 있는 인생길에서, 아들의 스무 살 생일을 맞으며 이렇게 한마음으로 함께 걸을 수 있다는 것 자체가 하나님의 은혜라 생각한다.

연어가 회귀하는 것처럼 우리 가족은 아들의 스무 살 생일을 하루 앞두고, 남편의 아버지와 어머니가 계시는 온양 본가에 입성했다. 너무 놀란 부모님은 우리 가족을 보고 입을 다물지 못하셨다.

"세상에나~. 서울서 여기가 어디라고 걸어와~. 어서 와라, 어서 와~."

책속의 책,

승호의 공부법

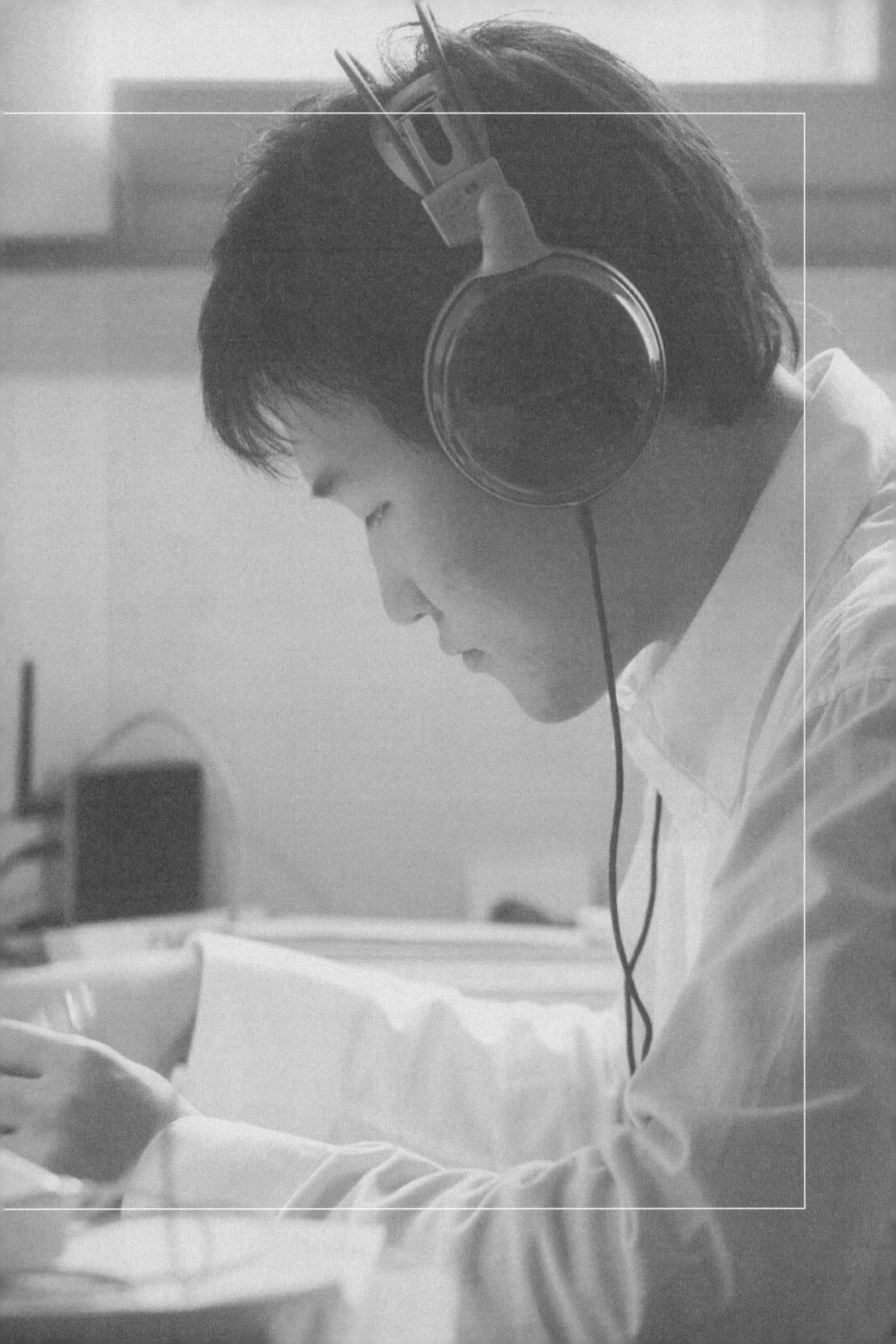

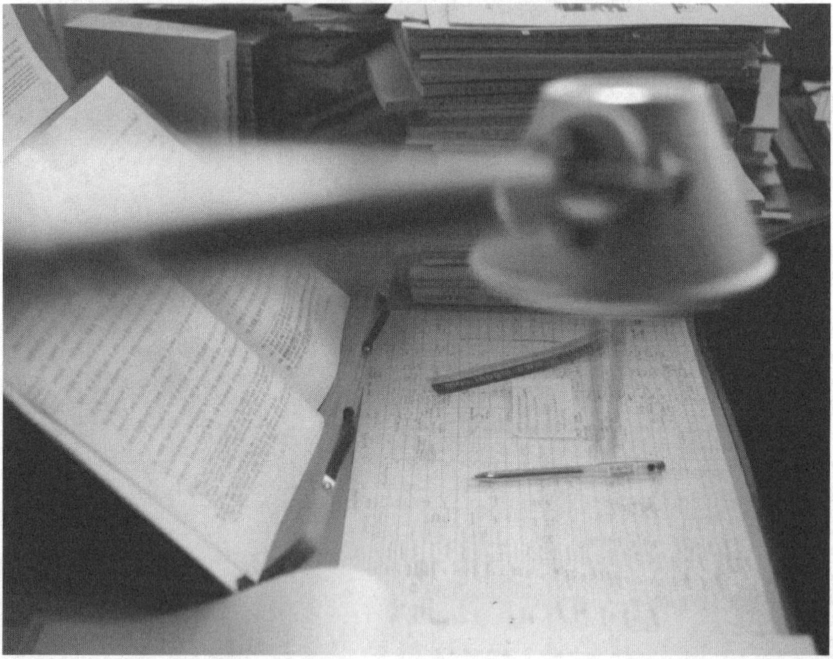

1. 같은 책을 3번 이상 독파하라: 집중력과 반복이 관건이다

"읽고 또 읽고, 본 것 또 보기." 승호의 독서 습관은 한마디로 집중과 반복이다. 특별히 그렇게 시킨 적이 없는데, 어려서부터 한 가지 책을 읽기 시작하면 늘 들고 다니며 읽고 또 읽었다. 초등학교, 중학교, 대학교를 다닐 때도, 사법시험 준비하던 시절에도 승호의 특징은 교과서를 여러 번 읽는 일이었다. 사법시험 공부에 관련된 이야기는 승호의 합격 수기에 나와 있고, 사법시험 공부는 승호가 전적으로 혼자 한 일이기에 나는 잘 모르는 과정이다. 그러나 미루어 짐작하건대, 어려서부터의 독서 습관과 공부 습관이 좀 더 넓고 깊게 발전했을 것이라고 생각한다.

어린 시절은 집중력을 몸에 배게 하는 데 아주 좋은 시기다. 나는 승호가 아주 어릴 때부터 무엇인가에 몰두해 있으면 절대로 부르거나 방해하지 않았다. 어른들에게는 하찮아 보이는 일도 아이가 집중하고 있을 때는 무언가 아이의 지적 능력에 중대한 변화가 일어나는 중이다. 그 소중한 시간을 가장 많이 방해하는 사람이 엄마가 될 수 있음을 기억해야 한다.

시험 기간이나 사법시험을 준비하던 시절에는 승호에게 휴대폰으로 전화를 하거나 문자 보내는 것을 매우 자제했는데, 그 이유는 집중력을 방해하기 때문이다. 흔히 부모들은 아이가 어릴수록 자기가 정한 시간에 자기 마음대로 아이들을 부르거나 심부름을 시키기 쉽다. 부모에게는 사소해 보이는 일에 몰두해 있을 때도 아이들에게는 아주 소중한 집중의 시간이다.

 수업 시간에 집중해서 잘 듣고, 교과서를 반복해서 읽으면 학교 공부의 80% 이상은 이미 소화한 것이나 다름없다. 나머지는 세부 사항을 암기하고, 교과서와 연결된 지식으로 문제를 풀어내는 능력이나 약간의 공부 기술이 덧붙여져서 성적으로 나타난다고 생각한다. 우리 집에서는 공부 안 하는 건 용서해도, 하는 척하면서 안 하는 건 절대로 용서하지 않았다. 공연히 공부하는 척만 하면 집중력만 떨어지고 그게 습관이 되면 더 나쁘기 때문이다. 누가 보든 안 보든 필요할 때 필요한 만큼 공부하면 그만이다.

 믿음 생활이나 직장 생활도 마찬가지 같다. 남에게 보이기 위해 기도하고 헌금하고 선행을 베푸는 것을 예수님은 책망하셨다. 직장에서도 일의 성과가 중요하지, 아무리 남 보기에 일 잘하는 것 같아도 집중하지 않고 결과가 번번이 나쁘고 진짜로 열심히 한 일이 아니면 모두에게 피해가 간다. 우리 집에서는 승호가 혼자 있는 시간을 잘 조절하고 공부하는 시간에는 스스로 집중하도록 격려했다. 승호가 공부할 때는 텔레비전을 켜는 일도 거의 없었지만, 전화벨 소리도 방문을 닫고 가급적 작은 소리로 조절했다. 승호뿐 아니라 목사님인 남편이 설교 준비를 하고 성경을 연구할 때도 다른 가족이 텔레비전을 보지 않는 것이 우리 집 분위기다.

 집중력을 방해하는 요인은 최대한 멀리하는 게 좋다. 전화나 휴대폰을 항상 의식하면서 공부하면 집중력이 뚝 떨어진다. 그런 행동은 언제든 전화벨이 울리고 휴대폰이 울리면 공부를 중단하겠다고 결심하는 것과 같다. 사법시험에서 한 번의 실패를 겪고 나서 승호가 결단한 것이 아예 휴대폰을 정지시키는 일이었다. 그 다음번 시험에서 같은 해에 1차와 2차를 모두 합격하고 최연소 합격자가 된 데는 휴대폰 정지의 공도 크다.

처음에는 휴대폰이 큰 문제일 거라고 생각지도 못했는데, 먼저 사법시험에 합격한 한상영 변호사의 조언을 듣고 하나님이 주신 지혜라고 생각했다. 물론 그런 도움의 손길을 주고, 그런 마음이 들게 해 주신 분은 하나님이시지만, 그걸 결단하고 실행에 옮긴 것은 승호 자신이다.

"아버지가 내게 가르쳐 이르기를 내 말을 네 마음에 두라 내 명령을 지키라 그리하면 살리라 지혜를 얻으며 명철을 얻으라 내 입의 말을 잊지 말며 어기지 말라 지혜를 버리지 말라 그가 너를 보호하리라 그를 사랑하라 그가 너를 지키리라 지혜가 제일이니 지혜를 얻으라 네가 얻은 모든 것을 가지고 명철을 얻을지니라 그를 높이라 그리하면 그가 너를 높이 들리라 만일 그를 품으면 그가 너를 영화롭게 하리라" (잠언 4:4-8).

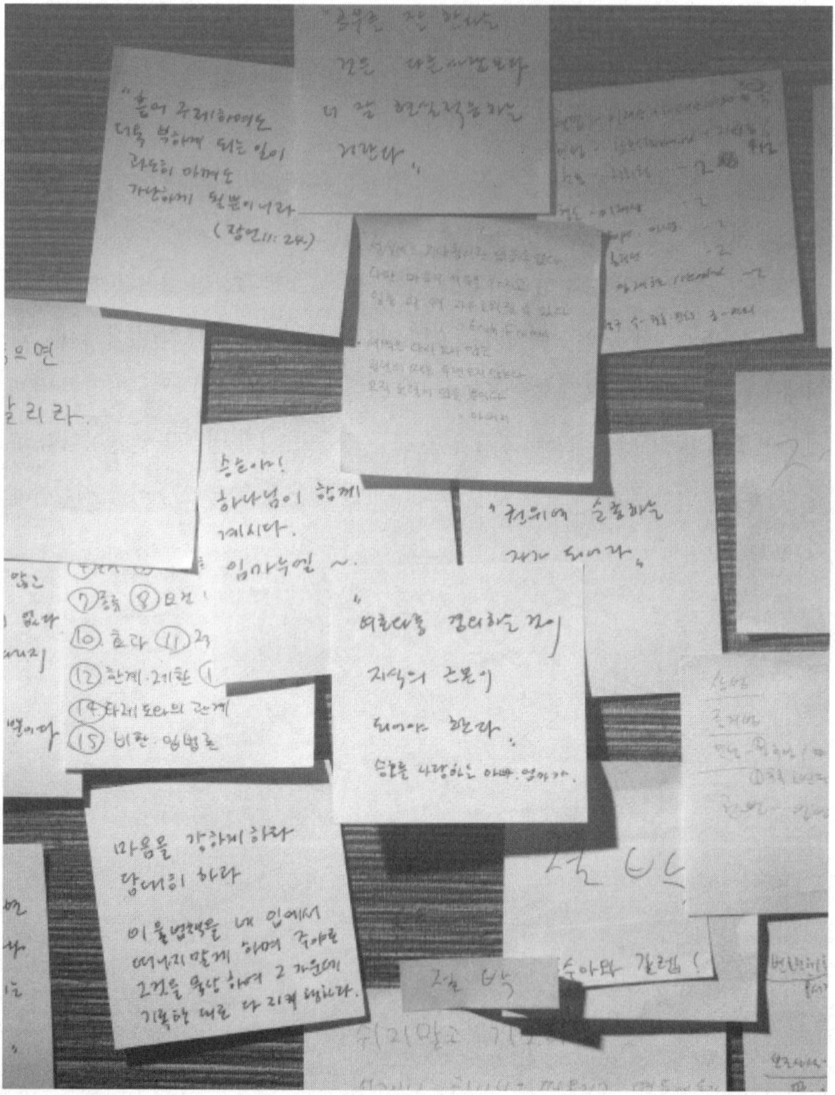
마음을 강하게 하라
담대히 하라
이 율법책을 네 입에서
떠나지 말게 하며 주야로
그것을 묵상하여 그 가운데
기록한 대로 다 지켜 행하라.
하나님이 함께
계시다.
임마누엘 ~.

2. 비교하지 말라: 컴퓨터게임이 아니라 비교의식이 공부를 방해한다

'엄친아' 라는 단어를 들어보았는가. 아이들이 이 세상에서 제일 싫은 아이가 '엄친아' 란다. '엄친아' 는 줄임말인데, 그 뜻은 '엄마 친구의 아들' 이다. 많은 엄마들이 걸핏하면 친구의 공부 잘하는 자녀와 비교해서 자녀들을 끝없이 괴롭히니, 이에 대한 자녀들의 집단적 괴로움이 표출되어 만들어진 신조어다. 엄친아는 실존 인물일 수도 있고 엄마가 만든 가상의 인물일 수도 있다.

비교당해서 기분 좋은 사람은 아무도 없다.

"내 친구 아내는 살림도 잘하고 음식도 잘하고 처가에서 뒷받침도 잘해 주고 아이도 잘 키우던데 당신은 하는 게 뭐 있냐?"

이렇게 비교하는 남편을 좋아할 아내는 단 한 명도 없다.

"내 친구 남편은 돈도 잘 벌고 아는 것도 많고 자상하고 가정적인 데다 자녀양육까지 열심이어서 퇴근하면 아이와 놀아 주고 공부도 같이하고 시부모님은 며느리를 존중하고 시댁에서 큰 집도 사 주고 매달 생활비도 보태 주고 유산도 많이 남겨 주는데 당신하고 시댁 식구들은 해 준 게 뭐냐?"

<u>이렇게 서로 끝없이 비교하며 불평한다면 그 부부는 영락없이 원수지간으로</u> 변할 것이다.

그러나 많은 부모들은 자신도 그렇게 끔찍이 싫어하는 비교당하는 일을 자녀

에게 끊임없이 한다. 아이가 태어나면 몸무게를 비교하고, 자라 가면서는 키를 비교하고, 언제부터 걸었는지 비교하고, 말을 몇 개월 만에 시작했는지 비교하고, 학교에 다니기 시작하면 성적을 비교한다.

비교당하는 일을 어려서부터 겪다 보니 아이들도 친구 집 아파트 평수나 자가용을 비교하면서 그릇된 자아상과 열등감을 갖는다. 요즘에는 웃지 못할 이야기들도 심심찮게 들린다. 어느 초등학교에서 "우리 집의 좋은 점을 써 오라."는 숙제를 내 주었는데, 한 아이가 이렇게 썼다고 한다. "우리 집은 첫째, 아파트 평수가 넓다. 둘째, 자동차가 친구네 차보다 좋다." 초등학생의 입에서 이런 말이 나오게 된 것은 거의 어른들의 책임이다. 부모가 입만 열면 아파트 평수와 자동차 바꾸는 이야기를 할 때, 당연히 그 자녀도 그런 데 관심을 갖게 되고 그런 시각이 길러질 수밖에 없다.

아무리 원하는 만큼 성공해도, 비교당하며 비교하는 일에 떠밀려서 성취를 이룬 사람에게는 그 끝에 반드시 더 잘난 사람이 수두룩한 게 인생이다. 부모에게 비교당하며 성장하고 스스로도 비교하며 끝없는 성취 지향의 인생을 살다가는, 아무리 큰 성취를 이뤄도 더 큰 비교 대상이 나타나면 더 불행해질 따름이다.

공부는 인생 훈련의 작은 축소판이다. 성경 속에서 비교 의식으로 인생을 망친 대표적 인물은 사울 왕일 것이다. 사울 왕은 다윗과 자신을 끊임없이 비교하면서 비참한 실패를 맞이했지만, 다윗은 하나님 눈에 비치는 자신의 모습을 볼 줄 알아서 성공했다. 사울의 목표는 다윗을 능가하는 것이었지만, 다윗의 목표는 사울을 뛰어넘는 것이 아니라 자신의 죄를 뛰어넘고 하나님의 뜻을 구하며 순종하는 것이었다.

결국 공부를 할 때는 목표를 정해야 한다. 지나치게 비교하며 좌절하는 것은 공부에 쏟아야 할 에너지만 빼앗아 갈 따름이다. 사울처럼 비교하다가 인생을 망칠 것인지, 다윗처럼 하나님께 초점을 맞추고 승리할 것인지는 전적으로 자신의 선택이다. 비교할 시간에 좀 더 집중하고, 비교해서 불행해질 시간에 자신의 약점을 보완해 나가는 것이 공부를 잘하는 지름길이다.

특히 사법시험과 같이 많은 분량을 혼자 공부하며 자신과 싸워야 하는 경우, 비교는 공부하는 시간만 연장시킬 뿐이다. 자신의 능력을 파악하고 장점과 결점을 객관적으로 보는 눈을 기르는 것을 먼저 해야 한다. 문제를 발견하면 고치려고 노력하고, 자신에게 맞는 공부 방법을 연습하고 훈련하다 보면 비교하느라 헛되게 쓰는 에너지 낭비를 최소화할 수 있다.

누구나 인생을 살면서 좌절을 경험한다. 진정한 교육은, 실패와 좌절을 극복하는 법을 배울 수 있도록 도와야 한다. 어려움을 이겨 내면서 아이들은 새로운 것을 배워 간다. 배움의 기쁨을 통해 능력을 키워 가고 성취를 체험하는 아이들은 계속해서 새롭고 어려운 것에 도전할 힘을 얻는다.

3. 자신과의 약속을 반드시 지켜라:
공부를 다른 말로 하면 약속이며 인내다

공부를 하면서 얻을 수 있는 유익은, 단지 지식이 늘어나는 것뿐 아니라 믿음 안에서 책임감과 인내가 자란다는 것이다. 비록 공부가 힘들지라도 인내하면서 믿음이 자라게 되고, 책임감을 통해 성실이 몸에 배게 된다. 그러므로 어릴 때부터 아무리 하찮은 약속이라도 부모가 먼저 반드시 지키는 모범을 보이는 것이 좋다.

자녀와는 신중히 약속을 정하고 나중에 해 준다고 했으면 반드시 정한 때에 해 주자. 해 줄 수 없다면, 처음부터 단호하고 친절하게 안 된다고 말해야 한다. 우리 집은 아주 작은 일도 아이와 한 약속을 반드시 지켜 왔다. 어른들은 잊어버려도 아이들은 부모와 한 약속만을 손꼽아 기다리는데, 그것을 반복해서 무시하면 아이도 약속을 대수롭지 않게 여기며 자란다.

대부분의 부모들이 취약한 점이 자녀와의 약속을 쉽게 생각하는 것이다. 특히 손님이나 다른 사람 앞에서 아이가 조른다고 섣불리 약속하는 일은 금물이다. 아이에게 좋지 않은 습관만 길러 줄 뿐이다. 부모가 약속을 어기고 핑계를 대면 아이들은 분노하게 된다. 그중 가장 비겁한 핑계는 아이들의 성적을 가지고 윽박지르는 일이다.

공부는 약속이다. 어릴 때부터 약속 지키는 걸 잘 배운 아이들은 공부 습관을 갖게 된다. 선생님과의 약속, 부모와의 약속, 나중에는 자신과의 약속을 잘 지키다 보면 그게 바로 공부 습관이다.

처음부터 공부 결심을 하지 않는 학생은 단 한 명도 없다. 누구나 다 공부를 잘 해 보겠다고 결심한다. 그러나 습관이 되지 못했기 때문에 결심대로 못하는 것이다. 어릴 때부터 학교에서 선생님과 한 약속을 잘 지키도록 도와주자. 아무리 쓸데없어 보이는 숙제라도 학교 선생님이 내 주면, 숙제는 꼭 하는 습관을 붙이게 하자. 학교 숙제를 통해 아이들은 점차 스스로 공부하는 방법을 터득하게 될 것이다.

학원이나 과외에만 의존하는 아이들은 어느 수준 이상은 공부를 잘할 수 없다. 남이 시켜 주는 공부만 하면서 자기가 아는 줄 생각하고 스스로 속는다. 돈 낭비, 시간 낭비다. 영양제만 먹고 밥을 안 먹으면 결국엔 건강을 잃게 되는 것과 같다.

자녀양육은 좋은 습관 들여 주기다. 공부 습관이 식사 습관처럼 몸에 배도록 배려해 주자. 학교생활을 하는 한 학교의 방침을 최대한 적극적으로 순종하게 가르치는 것은 성경에서 말하는 권위에 순종하는 훈련에도 아주 좋다. 학교 선생님께 순종하지 않으면, 주일학교 선생님이나 목사님께도 순종하기 어려울 것이다.

초등학교 시절부터 아무리 사소해 보이는 숙제도 열심히 하도록 인도하는 것이 좋다. 부모가 "너희 학교는 이런 쓸데없는 숙제를 왜 내 줬는지 모르겠다."고 아이 앞에서 불평하면, 선생님이 아무리 필요한 숙제를 내 주고 공부를 가르쳐 줘도 아이가 배우려 하지 않게 된다. 쓸데없는 듯해도, 그 숙제를 내 준 선생님은 1년 학습 계획이 있고 학습 목표가 있다. 학교의 교과과정은 전문가들에 의해 아이들의 연령에 맞게 구성된 것이다. 마찬가지로 방학 숙제도 성실하게 다 하는 게 좋다. 미리 계획을 세워서 박물관을 가라면 가고, 음악회를 가라면 가라. 학교 숙제에 자꾸 요령을 피우다 보면 아이가 일상생활뿐 아니라 신앙생활 전반에서도 요령을 피우는 사람으로 변하기 쉽다.

참고서는 말 그대로 참고만 할 책일 뿐이다. 교과서를 완전히 이해하고 교과서의 문제들을 완전히 소화해야 한다. 이때 스스로를 평가해 보도록 문제집을 사용하면 효과적이다. 그런데 어떤가? 지금 우리의 자녀들은 학교교육을 소홀히 여기고 학원을 더 신뢰하는 부모들 때문에 학교를 불신하는 자녀들로 자라는 중이다.

학원이나 과외가 맞지 않는다고 할 때는 아이의 의견을 전적으로 동의해 주는 것이 효과적이다. 그렇지만 학교는 다르다. 학교는 필수고 학원이나 과외는 선택이다. 아이가 필요 없다고 한다면 조급한 마음이 들어도 학원이나 과외를 전혀 안 하게 하는 것도 효과적이다.

스스로 공부하는 아이들은 언제 과외가 필요하고 언제 필요 없는지, 언제 학원이 도움이 되고 도움이 되지 않는지 아주 잘 안다. 어릴 때부터 아이에게 적절한 선택권을 주면, 아이는 시행착오를 거치면서 선택하는 법을 익혀 간다. 아이의 선택이 어설프고 틀린 것 같아도 점차로 많은 선택권을 주어야 자녀가 책임감 있게 스스로 공부하는 방법을 터득하게 된다.

논술이나 영어나 수학처럼 학교 교실에서 수준 차가 너무 많이 나는 과목, 특별한 운동, 미술, 음악 등은 자녀의 능력에 따라 학원이나 일시적인 개인 지도가 도움이 될 것이다. 그러나 어디까지나 일시적이고 보조적인 수단인 것을 잊어서는 안 된다. 아이가 특별히 선행 학습을 원하거나 경시 대회를 준비할 경우에는 과목별 전문 학원을 잘 선별하는 것도 중요하다. 한문, 영어, 수학, 그 밖의 예체능 과목에서 두각을 나타내거나 자기 학년보다 학습 이해도가 빨라서 선행 학습이 필요한 경우가 아니라면, 자기 학년의 학교 공부에 충실한 것이 가장 좋다고 생각한다.

특별한 적성이나 특기가 나타나지 않을 때 부모의 욕심으로 아이를 여기저기 끌고 다니다가는 기초 실력이 쌓이지 않아서 고학년 때 낭패를 보기 쉽다.

승호는 1년 반의 유치원 과정과 초등학교 6년과 중학교 2년 동안 정말 충실히 학교수업을 따랐다. 우리 집에서도 학교 일정을 우선으로 해서 따라갔다. 수업 시간에는 열심히 듣도록 했고, 시험공부에서 가장 중요시했던 것은 언제나 각 과목 교과서와 학교에서 배운 필기 내용들이었다.

아무리 사소한 받아쓰기 시험을 봐도 최선을 다하도록 가르쳤다. 시험 때는 교과서마다 단원별 익힘 문제와 연습 문제를 반드시 풀어 보고 모르는 부분이 없도록 문제집으로 연습하는 과정을 거쳤다. 문제집은 틀린 문제 중심으로 한 과목당 두세 권씩 꼭 풀어 보았다. 초등학교 때부터 시험을 중시하고 시험에 대비한 덕분에 승호는 시험을 대비해 공부하는 훈련과 시험에 임할 때마다 기도하면서 담대한 마음을 갖는 훈련을 잘 받았다.

엄마인 나는 승호의 시험 기간을 승호와 함께 더 많이 기도하고 더 많이 성경을 보는 신앙 훈련의 기간으로 삼았다. 승호가 학교 간 시간에는 자유롭게 친구도 만나고 집안일도 하고 여러 가지 일들을 했지만, 승호가 학교에서 돌아온 시간부터는 승호가 원하는 공부나 놀이 스케줄에 따라 식사와 간식을 챙겨 주고 낮잠도 깨워 줬다.

승호는 언제나 학교생활에서는 선생님의 말씀을 가장 우선시했다. 하지만 학교 행사가 주일예배와 겹칠 때는 언제나 원칙을 지켰다. "안식일을 기억하여 거룩하게 지키라"(출애굽기 20:8)는 말씀을 지키는 것이 가족 모두의 원칙이었다. '거룩' 은 '구별' 을 말한다. 우리 부부는 하나님이 "내가 거룩하니 너희도 거룩할지어다"(레

336

위기 11:45)라고 말씀하신 것을 잊지 않도록 가르쳤다.

가족 모두의 원칙이 또 있었다. 바로 가족이 서로를 존중하고 사랑하는 것이다. 사랑하기 때문에 가족공동체로서 가족을 위해 자기의 유익만을 구하지 않는 것을 습관화하기로 원칙을 세웠다. 가정생활에는 원칙이 필요하고, 원칙을 지키는 일은 비단 신앙생활에서만 유익한 게 아니다.

승호는 캠프나 학원 수업 때문에 예배를 빠진 적이 없다. 대학 입시를 준비할 때도 아무리 유명한 학원 강사가 강의를 해도 주일예배 시간이면 뒤도 돌아보지 않고 포기했다. 유일하게 주일 오전예배를 드리지 못했던 사법시험 1차 시험일과 토플 시험을 보던 주일에도 시험을 마치고 와서 저녁예배를 드렸다. 어려서부터 주일은 예배드리는 날이라는 원칙이 분명했으므로 2차 사법시험을 볼 때도 시험 전날까지 성가대 첼로 반주 봉사와 오후에 있는 소그룹 성경공부 모임까지 모두 참석했다.

하나님과의 관계에서 양보하지 않는 원칙을 세우면 하나님도 세상을 살아가는 내 자녀를 확실하게 보장해 주신다. 하나님이 공부에 관해 비전을 주실 때 아이들이 자발적으로 목표를 정하고 공부하게 된다. 자녀가 공부하는 데 중요한 것 또 한 가지는 부모의 신앙 소신이다. 특히 하나님을 믿는 믿음을 일관되게 실천하는 것이 중요하다. "진실로 너희에게 이르노니 만일 너희에게 믿음이 겨자씨 한 알 만큼만 있어도 이 산을 명하여 여기서 저기로 옮겨지라 하면 옮겨질 것이요 또 너희가 못할 것이 없으리라"(마태복음 17:20).

338

4. 휴식은 확실하게, 공부는 꼼꼼하게 하라: 생활습관과 시간 관리가 결과를 만든다

우리 집에서 가장 싫어하는 말이 '어영부영'이다. 승호가 어릴 때부터 공부를 하는 것도 아니고 안 하는 것도 아닌 상태를 경계했다. 텔레비전을 보는 것도 아닌데 그냥 켜 놓고 있으면 확실하게 꺼 버렸다. 책상에 앉아서 어영부영하고 있으면 그냥 놀라고 했다. 놀 거면 그냥 확실히 놀고, 공부할 거면 확실히 하도록 했다. 요즘 개그 프로 중에 '같기도' 라는 프로가 나와서 한참을 웃은 적이 있다. 요즘 사람들의 상태를 정말 잘 표현한 것 같다. 그런데 그 '같기도' 가 공부의 적이다. 휴식하는 것도 아니고 안 하는 것도 아닌 것, 이것이 공부의 가장 큰 걸림돌이다.

특히 장기간에 걸쳐 공부하는 대학 입시나 사법시험을 준비하는 수험생에게 휴식하는 방법은 합격의 성패를 좌우하는 중요한 열쇠다. 자신의 성향에 맞게 휴식을 취하는 것이 좋다.

그러나 친구와 함께 휴식을 취하는 것은 바람직하지 않다. 자신과의 싸움이니만큼 휴식도 혼자 하는 방법을 터득하는 것이 길게 보면 유익하다. 혼자 놀게 되면 공부 잘되고 있는데 친구가 불러내서 방해받을 염려도 없다. 이런 휴식 방법은 시험을 준비하는 일정 기간 동안 하는 것이므로, 인간관계에서 오는 외로움은 극복하는 것이 좋다.

남학생들은 흔히 스타크래프트나 리니지 등의 게임을 하는데 그것도 올바른 휴식이 아니다. 컴퓨터게임은 뇌에 잔상도 많이 남고 또 점수가 매겨지므로 휴식이 아니라 공부에 방해가 된다.

검정고시 공부를 하거나 수능을 준비할 때도, 승호는 휴식 시간에 평소 좋아하는 간식을 간단하게 먹거나 즐기던 만화를 봤다.

또 다른 휴식은 운동이다. 승호는 신림동 고시원 시절에도 어려서부터 즐기던 수영이나 헬스를 꾸준히 했다. 공부도 체력이 있어야 하는 것이므로 적절한 운동과 휴식은 반드시 필요하다. 그런데 중요한 시험을 준비해야 하는 기간이니까 축구나 농구같이 여럿이 하는 운동보다는 자기 리듬에 맞춰서 혼자 할 수 있는 수영이나 헬스나 걷기 같은 운동이 효과적이다. 물론 스트레칭도 도움이 많이 된다.

낮잠도 효과 있는 중요한 휴식 수단이다. 그러나 길게 자서는 안 된다. 길게 자면 오히려 리듬이 깨진다. 20분에서 한 시간이 넘지 않도록 잠시 자는 게 좋다.

휴식도 규칙적으로, 공부도 규칙적으로, 식사도 규칙적으로 일정한 시간에 하는 것이 좋다. 몸은 그것을 기억해서 최상의 컨디션으로 유지시키려는 속성이 있기 때문이다.

승호가 사법시험을 준비하는 고시생들에게 들려준 이야기는 다음과 같다.

계획은 시간의 밀도를 극대화시켜 주는 가장 좋은 도구라고 생각합니다. 많은 수험생들이 이미 실천하고 있으시겠지만, 이 시점에는 1차 시험 당일까지의 공부 스케줄이 달력에 하루하루 빈틈없이 짜여져 있어야 합니다. 저는 B5용지에 직접 달력을 그려서 공부 계획을 써 넣고 그것을 공부하는 자리에 붙여 두었습니다. 계획표를 만들면, 그동안 미래의 한 시점으로 동떨어져 있던 1차 시험 날이 이제 오늘로부터 일직선으로 이어져 있는 것을 바로 눈으로 보게 되지요. 당장 마음가짐부터가 달라집니다.

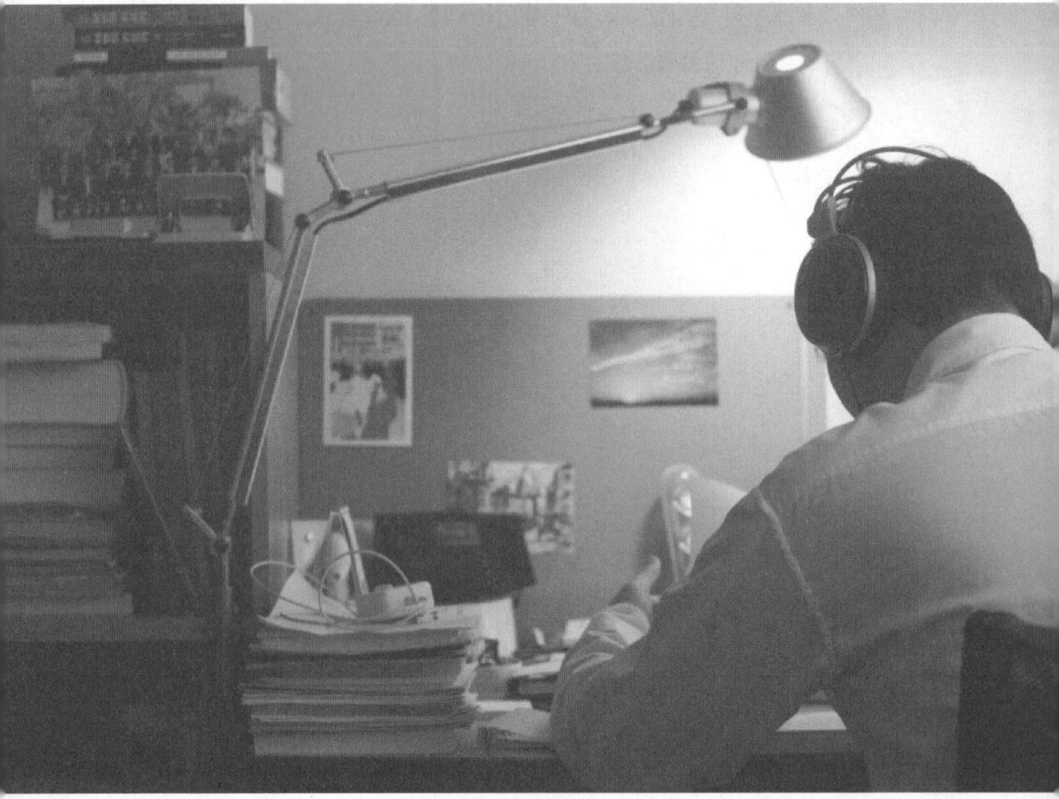

5. 하나님이 함께 공부하신다는 걸 명심하라: 공부는 외롭고 힘든 싸움이 아니다

승호는 사법시험 공부를 하면서 신앙이 부쩍 성장했다. 그동안은 부모에게 물려받은 신앙이었다. 그러나 사법시험을 준비하며 혼자서 고시원 생활을 하면서 만난 하나님은 승호 스스로가 개인적으로 만난 하나님이다.

사법시험 준비 기간은 외로움과 싸워야 했고, 나태함과 홀로서기와도 처절히 싸워야 했던 기간이다. 그러나 무엇보다 가장 힘겨웠던 싸움은 승호가 자신만의 세계에서 껍질을 깨고 나와, 스스로 하나님의 인도하심과 동행하심을 날마다 체험하게 된 과정이다. 사람들은 고된 시련을 통해, 충격적 사건을 통해, 그 외 여러 일들을 통해 껍질을 깨고 하나님을 만난다. 승호는 공부를 통해, 또한 시험에 떨어지는 일을 통해 그 과정을 겪었다. 그것이 어떤 사건이든 무엇이든 가장 중요한 건 하나님을 만나야 해결된다는 것이다.

승호는 공부하면서 말씀과 기도를 병행하는 방법을 배워 나갔다. 모든 지식의 근본은 하나님께 나온다. "여호와를 경외하는 것이 지식의 근본이거늘 미련한 자는 지혜와 훈계를 멸시하느니라"(잠언 1:7). 하나님이 없는 지식은 모래 위에 지은 집에 지나지 않는다. 승호에게 사법시험의 첫 번째 실패는 아둘람 굴에 피해 갔던 다윗과 같은 훈련 과정이었다.

첫 번째 사법시험의 실패는 승호에게 축복이었다. 승호는 그 실패를 통해 세상에서 의지해 왔던 것들과의 결별을 체험했다. 부모와의 결별, 친구들과의 결별, 익숙했던 것들과의 결별, 자신이 좋아하는 일들과의 결별이었다.

하나님은 승호가 사법시험을 준비하는 기간 동안 오직 하나님과만 만나며 하나님과 둘만의 시간 안에서 공부하도록 은혜를 주셨다. 공부를 왜 해야 하는지 목적의식과 비전이 분명해진 시기 역시 불합격을 경험하면서 하나님과 친밀해진 그때다. 날마다 말씀과 기도로 하나님 안에서 공부하게 되면서 승호는 사법시험 합격뿐 아니라 말씀을 삶에 적용하고, 겸손과 회개를 배우고 믿음의 담력을 키워 갈 수 있었다.

많은 성경 말씀 중에서도 신명기 8장은 겸손과 은혜를 잊지 않게 하는 소중한 말씀이 되었다.

내가 오늘 명하는 모든 명령을 너희는 지켜 행하라 그리하면 너희가 살고 번성하고 여호와께서 너희의 조상들에게 맹세하신 땅에 들어가서 그것을 차지하리라 네 하나님 여호와께서 이 사십 년 동안에 네게 광야 길을 걷게 하신 것을 기억하라 이는 너를 낮추시며 너를 시험하사 네 마음이 어떠한지 그 명령을 지키는지 지키지 않는지 알려 하심이라 너를 낮추시며 너를 주리게 하시며 또 너도 알지 못하며 네 조상들도 알지 못하던 만나를 네게 먹이신 것은 사람이 떡으로만 사는 것이 아니요 여호와의 입에서 나오는 모든 말씀으로 사는 줄을 네가 알게 하려 하심이니라 …
내가 오늘 네게 명하는 여호와의 명령과 법도와 규례를 지키지 아니하고 네 하나님 여호와를 잊어버리지 않도록 삼갈지어다 네가 먹어서 배부르고 아름다운 집을 짓고 거주하게 되며 또 네 소와 양이 번성하며 네 은금이 증식되며 네 소유가 다 풍부하게 될 때에 네 마음이 교만하여 네 하나님 여호와를 잊어버릴까 염려하노라.

여호와는 너를 애굽 땅 종 되었던 집에서 이끌어 내시고 너를 인도하여 그 광대하고 위험한 광야 곧 불뱀과 전갈이 있고 물이 없는 간조한 땅을 지나게 하셨으며 또 너를 위하여 단단한 반석에서 물을 내셨으며 네 조상들도 알지 못하던 만나를 광야에서 네게 먹이셨나니 이는 다 너를 낮추시며 너를 시험하사 마침내 네게 복을 주려 하심이었느니라.

그러나 네가 마음에 이르기를 내 능력과 내 손의 힘으로 내가 이 재물을 얻었다 말할 것이라 네 하나님 여호와를 기억하라 그가 네게 재물 얻을 능력을 주셨음이라 이같이 하심은 네 조상들에게 맹세하신 언약을 오늘과 같이 이루려 하심이니라 네가 만일 네 하나님 여호와를 잊어버리고 다른 신들을 따라 그들을 섬기며 그들에게 절하면 내가 너희에게 증거 하노니 너희가 반드시 멸망할 것이라 여호와께서 너희 앞에서 멸망시키신 민족들같이 너희도 멸망하리니 이는 너희가 너희의 하나님 여호와의 소리를 청종하지 아니함이니라 (신명기 8:1-20).

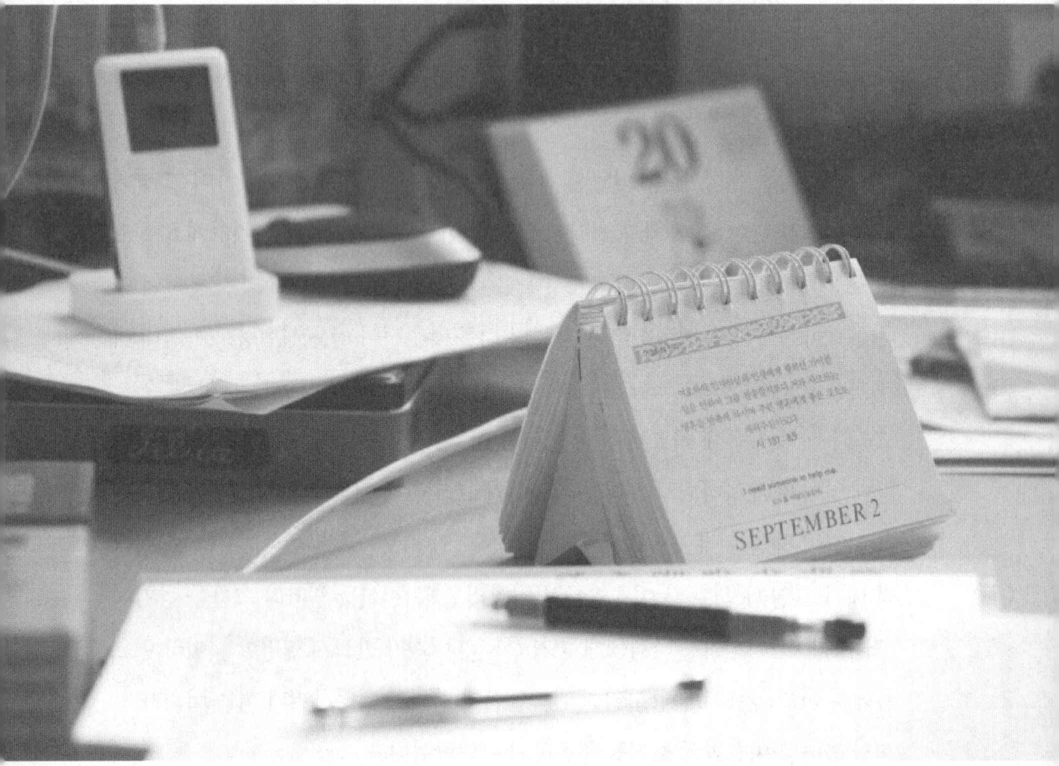
20
SEPTEMBER 2

6. 공부하기 전에 성경 말씀을 읽고 기도하라: 목적이 어려움을 이기도록 돕는다

승호는 초등학교 시절부터 성경 읽기를 습관화했다. 여러 번 중단하기도 했지만 하나님의 은혜로 언제든 다시 시작했고, 초등학교 5학년이 되자 신구약을 두 번 정도 통독하게 되었다. 날마다 잠자리에 들기 전에 성경을 읽었고, 때로는 가족들과 함께 읽었다. 성경 읽기 습관은 지금까지도 계속되고 있다. 승호의 성경 곳곳에는 성령님의 인도하심을 강력하게 받으며 읽다가 눈물을 뚝뚝 흘려서 우글우글해진 페이지들이 있다. 사법시험에 실패했을 때와 하나님의 은혜에 감사하고 기쁠 때일 것이다.

성경은 우리 자녀들에게 인생의 목적을 알려 주신다. 당연히 공부하는 목적도 깨닫게 된다. 승호는 사법시험을 준비하는 과정에서 하나님의 사람으로 살아가는 법을 소상히 배웠다. 믿음의 사람으로 자라 가는 과정은 사법연수원의 혹독한 훈련을 통해서도 진행 중이다. 믿음의 사람이 되는 길은 일평생 지속될 일이다. 그러나 뚜렷한 목적과 목표가 있을 때 어려움을 이기는 힘이 생긴다.

사법연수원의 학기말 시험 과정에서 승호는 자기 자신의 한계를 극복하는 훈련을 겪었다. 때로는 어느덧 교만해진 자신을 발견하고 회개하느라 고통을 겪었고, 때로는 하나님의 은혜가 너무 감사해서 말씀을 붙잡고 울었다. 1학기를 마치고 학기말이 되자 2주간 동안 계속되는 시험은 무엇보다 큰 부담이었다. 사법시험을 공부할 때도 하루에 8시간 수면을 고수하던 승호가, 하루에 5시간만 자면서 버텨 낸 것은 순전히 하나님의 은혜였다.

사법연수원의 시험 과정을 통과해 본 사람들은 누구나 같은 고백을 한다. 연수원 시험이 얼마나 혹독한지, 사법시험을 준비하던 시절이 그리울 정도라고 말한다. 그러나 2학기가 되자 1학기보다 더 지독한 시험들이 기다리고 있었다. 하루에 한 과목을 오전 10시부터 오후 6시까지 한자리에 꼬박 앉아 8시간 동안 보는 시험을 세 과목이나 치러 내야 하는, 점심 식사 시간도 따로 없는 무서운 시험이다. 그 외에도 대여섯 시간 동안 써 내야 하는 시험과목들도 여러 과목이다. 그렇게 매일 계속되는 시험을 2주 동안 치르면서 법조인으로서의 실력과 기량을 넓혀 가는 중이다.

훈련이 아무리 혹독할지라도 목표가 분명한 사람은 이겨 낼 힘도 생긴다. 가장 이기기 힘든 사람은 다름 아닌 자기 자신이다.

만일 공부하는 이유와 목적이 단순히 부자로 살고 사회적으로 성공하고 명예를 얻는 일이라면, 너무 허무하지 않은가. 그래서 악착같이 목표를 성취한 뒤에, 너무 허무하니 인생이 다 소용없다며 쾌락을 추구하고 제 손으로 스스로 모든 걸 허물고 멸망을 자초하는 사람들도 속출한다.

요즘 아이들은 영악해서 이미 초등학생만 되면 어떤 직업을 택해야 부자가 되는지부터 따진다. 초등학교 고학년만 되도 자기 집 재산이 얼만지 가늠하고, 중학생만 되면 제 몫은 얼마나 되는지 대 놓고 물어보는 아이들까지 등장한 세대다. 우리 부모 세대가 입만 열면 돈 얘기를 해대니 아이들도 배워서 그런다. 혀 짧은 소리로 유치원 아이들까지 이렇게 묻는 게 요즘 세태다.

"너네 아파트는 몇 평이야? 너네 할아버지는 뭐해?"

자기보다 작은 평수에 사는 아이를 업신여기고, 임대 아파트에 사는 아이들하고는 놀지도 않고, 다니는 길도 막아서는 기사가 신문을 장식한다. 이 시대의 아이들은 다 우리 사회와 부모들의 산물이다. 돈, 돈 하며 왜 돈을 벌어야 하는지는 안 가르치고 부자만 되려고 하는 부모를 보고 자란 아이들은 불행해진다. 그렇게 이루려는 성공만큼 막연한 목적도 없다.

공부를 우수하게 잘하는 것은 운동을 우수하게 잘하는 것처럼 은사다. 그러나 누구나 국가대표급 선수처럼 운동을 하지는 못하지만, 일평생 운동이 필요하듯이 공부도 일평생 꼭 필요하다. 적어도 그리스도인 부모라면 공부하는 목적을, 자녀와 함께 말씀에 비추어 찾아가는 길을 배워야 한다. 말씀을 보면서 공부하는 아이들은 자신의 은사를 찾아간다. 공부하기 전에, 시험을 앞두고, 먼저 말씀의 인도를 받는 습관은 공부하는 목적을 하나님의 계획 속에서 찾도록 인도한다.

승호는 연수원에서 믿음의 선배들과 대화를 나누고 말씀을 보는 중에 다섯 달란트 받은 자에게는 다섯 달란트를 기대하시고, 두 달란트 받은 자에게는 두 달란트를 기대하시는 하나님을 만났다. 받은 만큼 더 남기는 것은 착하고 충성된 일이다. 하지만 다섯 달란트 받은 자가 세 달란트를 남기고 나서 '나는 그래도 세 달란트나 남겼으니 착하고 충성된 거야.' 라고 말한다면, 악하고 게으른 종이 되는 것이며 곧 하나님을 만홀히 여기는 일임을 깨달은 것이다. '다섯 달란트 받았던 자는 다섯 달란트를 더 가지고 와서 가로되 주여 내게 다섯 달란트를 주셨는데 보소서 내가 또 다섯 달란트를 남겼나이다 그 주인이 이르되 잘하였도다 착하고 충성된 종아 네가 작은 일에 충성하였으매 내가 많은 것으로 네게 맡기리니 네 주인의 즐거움에 참예할지어다 하고" (마태복음 25:20-21).

사실 사법시험 최연소 합격은 연수원 생활이나 승호 인생에서 그 자체로는 큰 의미가 없는 일이다. 그 자체가 인생에서 완성된 일도 아니고 연수원을 졸업할 때 성적에 영향을 미치는 일도 아니다. 그러나 우리 가족은 시간이 지나면서 최연소 합격의 의미를 똑같이 깨달았다. 이 일을 주신 하나님의 뜻을 만났다. 말씀을 소중하게 여기고 말씀의 인도함을 받으려는 우리 가족의 몸부림을 말씀하고 싶으신 것이었다.

나는 곳곳에 숨겨진 그루터기와 같은 믿음의 가족들을 많이 알고 있다. 말씀에 부딪치면서 순종하는 일에서 언제나 고개가 숙여지는 믿음의 선배님들이다. 순종하는 일은 때로 온몸이 피투성이가 될 만큼 처절하다. 공부를 하면서 지식이 늘어나는 일과 말씀을 배우고 익히면서 믿음과 지혜가 늘어나는 일은, 우리 자녀들에게 허락하신 축복이다. 공부의 난관을 극복하면서 우리 자녀들은 인생의 난관을 극복하는 법도 함께 연습한다.

성령의 열매가 자녀의 인격에 주렁주렁 튼실하게 맺히려면, 성령의 씨앗을 심고 가꿔야 한다. 주신 달란트만큼 가꾸고 남기면 된다. 다섯 달란트 남긴 자도, 두 달란트 남긴 자도 똑같이 칭찬을 받았다. 작은 일에 충성된 자로 자녀들을 훈련하는 길은 말씀을 공부하며 작은 일부터 순종하게 하는 것이다.

승호의 사법연수원 공부 중에는 사회봉사 과정이 있다고 한다. 그때 승호가 갔던 곳은 치매 노인을 돌보는 기관이었다. 밥을 먹여 드리고 몸을 씻겨 드린 경험을 통해 가정과 사회 속의 아픈 부분을 경험했다. 무료 법률 봉사를 하다가 억울한 아주머니도 만나고, 막무가내로 자기 입장만 주장하시는 할아버지도 만났다. 법 공부만 하는 줄 알았더니 연수원 과정에서 낮은 곳으로 시선을 두면서 사는 법도 배우는 모양이다. 승호는 꾸준히 말씀과 기도 훈련을 하면서 하나님이 원하시는 법조인으로 만들어져 가는 중이다.

어린 시절부터 지금까지 지속해 오는 성경 암송과 성경 읽기와 기도는 승호가 어디를 가든 무슨 일을 하든 하나님의 인도하심으로 계속되고 있다. 부모는 날마다 동행하지 않지만, 성령 하나님은 날마다 우리 자녀와 동행하신다. 말씀을 읽고 암송하면, 세상 속에서 경험하는 일들도 성경 속에서 해석하고 적용하게 되면서 하나님이 인도하시는 특별한 사건이 된다. 우리 자녀가 받는 진짜 복은 "오직 여호와의 율법을 즐거워하여 그 율법을 주야로 묵상"(시편 1:2)하는 일이다. 성경 말씀으로 인도함을 받으면 악인의 꾀를 따르지 않고, 죄인들의 길에 서지 않고, 오만한 자의 자리에 앉지 않는 복을 받는다.

자녀를 진정 사랑하는 일은, 하나님을 사랑하는 사람으로 자녀를 인도하는 길이다. 진정한 사랑은 예수 그리스도께 인도하게 된다. 공부하는 진짜 목적은 예수님을 만나는 일이다.

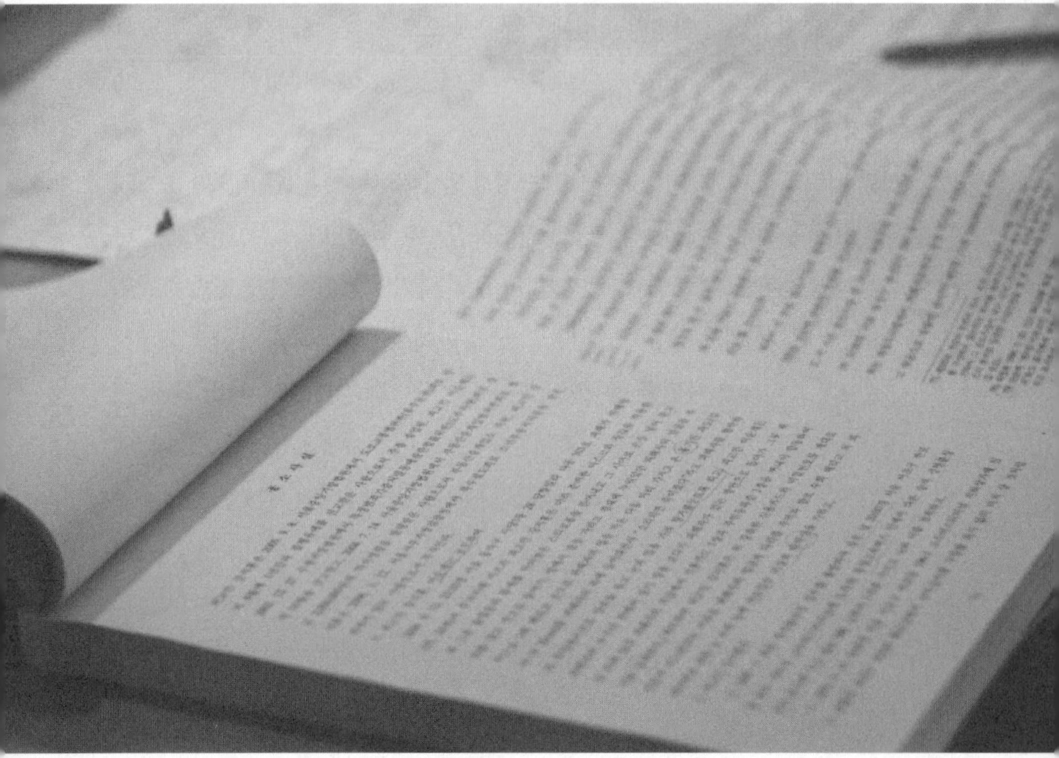

7. 합격을 계획하라: 자신에게 맞는 공부 계획과 스트레스 해소법을 익혀야 한다

승호는 중학교 2학년 때 자퇴한 뒤 2000년 한 해에 두 번의 검정고시와 11월의 수능을 모두 통과했다. 하나님의 도우심이 아니었다면 할 수 없었던 일이다. 처음부터 이 모든 일을 단번에 이루려고 계획한 적은 없다. 그러나 작은 목표를 하나씩 이루어 갈 때마다, 부모와 상의하면서 시험에 대한 계획을 스스로 세워 나갔다. 마치 운동선수가 자신의 수준에 맞는 게임에 나가서 실력을 인정받으며 성장하듯이, 승호도 자신의 현재 수준을 객관적으로 평가하고 다음 단계의 목표를 정하고 그 목표를 향해 준비하고 노력하는 과정을 거듭해 왔다. 처음부터 너무 높은 목표를 잡으면 시작해 볼 엄두도 나지 않고 좌절하지만, 자기 수준보다 조금씩 버거운 목표를 정하면 그래도 도전해 보고 싶은 게 아이들이다.

우리 집에서는 초등학교 1학년 때부터 승호에게 시험에 임하는 자세를 가르쳤다. 시험이 발표되면, 두 가지를 가르치기 시작했다. 하나는 시험에 대한 예의를 지키는 일이고, 다른 하나는 결과에 대해서는 변명 없이 깨끗하게 받아들이는 일이다.

텔레비전이나 만화를 마음껏 보는 일을 중단하고 시험공부를 하는 것이 시험에 대한 예의라고 가르쳤다. 이 세상에 하고 싶은 거 다 하고 공부 잘한 사람이 없으며, 쓰고 싶은 거 다 쓰고 부자된 사람 없다는 단순한 진리를 어린 승호에게 가르치기 위함이었다. 그런 의미에서 시험공부는 자기 조절과 절제 훈련에 아주 유익한 교육이다.

승호가 어릴 때부터 시험을 본 후 결과에 대해서는 야단치는 일이 거의 없었다. 오히려 시험을 준비하는 과정에서 최선을 다 하고 있는지가 더 중요한 관심의 대상이었다.

또한 "실수가 실력이다."라는 말을 가르쳤다. 시험에서 틀린 것에 대한 변명 대신 나온 결과를 그대로 받아들이는 정직함을 가르치기 위함이었다. 답을 틀리게 쓴 것은 실수가 아니라 노력과 실력이 부족한 결과고, 이미 나온 결과에 대해서는 핑계 대지 않는 것을 원칙으로 가르쳤다. 그러다 보니 자연스럽게 시험에 임하는 학생으로서의 프로 정신이 생긴 것 같다.

시험 준비 기간 동안은 합격을 계획하며 최선을 다하고, 나온 결과에 대해서는 깨끗이 승복하는 자세를 배운 자녀는 담대하게 시험에 임하는 모습을 볼 수 있다. 승호가 사법시험에 합격한 후, 한 인터뷰에서 시험을 앞둔 고시 준비생들에게 다음과 같은 말을 들려주었다.

프로 운동선수가 사람 같지도 않게 연습을 하고 시합 끝나기 무섭게 또 연습을 하더라는 이야기를 들었는데 수험생도 마땅히 그래야 합니다. 수험생도 프로 정신을 가져야 한다고 생각해요. 참! 제 자신도 이런 얘기를 하는 게 찔리지만 공부를 게을리 하는 건 프로로서 자기 자신에게 부끄러운 일입니다. 그런 정신을 가지는 게 중요한 것 같아요. 자기 자신의 시간을 헐값에 팔아 치우느냐 아니면 가치 있는 것, 빛나는 것으로 만드느냐는 수험생 자신의 손에 달려 있는 것이기 때문에 충실한 시간을 보내는 게 기본적 자세가 아닌가 생각합니다.

어떤 시험을 준비하든, 시험을 앞두고 가장 중요한 것은 뒤를 돌아보지 않는 일이다. 시험을 앞둔 학생은 누구나 불안하다. 승호가 기도하며 하나님께 의지하는 일 외에 시험에 대한 실질적 불안을 극복한 방법은 다음과 같다.

지금까지 어떻게 했든 이제는 어쩔 수 없는 것이고 모의고사를 보고 점수가 안 나와서 어렵지 않을까 하는 불안감이 들 때가 있는데, 생각해 보면 아무리 실력이 모자라는 게 사실이라 해도 한 달 후에 있을 시험까지는 공부를 합니다. 기적이라는 게 안 일어나는 게 원칙이지만 포기하면 기적도 일어나지 않습니다. 제 경우에는 아무 생각 없이 시험 당일까지 공부하고 결과는 시험 당일 저녁에 생각하자는 마음으로 앞만 보고 달렸던 것 같습니다. 그게 1차 수험생이 시험을 앞두고 가져야 하는 마음가짐이 아닌가 생각합니다.

승호는 또한 사법시험을 준비하면서 2주 전까지도 운동을 하며 몸 관리를 했다. 운동을 하는 게 공부를 더 잘 할 수 있게 한다는 측면에서 절대 시간 낭비가 아니다. 시험이 임박했을 때는 운동하는 동안에도 최신 판례 테이프 등을 들으며 공부의 효율을 높였다. 시험 당일까지 각자의 체력에 맞게 수면 리듬을 유지하고 운동도 할 수 있는 한 하고 식사도 규칙적으로 하면서 일상생활에서의 리듬을 잃지 않으려는 노력을 했다.

마지막으로 사법시험을 앞둔 마지막 한 달 동안의 공부와 승호의 스트레스 해

소법을 소개한다.

완벽한 고시생의 이데아 같은 건 존재하지도 않으니, 그것에 맞출 수 없다고 무의미하게 스트레스 받지 말고 최선을 다하는 게 중요합니다. 이제는 공부를 마음 가는 대로 할 수 있을 정도로 시간이 많지 않습니다. 가장 효율적으로 공부해야만 합니다. 이건 조금 자신을 갖고 말할 수 있는데, 이제부터의 가장 효율적 공부는 다름 아닌 '본 것 또 보기'라고 생각합니다. 뭐가 되었든, 그동안 정리했던 책들을 반복 또 반복하는 것이 마지막 한 달 동안 할 수 있는 가장 강력한 공부입니다. 이걸로 부족하지 않을까, 내가 안 본 부분에서 문제가 나오지 않을까 하는 불안감은 이제는 해악일 뿐입니다.

시험 당일에 효과를 볼 수 있는 강력한 주문을 하나 알려 드리겠습니다. 기억해 주세요. 바로 '남들도 다 어려워!' 라는 주문입니다. 시험장에서는 사법시험이 상대평가라는 사실을 곧잘 잊게 되는데요. 이를테면 제48회 1차 시험의 형법 같은 경우가 그렇습니다. 결과적으로 10개 정도 틀리면 합격권이었던 48회 형법 같은 경우에도, 막상 시험장에서는 단순히 시험지 위에 모르는 게 많으면 순간적으로 좌절감에 휩싸이게 됩니다. 그럴 때는 먼저 심호흡 한 번 하시고, 다들 똑같이 어려우니까 내가 아는 것만 다 맞추자는 마음가짐으로 침착하게 문제를 푸셔야 합니다. 제정신 유지하는 사람이 이기는 겁니다. 시험 중간에 정신적으로 좌절하는 것만큼 치명적인 것이 없습니다.

또 시험이 종료될 때까지는 오로지 앞만 보고 달리셔야 합니다. 방금 끝난 시험의 난이도에 대한 고찰은 수험생이 1차 시험장에서 할 수 있는 가장 어리석은 행동입니다. 백해무익이라는 사자성어의 표본이라고 해도 좋을 정도입니다. 쉬는 시간에 복도와 화장실에서 시험이 쉬웠네 어쨌네 하고 떠드는 소리는 깨끗이 무시하세요. 시험 난이도를 정확히 파악할 정도의, 한 교실에 몇 명 안 되는 진짜 합격할 실력자들은 그 시간에 다음 과목 판례집 꺼내서 말없이 넘기고 있습니다.

'진인사대천명(盡人事待天命)'이라는 말은 너무나도 흔한 말이지만, 분명 그 진부함만큼의 진리를 담고 있다고 생각합니다. 시험은 요행이나 찍기 운이 따르는 사람들 말고 '진인사' 하신 분들이 합격하는 시험이 되면 좋겠다고 생각해 봅니다.

승호의 스트레스 해소법은 공부를 시작하기 전에 성경을 읽거나 기도하는 일과, 날마다 하는 운동과 좋아하는 만화를 보는 일이었다. 승호가 하나님의 은혜를 늘 간직하려고 즐겨 읽던 성경은 신명기 8장의 말씀이었다. 시험을 준비하는 중에도 승호는 좋아하는 성경을 읽고, 쉬는 시간이 되면 잠깐씩 좋아하는 만화를 보곤 했다. 마지막으로 수험 기간 내내 승호의 책장 한 켠을 차지하고 있었던 좋아하는 만화에서 한 구절을 옮겨 본다.

여기까지 왔으니, 이제부턴 마음의 승부다….
얼마나 확실한 자신감을 갖고 있는지,
얼마나 자신을 믿고 플레이할 수 있는지,
얼마나 갖은 고초를 헤쳐 왔는지를 생각해라.
-《SLAM DUNK》 24권 중에서

엄마의 기준이 아이의 수준을 만든다

에필로그

나는 하나님의 기준을 권한다

내가 전심으로 여호와께 감사하오며 주의 모든 기사를 전하리이다 시편 9:1

너희 안에서 착한 일을 시작하신 이가 그리스도 예수의 날까지 이루실 줄을 우리는 확신하노라 빌립보서 1:6

이 모든 일을 인도하신 분은 하나님이시다. 지금까지 책을 쓰게 인도하신 분도 하나님이시고, 책을 쓸 이야기를 주신 분도 하나님이시다. 나는 단지 하나님이 허락하셨던 삶의 내용과, 생각나게 해 주신 일들을 기록한 것뿐이다. 부족한 표현력으로 때로는 눈물을 흘리며, 한밤중에 컴퓨터를 붙잡고 한 줄도 진도가 나가지 않아 무릎을 꿇은 적도 한두 번이 아니다.

책을 쓰는 동안 마음을 낮추면 주님이 인도하시는 길이 보이고, 마음이 높아지면 나의 길이 보이는 경험을 수없이 했다. 하나님이 쓰게 하신 이 한 권의 책이 단 한 사람에게라도 하나님의 마음을 전하고, 부모와 자녀가 변하게 하는 온전한 도구가 되길 소망하며 기도했다.

인생의 긴 여정을 생각하면, 아직도 날마다 성장하고 있는 자녀와 가족의 이야기를 공개한다는 것이 매우 조심스럽다. 그러나 지금은 하나님께 입은 은혜를 담대하게 입을 벌려 말해야 할 때임을 깨닫고 순종했다. 이 책은 우리 가족 안에 섭리하신 하나님의 손길에 대한 인생의 중간 보고서다.

말씀에 부딪치고 내 죄의 습관을 회개하면서 한 가지씩 고쳐 나가는 일은 힘든 여정이었다. 내 고집을 버리느라 눈물 콧물 쏟으며 고생도 많았고, 실패도 많았고,

힘든 고비도 많았다. 그러나 어려움을 겪을 때마다 성경을 기준으로 삼는 것이 자녀양육의 비결이었다.

자녀양육의 여정은 믿음의 성장 과정이며, 하나님과의 러브스토리였다. "하나님이여 나를 살피사 내 마음을 아시며 나를 시험하사 내 뜻을 아옵소서 내게 무슨 악한 행위가 있나 보시고 나를 영원한 길로 인도하소서"(시편 139:23-24).

하나님의 도우심이 없이 버틸 수 없었던 21년의 시간들이 떠올랐다. 도저히 내 지혜나 내 능력으로 어찌해 볼 수 없었던 삶의 순간 속에 개입하셨던 하나님의 손길과, 많은 분들의 돕는 손길이 생각났다.

감사한 분들이 너무 많다. 목사님과 아빠로서 언제나 승호의 본이 되고 사랑과 기도를 아끼지 않는 나의 남편 최종명 목사님, 지금까지 승호를 위해 기도하시는 시부모님과 친정어머니, 승호를 친자식처럼 아끼고 사랑하며 기도해 주시는 승호의 큰아빠 최종진 교수님과 큰엄마, 작은아빠와 작은엄마, 고모, 외삼촌과 외숙모, 모두 감사하다.

태중에서부터 축복해 주시고 최승호를 말씀과 기도로 인도해 주신 고(故) 이중표 목사님, 주일학교 선생님들, 일대일 제자양육과 성경적 자녀양육법을 가르쳐 주신 이기복 선생님께도 진심으로 감사드린다.

지금까지 아플 때마다 고쳐 주셨던 의사 선생님들, 지금까지 최승호에게 새로운 것들을 배우게 해 주셨던 선생님들, 연세대 교수님들, 첼로를 가르쳐 주신 원용성 선생님, 사법연수원의 교수님들과 믿음의 선배들에게 감사드린다.

나는 우리 가정이 언제나 초심을 잃지 않는 하나님의 사람이 되길 기도한다. "내가 오늘 네게 명하는 여호와의 명령과 법도와 규례를 지키지 아니하고 네 하나님 여호와를 잊어버리지 않도록 삼갈지어다 … 네 마음이 교만하여 네 하나님 여호와를 잊어버릴까 염려하노라"(신명기 8:11-14).

최승호는 이제 2년의 연수원 과정을 마치면 군복무 후에 그리스도인 법조인으로서 이 사회에 나갈 것이다. 다섯 달란트 받은 자가 다섯 달란트를 남기고, 두 달란트 받은 자가 두 달란트를 남김으로 법조계에서 하나님 뜻에 순종하는 하나님의 사람으로 날마다 만들어져 가길 기도한다. 그래서 또 훗날 하나님이 어떻게 인도하고 무슨 은혜를 주셨는지, 우리는 얼마나 하나님의 사람으로 또다시 다듬어져 갔는지 새롭게 보고드릴 날이 올 것을 믿는다.

이 책을 쓰면서 하나님은 우리 가정이 실천해 온 주교양 양육법을 세상에 알리고 싶으셨음을 다시금 깨달았다. 하나님이 인도해 주고 이뤄 주신 은혜에 감사했던 글쓰기의 순간들이, 내 인생 가운데 일어난 아름다운 기적이었음을 고백한다.